古代歷史文化 研究輯刊

四編

王 明 蓀 主編

第 10 冊

西魏北周時期具官方色彩的佛教義邑

杜 正 宇 著

國家圖書館出版品預行編目資料

西魏北周時期具官方色彩的佛教義邑／杜正宇 著—初版—
台北縣永和市：花木蘭文化出版社，2010〔民99〕
目 4+216 面；19×26 公分
（古代歷史文化研究輯刊 四編：第 10 冊）
ISBN：978-986-254-230-9（精裝）

1. 佛教團體　2. 政教關係　3. 北朝史

220.6　　　　　　　　　　　　　　　　　　99012832

古代歷史文化研究輯刊
四 編 第 十 冊　　　　　　　ISBN：978-986-254-230-9

西魏北周時期具官方色彩的佛教義邑

作　　　者	杜正宇
主　　　編	王明蓀
總 編 輯	杜潔祥
印　　　刷	普羅文化出版廣告事業
出　　　版	花木蘭文化出版社
發 行 所	花木蘭文化出版社
發 行 人	高小娟
聯絡地址	台北縣永和市中正路五九五號七樓之三
	電話：02-2923-1455／傳眞：02-2923-1452
電子信箱	sut81518@ms59.hinet.net
初　　　版	2010 年 9 月
定　　　價	四編 35 冊（精裝）新台幣 55,000 元

西魏北周時期具官方色彩的佛教義邑

杜正宇　著

作者簡介

杜正宇，出生於高雄市，東海大學歷史碩士。現於國立成功大學攻讀歷史博士。學術興趣為歷史保存（Historic Preservation），除擔任《新化鎮志》總編纂，並協同主持數個歷史保存計劃之古蹟、文化、歷史調查。發表〈台美歷史保存的歷程與差異〉、〈美國歷史保存運動的興起——弗農山莊婦女協會的保存行動（1853～1860）〉、〈人口統計與英國婦女史研究〉等文。

提　要

　　盛行於北朝的佛教組織——義邑，在政教結合的體制下，多少帶有「以教輔政」的色彩。尤其是由官員主導，頗具官方色彩的佛邑，至少在西魏北周時期，不但反映出區域形勢的變化，更對國家政權，以及社會結構起了重要的凝聚力量。不過，義邑之間，由於形態、屬性等不同，自然也造成了彼此的差異。

　　符合"軍事團體"及"軍政首長"類型的義邑，不單組織成員，多與軍伍有關，佛邑的分布，也多位於塢堡與前線城鎮，影響所及，其造邑目的，亦多基於對「家」以至「國」的認同。透過祈願與儀式，除了強化中央對地方的掌控，也落實了邊區戰士對關隴王朝的效忠，對於"關隴團體"的統合，起著一定的作用。

　　即使在豪強當道的社會裡，佛邑也發揮了整合族群的功效。藉由義理與齋戒、法會等活動，進一步促成了"豪強共同體"。而"強宗大姓型"的義邑，其組成多與世家強族有關，其分布也多處地方勢力抬頭的地區。可謂是世家、豪族等群體，為聯繫宗族與鄉里間"鄰人"關係，強化共同體結構的重要元素。

　　就"民族融合"的層面而言，相同的血緣、地緣，甚至相同的文化、風俗習慣，都是彼此連結的構件。部分的邑裡，不僅見證了羌族歸化的過程，反映了族群的遷徙與定居，而佛邑的興造，也不只標示了"政治共同體"的成形，更使得關中部族，邁向了融合的道路。

　　至於佛邑的分布，除了關內西北一帶，已拓至驛道未及的鄉里，其餘的義邑，則多集中於通州要衝的地段。不僅河東、河南等佛邑，分布於邊境的交通幹線，渭南、渭北的義邑，亦多處黃河水系等往來便利地區。而區域間的形勢發展，也多影響了其分布的特性，因而如扇形的分層——完全掌控的內地、局勢不穩的地區、局勢緊張的邊地——，散布著官方涉入程度不一的佛邑。

目次

附　表

第一章　緒　論

第一節　研究動機

　　北朝佛教最戲劇化的發展無非是遭遇了兩次沉重的滅法打擊〔註1〕，尤其是經歷了北朝末葉的衰退以至隋唐的盛興，西魏北周時期的佛教發展，遂蘊藏著變的因子。此地不僅傳承了以楊堅為首的官僚奉佛信仰，用政治力量開一代復佛盛事〔註2〕；也在周武法難時，釋放了佛教僧侶的布道能量，藉由高僧的東向與南渡，進一步的促成中國佛教的調和〔註3〕。面對如此的背景，解析並探究當日佛法傳布的情狀，實有其必要。

　　佛教自北朝以來即秉持依附國主的發展策略，向來深受政治力量的左右〔註4〕。而國家政權也往往運用宗教的傳布力量，從心靈層面收攏佛教「敷導

〔註1〕 第一次是北魏太武帝法難（AD.446），第二次是北周武帝毀佛（AD.574～577）。

〔註2〕 有關楊堅復教的作為，可參見藍吉甫，《隋代佛教史述論》（台北：台灣商務印書館，1993 年）。

〔註3〕 如湯用彤所指出當日歷經了周武法難，「於是學術交流，文教溝通，開闢隋唐一統之局勢，而中華佛教諸大宗派亦於是釀成焉」。參見湯用彤，《漢魏兩晉南北朝佛教史》（台北：台灣商務印書館，1991 年），頁 545。

〔註4〕 如輔佑佛教有功的道安即言「不依國主，則法事難立」。參見慧皎，湯用彤校著《高僧傳》，卷五〈義解二〉，頁 178。而北魏的道人統法果亦將皇帝轉化為如來的形象，以實踐政教合一的朝局：「法果每言，太祖明睿好道，即是當今如來，沙門宜應盡禮」，參見魏收，《魏書》（台北：鼎文書局，1975 年），卷一一四〈釋老志〉，頁 3031。

民俗」之功〔註5〕，完成了政教之間相輔相成的形勢。至於施政輔教的具體運作，則可由擔任國家與人民之間溝通橋樑的官員階層入手，透過其與佛教的互動及關聯等研究，相信更有益於剖析當時政教運作的實況。

為了眞實的呈現官員階層在政令傳遞與佛教布達之間的面貌。本文條理當日造像之碑銘題記，擷取足以描繪官、僧、民三者之間互動模式的義邑資料。透過此類盛行於當世的佛教組織，研析具官方色彩的義邑，從而開展論題。

第二節　研究回顧

自從湯用彤先生於1938年倡議將佛教造像入史研究以來，目前累積論文已蔚然可觀。其中義邑組織的探究，最早觸及的則爲日本學界。1942年，塚本善隆於其著作結集中，以〈龍門石窟に現れたる北魏佛教〉一文，引起了日本學者對佛教義邑的研究興趣。二年後則有山崎宏，〈隋唐時代に於ける義邑及法社〉研究成果的發表。到了五十年代，接連1951年與隔年，小笠原宣秀及高雄義堅分別有〈廬山慧遠の結社事情〉、〈北魏佛教教團の發達〉二篇論文的出現〔註6〕。不過，就現代學者的眼光來看，上述的日本學者雖已涉及義邑組織及邑眾職務的討論，但其努力仍多侷限〔註7〕。直到1977年，佐藤智水在〈北朝造像銘考〉中，首度使用了計量的方法，大規模的介紹一千三

〔註5〕 如「太宗踐位，遵太祖之業，亦好黃老，又崇佛法，京邑四方，建立圖像，仍令沙門敷導民俗」。見魏收，《魏書》（台北：鼎文書局，1975年），卷一一四〈釋老志〉，頁3030。

〔註6〕 四位學者的論述分別爲：塚本善隆，〈龍門石窟に現れたる北魏佛教〉，《塚本善隆著作集》（二）（東京：大東出版社，1974年），頁305～374；山崎宏，〈隋唐時代に於ける義邑及法社〉，《支那中世紀佛教の展開》（東京：清水書店，1947年），頁765～831；小笠原宣秀，〈廬山慧遠の結社事情〉，《中國淨土教家の研究》（京都：平樂寺書店，1951年），頁1～21；高雄義堅，〈北魏佛教教團の發達〉，《北魏佛教教團の發達》（京都：平樂寺書店，1952年），頁25～36。

〔註7〕 譬如劉淑芬認爲他們論述的焦點，集中在中古時期佛教徒所組織的信仰團體層面，且「並未針對鄉村的信仰團體進行討論」。參見氏著，〈五至六世紀華北鄉村的佛教信仰〉，《史語所集刊》六十三卷三期（1993），頁522。而顏尚文的持論亦與劉淑芬相同。參見氏著〈北朝佛教社區共同體的法華邑組織與活動──以東魏李氏合邑造像碑爲例〉，《佛學研究中心學報》第一期（1996），頁169。

百六十種造像題記〔註8〕，才算是眞正回應了湯用彤的「若能搜齊其文，研求
其造像性質。則於北朝宗教之了解所得必不小也」的呼聲。〔註9〕

　　二十世紀六十年代，大陸方面的題記入史研究，才有了進一步的發展。
馬長壽先生利用陝西出土的二十五種關中羌姓碑銘，輔以正史及《元和姓纂》
等氏族專書，闡明了羌族入居關內的漢化歷程〔註10〕。不但完整呈現了正史
所隱滅的歷史現象，大收補史功效，更重要的是提昇了石刻文字在史料運用
上的層級，導引了全新的研究格局。而馬書以後的佛教義邑研究，則可略分
爲二階段。第一階段的發展約在八十年代，以大陸的北京師範學院爲中心，
分別產生了寧可的〈述社邑〉、郝春文的〈東晉南北朝佛社首領考略〉等論
文。其研究的特色，在於將佛教義邑由日人的組織研究轉向爲深入民間社會
的傳教活動探討。一方面爲義邑研究注入了新的活水，一方面也導正了以往
佛教研究偏重高僧與統治階層的流弊，爲民間佛教的傳佈，提供了新的面
向。〔註11〕

　　第二階段的發展，台灣本土學者的貢獻卓著。1993 年，劉淑芬與林保堯
依其理路之不同，分別開啓了更深層的邑義解構模式。劉淑芬於其〈五至六
世紀華北鄉村的佛教信仰〉、〈北齊標異鄉義慈惠石柱——中古佛教社會救濟
的個案研究〉等文中，認爲鄉村居民因信仰佛教而組成的義邑，不但發揮了
傳道布教的功能；更在宗教的情懷之下，促使邑民發揚了社會救濟等功能，
進而達成整合社會的意義〔註12〕。依循此一脈絡，則有盧建榮的〈從造像銘
記論五至六世紀北朝鄉民社會意識〉研究成果。該文由祈願題記入手，認爲
願文爲造像當事者主觀願望最眞實的呈現，透過心靈解剖，重現當時民間的
社會意識。〔註13〕

〔註8〕 佐藤智水，〈北朝造像銘考〉，《史學雜誌》八十六卷十期（1977），頁 1421～
1467。

〔註9〕 見湯用彤，《漢魏兩晉南北朝佛教史》（台北：台灣商務印書館，1998 年），頁
510。

〔註10〕 原書完成於 1965 年，因文化大革命，才延後出版。參見馬長壽，《碑銘所見
前秦至隋初的關中部族》（北京：中華書局，1985 年）。

〔註11〕 分別參見寧可，〈述社邑〉，《北京師範學院學報》第一期（1985）、郝春文，〈東
晉南北朝佛社首領考略〉，《北京師範學院學報》第三期（1991）。

〔註12〕 劉淑芬的二文分別爲〈五至六世紀華北鄉村的佛教信仰〉，《史語所集刊》六
十三卷三期（1993）、劉淑芬，〈北齊標異鄉易慈惠石柱——中古佛教社會救
濟的個案研究〉，《新史學》五卷四期（1994）。

〔註13〕 盧建榮，〈從造像銘記論五至六世紀北朝鄉民社會意識〉，《師大歷史學報》第

除了探討義邑在社會層面的功能與內涵，林保堯的《法華造像研究》則開闢了另一個天地。該文試圖由佛教義理與圖像等方面切入，因而解析興建義邑的形制與緣由，並且突顯法華思想主導義邑造像的風潮〔註14〕。劉、林的成果發表三年後，則有顏尚文揉合並創新兩者論題之作。其於1996年的〈北朝佛教社區共同體的法華邑組織與活動——以東魏李氏合邑造像碑爲例〉一文，除了運用"社區共同體"觀念，架構了義邑組織在社會功能的緣始。也從義理著手，以"法華邑義團體"的出現，釐清了佛學思想在邑中的角色。〔註15〕

台灣學界在本階段中的努力，也獲得了大陸學者的關注與回應。1998年由侯旭東撰著成書的《五、六世紀北方民眾佛教信仰》，以破紀錄的姿態，囊括了北朝時期一千六百零二種造像題記。並依年代順序，分門別類計量了當時造像主要的十三種題材。另由願文著手，整理出民間奉佛的七大祈願。由於資料完整，言出有據。大規模的彌補了佐藤智水在碑銘上有整理而無分析的缺失〔註16〕。此外，這股題記研究的風潮，也蔓延到了學位論文。近五年來，以中正大學爲研究中心，產生了黃志成的〈四至六世紀山東地區佛教之研究以——寺院、僧侶與義邑爲中心〉、吳玲君的〈北朝婦女信仰活動——以佛教造像銘刻爲例〉等碩士論文。黃文配合史事的發展，介紹了十五處義邑組織的題材、祈願與姓氏人數統計；吳文則主要介紹了五十六種北朝婦女造像的題材與祈願文。

第三節　問題意識與處理方法

綜觀以上佛教題記的研究可以發現，前人在開展論題時，以造像活動或義邑組織視同民間佛教的內涵，已是個很普遍的做法。雖然多數學者均意識到，題記的身分階層存有官員、僧侶與平民三類。例如侯旭東即言「根據造像題名，參與造像活動的有官吏、僧尼與平民……這三類人同生活在一個社會中，具有很多的一致之處，但其社會地位、文化背景與生活亦存在差異」

二十三期（1995）。
〔註14〕林保堯，《法華造像研究》（台北：藝術家，1993年）。
〔註15〕顏尚文，〈北朝佛教社區共同體的法華邑組織與活動——以東魏李氏合邑造像碑爲例〉，《佛學研究中心學報》第一期（1996）。
〔註16〕侯旭東，《五、六世紀北方民眾佛教信仰》（北京：中國社科出版社，1998年）。

〔註17〕。雖然如此，卻往往在行文之中，朧統的模糊了三者的「差異」。甚至以官或僧等同於民，這是很明顯的問題〔註18〕。此外，在計量統計的模式下，官、民之間的界線，似乎也不易釐清。而官員參與的造像活動，至少在本文所蒐集的石刻資料中，已達高度比重（33%）〔註19〕。亦使人難以忽略官員階層在組織佛邑的背景、目的等方面，是否別具內涵與特色。

採用"鄉村"或"社區共同體"等的主題，當然就沒有以上的問題。只是筆者發現有些官員主導興建的義邑如大統三年（AD.537）的〈白實等造中興寺像記〉〔註20〕，就缺乏或刻意避免平民的參與。本邑由時任大都督的白實率所屬文武僚吏興建而成。邑中組織，無論邑主或邑子等職位全由官員充任，性質上迥異於常見的題記。這種義邑的功能與運作模式，可說是前人尚未專論的領域。

歷代寺院的地理分布，在學者的辛苦耕耘下，已取得了豐碩的成果。反觀「形同寺院」的義邑組織，卻一直未能有地理專論的研究出現。侯旭東提出了明白的解釋：「遺憾的是，現存不少造像記出土地不明，開展區域研究的條件尚不成熟……在可能的情況下兼顧地域性的考察，但這種分析可能不全面、不準確，請讀者留意」〔註21〕。一般而言，我們的確很難在一處未留出土地點的題記之中，由祈願文及著錄姓名來判斷其地理位置。但是在官員階層的造像中，透過對具銜的郡縣令長區域比對，或史傳所載人物的遷轉研析，輔以清代專記碑銘分布的論著等。那麼大部份具官方色彩的題記，都可得致具體的地點。並可從中開展區域分布與交通位置的綜合考察。相信亦能填補前人所未論及之缺憾。

因此，為了避免將義邑視同民間產物所造成的統計失真與內容侷限，本文將專注於探討當時具官方色彩的佛教義邑，考究其興建地點、興造背景及

〔註17〕同註16，頁91。

〔註18〕如黃志成的研究目的，即著眼於高僧、官員以外的平民佛教研究。但其所引用的義邑資料，造像者仍包括郡守以下的多位官員。參見氏著，〈四至六世紀山東地區佛教之研究——以寺院、僧侶與義邑為中心〉（嘉義：中正大學碩士論文，1995年），頁1、101～102。

〔註19〕官員參與的造像資料約有六十一筆，參見表2-2.9〈西魏北周時期含有官員成份的造像活動〉，頁43。幾佔本文收錄該期一百八十七則造像記錄的三分之一。

〔註20〕《魯迅輯校石刻手稿》（二十三），頁515。

〔註21〕同註16，頁22。

組織成員，進而分析此類佛邑出現的原因、類別與所發揮的功能。另一方面，官員、僧侶與平民乃是造像活動中，在身分階層上的三大類型。彼此之間時而連結，攜手合作立像建邑的善業；也時而分離，各自進行興佛祈福的功德。至於其間的關聯，本文亦計劃由義邑組織著手，依照碑銘所載姓名題錄，選擇具官方色彩的佛教義邑，觀察其種類型態、功能屬性、造邑目的等環節，並以官員階層為主要的討論基礎，從而推衍官、僧、民三者之間在義邑組織裡所扮演的角色與互動模式。

此外，本文亦須在此交代義邑組織的定義。首先是邑義的名稱。根據學者對碑文的統計，北朝義邑的同義詞大約有邑、合邑、都邑、邑儀、邑義、法儀、法義等八種〔註22〕。其次是邑義的組織。根據學者對題記的整理，當時邑眾的職銜高達數十種。常見的有邑主、都邑主、邑師、像主、檀越主、維那、都維那、典坐、典錄、堪主、化主、光明主、邑正、邑子、清信等類。彼此各司其職，分擔邑中的各項事務。〔註23〕

由於以上的名稱、邑職皆為題記刊載之原文轉錄。因此，只要具備了上述的稱號及組織格式，即為本文所指涉的範疇。至於更嚴謹的定義，由於邑義的類別不一、功能迥異，且佛道二教皆有規模的發展。本文只能略述指出：佛教義邑是指北朝造像活動中，一種由眾人合力完成的模式。造像的人們多半具有地緣關係。雖然在身份上有官、僧、民的差異，但是透過共同的祈願與組織運作，也共同的為所生活或有人身關聯的地區，提供了以傳道布教為主並及社會救濟等功德的佛教組織團體，即為本文所述論的義邑。

官方色彩部份，由於佛邑的組成情形不一，而"板授"官制又盛行於當時，加以許多佛邑多存有官、僧、民三類人士，給予明確的定義，實有相當的困難。因此"官方色彩"的辭彙，對本文而言，毋寧是一種判別的準則。其依據的方式有三：

（一）符合"官方色彩"佛邑的先決條件，是義邑群眾中須具有官員階層，而實為平民的"板授官"與"假官"則不在此列。

（二）過去學者即認為，義邑的組成方面，有些為官員發起，有些則為僧民所推動。如劉淑芬曾舉天和元年（AD.566）的〈合村長幼造像記〉為例，

〔註22〕顏尚文，〈北朝佛教社區共同體的法華邑組織與活動——以東魏李氏合邑造像碑為例〉，《佛學研究中心學報》第一期（1996），頁171。
〔註23〕劉淑芬，〈五至六世紀華北鄉村的佛教信仰〉，《史語所集刊》六十三卷三期（1993），頁524。

認為在九十五位可辨識的邑眾中，由於有八人為官員，因此判定本邑為官方所領導〔註24〕。不過，在〈合村長幼造像記〉中，實際擁有官員身分的人士僅有阿難主郡主□（疑為簿）、唯那主□□令、開思惟像主□北令、開□□佛光明主□寇將軍四人。其餘則為假官，如假安邑縣令、假魯陽令、假安天縣□（疑為令）等。另一方面，邑職中位階較高者如都邑主、都像主、都化主等，皆為平民〔註25〕，可見這批官員在邑裡的主導地位並不高，且參與義邑的方式亦多為捐款造像而已。〔註26〕

　　因此，本文判斷官方色彩的準則，亦將考慮官員主導的程度。主要的條件是邑中官員須擔任邑職中的最高位階，並在評判的標準中，優先考量管理職務中的邑主系統：邑主──都邑主──大都邑主及提供經費的捐資系統：像主──都像主──大都像主兩者，以確立官員在邑中的領導程度〔註27〕。在如此的判別下，至少有五處佛邑符合上述的條件：

表 1-3.1：西魏北周時期官員居最高邑職的佛邑

年　　代	題　　記	最　高　邑　職
大統十二年	〈任安保等六十人造像記〉	邑主：任安保（平民） 像主：荔非郎虎（郡□□永寧令□州府主簿）
保定元年	〈合邑造像記〉	都邑主：使持節驃騎將軍儀同三司 都像主：前將軍右銀青光祿
天和六年	〈費氏造像記〉	邑主：陽烈將軍費伯達 像主：□
建德元年	〈黨仲茂八十人造像記〉	檀越主：曠野將軍殿中司馬黨□□ （本邑或因殘泐而無邑主、像主之職，除檀越主（意為大施主）外，皆為邑子）
建德二年	〈郭亂頤造像記〉	都邑主：殿中將軍員外司馬楊恭

　　（三）除此之外，有些碑文亦明確記載了建邑的緣始與發起人物，透過對這些起造者的身分辨別，也有助於澄清官員於邑中是否居主導地位的問

〔註24〕劉淑芬，〈五至六世紀華北鄉村的佛教信仰〉，《史語所集刊》六十三卷三期（1993），頁538。

〔註25〕《魯迅輯校石刻手稿》（二十五），頁969～973。

〔註26〕有關邑職的種類、作用與意義，參見本文第二章，頁48。

〔註27〕邑主與像主於邑中的地位頗高，可參見本文第二章，頁48。

題。題記之中，至少有七篇願文顯示了官員主導的事實，如大統元年的〈毛遐造像記〉、大統三年的〈白實等中興寺造像記〉、大統五年〈曹續生造像記〉、大統六年〈巨始光造像記〉、大統十三年〈杜造賢等造像記〉、天和五年〈普屯康造像記〉、天和六年〈枎枎榮造像記〉等，這些都為本文考察的範圍。〔註28〕

必須說明的是白實領銜的造像活動，由於立像地點牽涉了中興寺，因此在分類上能否歸入義邑組織，或僅是單純的寺院造像活動，就成了值得澄清的問題。一方面，學者在論及義邑的範疇時，亦曾說明有部份的邑，在籌建組織以後，確實涉及了共同建造寺院的活動〔註29〕。例如東魏孝靜帝時，以李顯族等百餘李姓族人組成的佛邑，其宗教舉措即分為三階段：首先在村中建立寺院，其次則在村莊對外交通道路旁，掘井種樹以供行旅止渴休歇，最後則在井邊立佛碑像，完成了佛邑的宗教活動〔註30〕。另一方面，〈白實等中興寺造像記〉的題名中，亦出現了許多擔任如檀越主、寺邑主、鄉邑主等職務的人士，可見與不具邑職的集團造像仍有差異，且符合本文對義邑的界定。而專文探討佛邑各種職務的郝春文，亦曾以此篇題記，作為考察的範疇〔註31〕。是以本文延續這分類的脈絡，將白實等人的造像活動，視同於佛邑組織。

至於本文的處理方法，則可歸為以下五條：

（一）本文主要依據造像資料中的題記文字，而不涉及佛像風格、石雕形制或書法文體、石經藝術等問題。此外，由於佛學浩瀚深遠，本文除了題記相關願文所涉及的佛法觀念等，須以徵引佛典，適當說明外，不論及佛教宗派或義理與邑義的關聯。並盡量依據本期以前影響深遠的典籍與當代譯經。

（二）至於本期政權結構的政教發展，則闢專章，以明緣始。並以實際掌權者如宇文泰、宇文護、北周武帝及楊堅等人為主軸，順次論述政教之間的關連。

〔註28〕七篇明載起造主身分的願文，參見本文附錄二。
〔註29〕劉淑芬，〈五至六世紀華北鄉村的佛教信仰〉，《史語所集刊》六十三卷三期（1993），頁536。
〔註30〕見《魯迅輯校石刻手稿》（二十三），頁313～324。
〔註31〕參見郝春文，〈東晉南北朝佛社首領考略〉，《北京師範學院學報》第三期（1991）。

（三）爲了避免鋪陳史實時，蹈入圈地自限、以主觀影響客觀的陷阱。本文除整理官方造像資料外，一併條列僧侶與平民的相關題記。並利用正史、僧傳等記載，除了明瞭各處佛邑的興造背景，在分類論述中，也著重於三者之間的互動模式與其聯繫。

（四）義邑組織在本文收錄的一百八十七種造像資料中，約佔三分之一的篇幅（六十一種）。而西魏、北周的佛邑中，具有官方色彩——特別是官員擔任邑主或像主等主導位階——的法儀，則有十二處。這類資料即是本文所欲探討的範疇，也是考察官、僧、民三者之間關聯的主要題材。爲方便行文，並突顯其特色，現依其組成結構，將佛邑分爲四種類型：

1. 與世族宗族有關的佛邑

宗族可謂是北朝社會的基礎結構。其勢力源於鄉里，對當時人們的各式生活，產生了極大的影響〔註32〕。這是在考察本時期佛邑組織時，所無法忽視的問題。事實上，大部份本文所指涉的佛邑，都蘊有宗族的成份。只是宗族強弱之間，有的顯而易見；有的隱而不明，甚至難以辨別同姓之間的關連。至少有四例，頗爲符合宗族的意涵。如毛遐、京兆杜氏、費氏宗族等屬於前者，而洛川佛邑的邑眾，則屬後者。

2. 與軍政首長有關的佛邑

地方勢力既爲當日社會的組成基礎，那麼當地方長官調任至此，就免不了和他們產生一定的關連。尤其是當軍政首長，著手建立義邑，以強化彼此的關係時。豪族的人際網絡，就成了鏈結邑眾的主要管道。在本期的三處佛邑中，曹續生和北雍州焦氏，普屯康與新豐薛氏都提供了典型的例證。較爲特別的則是白實，由於他的軍事首長身份，很自然的，連絡的對象除地方豪傑，也以南陽地區的軍事領袖爲主。

3. 與軍事團體有關的佛邑

或許是出於戰爭中的殘酷殺戮，當時的軍人或將領，頗有信奉佛教者。甚至以軍隊爲主體來組織佛邑，多層次的強化將士之間的關連。而三處此類型的義邑，也很巧合的代表了三種不同的軍事隊伍。巨始光所代表的是河東地區的地方義軍，枎枎榮所代表的是龍頭城戍的城防鎮軍，至於正寧佛邑，

〔註32〕參見朱大渭等，《魏晉南北朝社會生活史》（北京：中國社科出版社，1998年），頁39～54。

則見證了西魏僑置六州，以收容北鎮軍人的舉措。

4.與少數民族有關的佛邑

在北朝民族雜處，以及易姓復姓的的措施下，推論血源，甚至以姓氏來辨族，都是難有結論的問題。不過，羌族以其封閉的族內婚習慣，倒是少數可以辨明的種族之一。透過任安保與黨氏羌族等主導的佛邑，不但可明瞭羌民的信仰情況，亦可觀察族群之間的相互融合。

（五）本文將採取區域研究，並順應資料限制問題，專注於較可考論的官方邑義之地理形勢，以配合交通路線等剖析，體察當時佛邑分布的特色。

第二章　西魏北周時期的佛教發展

　　學者曾論「南北朝的政治社會結構，以帝王（包括宗室）、貴族、沙門三種勢力最爲強大〔註1〕。作爲南北朝時代中的一個政治領導者——皇帝，如何協調、應用這三大勢力，是一個首要的問題。如何制定與推行有關政治與佛教的政策，是一個無法逃避的政教課題。如何爲政治與佛教結合政策，擬定一個核心理念，作爲政治性與宗教性之號召，也是一項艱鉅而需要進行的工作」〔註2〕。而西魏北周，下啓隋唐的統一，時間斷限正處於這一歷史階段的末季。如此的議題，對於探討當時佛教的發展與政教結合的模式，具有極其深刻的意義。

　　由於文成帝的復佛〔註3〕，不但使佛教在經歷了北魏法難（AD.446）的摧殘後，基於復興的振奮而導致北朝後期的全盛〔註4〕，佛教發展亦在僧侶的指導下，更加確立了十六國以來「不依國主，則法事難立」的政權"依附"性格。至於政教結合體系，則在雙邊的推動下，進一步完成了北魏國家的宗教政策。一方面，政權透過法果以來"皇帝如來"理念的拓展〔註5〕，藉由"皇

〔註1〕何茲全，〈中古時代之中國佛教寺院〉，收入氏編《五十年來漢唐佛教寺院經濟研究》（北京：北京師大出版社，1986年），頁1～54。

〔註2〕顏尚文，《梁武帝「皇帝菩薩」理念的形成及政策的推展》（台北：師大博士論文，1989年），頁23。

〔註3〕有關此事，可見曹仕邦，〈太子晃與文成帝——英年早逝的天才父子政治家大力推廣佛教於北魏的功勳及其政治目的〉，收入《中華佛學學報》第一期（1987）。

〔註4〕塚本善隆，〈北魏的僧祇戶與佛圖戶〉，收入《日本學者研究中國史論著選譯》（七）（北京：中華書局，1980年），頁253。

〔註5〕法果爲北魏道武帝時的道人統，爲了強化政教之間的關係，曾以"皇帝即如來"說法，開示信眾：「初，法果每言，太祖明睿好道，即是當今如來，沙門

帝如來身"的石佛鑄造,積極取得對佛教的控制力量:

> 詔有司爲石像,令如帝身。即成,顏上足下,各有黑石,冥同帝體
> 上下黑子。論者以爲純誠所感。興光元年秋,敕有司於五級大寺內,
> 爲太祖以下五帝,鑄釋迦立像五,各長一丈六尺,都用赤金二十五
> 萬斤。〔註6〕

另一方面,佛法復興者——曇曜,更進一步的創設了僧祇戶與佛圖戶,拓展
了政教結合的經濟基礎:

> 曇曜奏,平齊戶及諸民,有能歲輸穀六十斛入僧曹者,即爲「僧祇
> 戶」,粟爲「僧祇粟」,至於儉歲,賑給飢民。又請民犯重罪及官奴
> 以爲「佛圖戶」,以供諸寺掃灑,歲兼營田輸粟。高宗並許之。於是
> 僧祇戶、粟及寺田,遍於州鎮矣。〔註7〕

塚本善隆以爲,當日的佛教教團,不但藉此制度得到教化庶民的機會,更「在
經濟生活上與庶民結成密不可分的關係,對國家而言,也成爲推行政府的社
會政策的一個重要機關,並作爲財力、勞動力的有力管理兼所有者」〔註8〕。
政教之間的互動與結合,遂使北魏步向了一個佛教復興的光輝時代:

> 元魏君臨十七帝。一百七十年,國家大寺四十七所……雖屢遭法
> 滅……其王宮貴室五等諸侯寺八百三十九所。百姓造寺三萬餘所。
> 總度僧尼二百萬人。譯經一十九人四十九部。〔註9〕

第一節　關隴政權的宗教政策

一、法難以前的政教關係

　　永熙三年（AD.534）,宇文泰迎帝入長安,在既有基礎之上,牢牢掌握了
西魏政權〔註10〕。他的宗教態度,對於佛教能否在亂世之際的關隴復甦,具

　　　宜應盡禮,遂常致拜。謂人曰:『能鴻道者人主也,我非拜天子,乃是禮佛
　　　耳。』」參見魏收,《魏書》,卷一一四〈釋老志〉,頁3030。
〔註6〕《魏書》,卷一一四〈釋老志〉,頁3036。
〔註7〕《魏書》,卷一一四〈釋老志〉,頁3037。
〔註8〕塚本善隆,〈北魏的僧祇戶與佛圖戶〉,收入《日本學者研究中國史論著選譯》
　　　（七）（北京:中華書局,1980年）,頁253。
〔註9〕法琳,《辨正論》（大藏經2110）,卷三〈十代奉佛篇上〉,頁507。
〔註10〕「永熙三年……乃奉帝都長安。披草萊,立朝廷,軍國之政,咸取太祖決
　　　焉。」《周書》（台北:鼎文書局,1973年）,卷三十五〈薛憒傳〉,頁625。

有決定性的影響。而宇文泰顯然也認識到這點，在他開創關隴政權之初，便積極的推展佛教事業。不但推動了佛教寺所的興建，並以長安出身的道臻為西魏大統，完成了國家政教體制的規模：

> 西魏文帝聞而敬重，尊為師傅。遂於京師立大中興寺，尊為魏國大統。于時東西初亂，宇文太祖始篡帝圖。挾魏西奔，萬途草創。僧徒相聚，綴疏而已。既位僧統，大立科條。佛法載興，誠其人矣。
>
> 〔註11〕

而道臻也確為一時之選，不僅在艱難的環境中復興佛法，更在宇文泰的襄贊之下，使國家寺院的建設工程，逐次實現。直到死訊傳來，魏帝甚至因而廢朝，以感念這位開國名僧的貢獻。據《續高僧傳》，〈道臻傳〉後記：

> 爾後大乘、陟岵相次而立，並由陶漸德化所流。又於昆池之南置中興寺……及卒，帝哀之廢朝。

或許是西魏開國初期，版圖始終限於關隴，接替道臻的人選，自然以出身京師及鄰近地區為考量。而當時頗富聲望的僧侶則有二人。一是咸陽出身的僧實：

> 釋僧實，俗姓程氏，咸陽靈武人……年二十六，乃得剃落。有道原法師，擅名魏代，實乃歸焉。隨見孝文，便蒙降禮……每處皇宮，茲問禪秘……奇相超倫，有聲京洛。兼又道契生知，化通關壤。〔註12〕

另一位則是扶風出身的法顯：

> 釋法顯，雍州扶風人，厥姓宵氏……元魏之末，住京兆王寺，與實禪師，齊駕朝野。兼以儉約清素，華貴傾屬。〔註13〕

兩人無論出身、知名度、與朝廷的關係，甚至作為元魏至西魏政教轉移的象徵等，都在伯仲之間。而宇文泰選擇僧實繼位的依據，竟是相貌。據《續高僧傳》，〈僧實傳〉後記：

> 周太祖文皇，以魏大統中下詔曰：「師目麗瞳，偏同虞舜，背隆傴僂，分似周公……可昭玄三藏」。

以僧實的相貌酷似虞舜、周公，而取之為西魏大統。可見宇文泰以蘇綽仿周禮復古改制的風潮，亦蔓延到了政教結合下的佛教界〔註14〕。另一方面，僧

〔註11〕道宣，《續高僧傳》（大藏經2060），卷二十三〈道臻傳〉，頁631。
〔註12〕《續高僧傳》，卷十六〈僧實傳〉，頁557。
〔註13〕《續高僧傳》，卷二十六〈法顯傳〉，頁671。
〔註14〕有關蘇綽改制，論者已多，不於此處贅述。其六條詔書，可見《周書》，卷二

實門徒眾多，不似法顯單薄〔註15〕。這種宗師的地位，或許也是宇文泰取決的考量。

　　隨著政局的穩定與國力的擴張，宇文泰也將鄰近的河東、四川、江陵等地納入控制〔註16〕。比較關隴政權處理這些地區的政教關係，可以發現一個有趣的現象。大體上處於兩魏用兵之地的河東，魏周政權的態度是懷柔多過壓制。爲了控制河東的佛教事業，宇文泰極力拉攏當地的僧妙教團。河東僧團除了宗師僧妙以外，還包括他的弟子曇延，以及曇延的弟子慧海、智通、慧誕、道生等徒眾，都是名揚四海的高僧〔註17〕。爲了掌握這些具有影響力

十三〈蘇綽傳〉，頁382～391。

〔註15〕表 2-1.1：《續高僧傳》中所見僧實僧團

僧名	出　身	活動地區	特色	重　要　事　蹟	出　　處
僧實	程氏咸陽靈武	長安	西魏三藏	隨原法師，從見孝文，便蒙降禮。每處皇宮，諮問禪密。間又道契生知，化通關壤。宇文泰以大統中，下詔請爲昭玄三藏。發談無議，事無不行。太祖又曰，祈請爲國三藏，實當仁不讓。太祖平梁荊，益州大德五十餘人，各懷經部送像至京。慧心潛運，南北竦通。弟子曇相等，燈火不絕。	卷十六，頁557～558
曇相	梁氏雍州	長安		住大福田寺。京華七眾，師仰如神。	卷十六，頁558
僧淵	廣漢李氏	長安	鉅富	與同寺毅法師交遊，並稱蜀僧英傑。往遊京師，依僧實習禪。	卷十八，頁574
靜端	不詳武威	關中		投僧實禪師。後歸曇相。	卷十八，頁576
僧晃	馮氏綿州	關中	入關習法	保定年間，進學長安，從曇相習心法。武地下敕延於明德殿，乃授本州三藏。	卷二十九，頁694～695

〔註16〕由於東西魏對河東的爭奪不休，宇文泰實質控制河東，大約要到大統三年（AD.537）左右。參見《周書》，卷二〈文帝紀下〉，頁24。至於四川，則由尉遲迥於魏廢帝二年（AD.553）攻滅。參見《周書》，卷二〈尉遲迥傳〉，頁350。江陵亦在侯景亂後，於于謹的進軍下遭劫，並於戰後建立西梁魁儡王國。參見《周書》，卷十五〈于謹傳〉，頁247～248。

〔註17〕僧妙教團的主要人物，參見下表：

表 2-1.2：西魏北周時期河東僧妙教團的主要高僧

僧名	出身／俗　姓	地區	特色	重　要　事　蹟	出　　處
僧妙	不詳河東人	河東（蒲州）	名震周齊	宇文泰重之。大統時西域獻佛舍利於周，宇文泰送令供養。妙講學涅盤，所及之地，酒肉皆絕。曇延承其宗本。	卷八，頁486

量的沙門的政治立場，宇文泰以降的關隴政權，至少採取了三種措施：

第一，給予他們極高的禮遇。如對名震周、齊的宗師僧妙：

> 周太祖特加尊敬。大統年時，西域獻佛舍利。太祖以妙弘贊著績，
> 遂送令供養。因奉以頂戴，曉夜旋仰。〔註18〕

第二，利用興造佛寺的誘因，促使他們接近內地。如對具有「世家豪族」身分，而「更廣宗本」的核心人物曇延：

曇延	王、蒲州桑泉	河東	世家豪族官歷齊周	事僧妙法師。曾持經與疏陳於州治仁壽寺前，神光呈祥。宇文泰敬重，以百梯太遠，爲造雲居寺，國俸給之。陳使周弘正遊說三國，建德年間入朝。文思敏捷，帝集大賢與之對辯，蒲州刺使中山公宇文氏薦其與陳使論辯。曇延獨應。武帝授爲國統。	卷八，頁488～489
慧海	張、河東虞鄉	河東		昭玄統曇延弟子。初講涅盤，後隱山林（弘農伏讀山），專心禪業。	卷十一，頁509～510
童眞	李、河東人	不詳		少厭生死，希心常住。投曇延法師，爲其師範。	卷十二，頁517
海順	不詳河東人	不詳		曇延弟子道遜的弟子。	卷十三，頁524
道蓀	張、河東虞鄉	三晉		與弟道謙，俱投曇延。三晉英豪，望風騰集。	卷十四，頁532～533
法常	張、南陽白水	不詳		十九歲出家，投曇延。	卷十五，頁540
道洪	尹、河東人	無		開皇以後，入師曇延。	卷十五，頁547
智通	程、河東猗氏	不詳	法難從師	釋門淪陷，法侶無歸。從俊律師，曇延授業，不以艱難涅志。	卷十八，頁577
通幽	趙、河東人	不詳	法難南渡	幼齡遺世，早慕玄風。而貞心苦節，寒暑不虧。	卷二十一，頁610
覺朗	未詳河東人	長安		住大興善寺。明四分律及大涅盤。	卷二十一，頁612
玄琬	楊、雍州新豐	不詳		志在學年，方遊法苑。	卷二十二，頁616～617
慧誕	不詳雍州	長安		曇延弟子。習涅槃與攝論。每登講席，有名京室。	卷二十六，頁671
道生	不詳蒲州	長安		曇延弟子。名父之子，住興善寺。	卷二十六，頁674～675

以上出處參照道宣，《續高僧傳》。此外，尚有曇延弟子洪義、道遜、道謙等人。今俱無傳。

〔註18〕參見道宣，《續高僧傳》，卷八〈僧妙傳〉，頁486。

遂隱於南部太行山百梯寺，即所謂中朝山是也……（魏）帝大悅，
敕延就講……周太祖素揖道聲，尤相欽敬……以百梯太遠，諮省
路艱。遂於中朝西嶺形勝之所，爲之立寺。名曰雲居，國俸給之。
〔註19〕

最後，便是利用高級僧職，直接將他們納入國家政權中。如曇延後記：

（北周武）帝以延，悟發天眞，五眾傾則，便授爲國統，使夫周壤
導達。

這種控制新附地區僧團的模式，似乎是當時國家政權的一貫作風。同樣的情
形，也出現在四川等地。或許是蜀境的佛教原屬南方，爲了消除南朝的影響，
關隴政權以先壓制，後懷柔的態度，徹底改造了四川佛教。廢帝二年
（AD.553），當尉遲迥攻下了蜀地以後。便對南方僧侶採取了不信任的態度，
甚至「地內大有名僧，皆被拘禁」〔註20〕。而後則遣「益州大德五十餘人，
各懷經部，送像至京」，又命當時的昭玄三藏僧實「既而慧心潛運，南北竦通」
〔註21〕，可見其導正南方佛教，修訂官方義理的作爲。迄至北周，則以長安
爲傳教中心，吸引蜀僧至關內習佛，並返鄉傳道。如慧遠：

釋慧恭者，益州成都人也……與同寺慧遠，結契勤學。遠直詣長
安……還益州講授。〔註22〕

並由入關習法的蜀僧中，挑選接近官方僧團的成員，以州三藏返鄉任職。如
出身蜀地綿州，入關依附僧實僧團的僧晃：

又於曇相禪師，稟受心法……武帝下敕……乃受本州三藏。〔註23〕

可見當時政教控制之嚴密。江陵則資料未多，情況不明，但以于謹進軍的殘
酷作爲看來，多少亦有壓制的取向：

梁主退保子城。翌日，率其太子以下，面縛出降，尋殺之。擄其男
女十餘萬人，收其府庫珍寶……振旅而旋。〔註24〕

除了控制僧侶，施行政教作爲以外。宇文泰還利用世族與官僚，建構佛教傳
布的管道。據《周書》〈薛愼傳〉：

〔註19〕參見《續高僧傳》，卷八〈曇延傳〉，頁488。
〔註20〕參見《續高僧傳》，卷二十八〈法建傳〉，頁686。
〔註21〕《續高僧傳》，卷十六〈僧實傳〉，頁558。
〔註22〕《續高僧傳》，卷二十八〈慧恭傳〉，頁686。
〔註23〕《續高僧傳》，卷二十九〈僧晃傳〉，頁694。
〔註24〕《周書》，卷十五〈于謹傳〉，頁248。

又於諸生中簡德行淳懿者，侍太祖讀書。愼與李璨及隴西李伯良、
辛韶，武功蘇衡，譙郡夏侯裕，安定梁曠、梁禮，河南長孫璋，河
東裴舉、薛同，滎陽鄭朝等十二人，併應其選。又以愼爲學師，以
知諸生課業。太祖雅好談論，並簡名僧深識玄宗者一百人，於第內
講說。又命愼等十二人兼學佛義，使內外俱通。由是四方競爲大乘
之學。〔註25〕

可見宇文泰在佛教信仰的推動上，除了組織京師的"百法師"僧團〔註26〕，
以傳達正確的佛教知識外，主要利用的就是當時的世家大族。透過世族在各
地的影響力，以使「四方競爲大乘之學」，從而形成佛教信仰的風潮。在十二
位代表者中，河東世族不但以學師的身份居首，而且兩姓三人（薛愼、裴舉、
薛同），在地域人數的分布上，比例最高。合併前述宇文泰對河東教團的懷柔
政策，呈現了當局對此地政教控制的重視程度。而此一情況，也多少反映出
河東地當要衝，東西兩國在此爭戰不休的現象。

　　魏恭帝三年（AD.556），宇文泰薨於雲陽宮〔註27〕。臨死前，將朝政委於
宇文護。直到天和七年（即建德元年 AD.572），北周武帝誅護親政以前，這位
任意弒殺北周帝主的國家宰輔，始終掌握著關隴政權〔註28〕。而宇文護對佛
教的虔誠信仰，則爲這段期間「興隆像教，創製仁祠」等佛教事業，起了重
要的推動力量。

　　據《辨正論》記載：

晉公……而篤信不群，迴向無比；興隆像教，創製仁祠。凡造法王、
彌勒、陟屺、會同等五寺……持戒四部，安居二時。恆轉法輪，常
凝禪室。又供養崇華寺。〔註29〕

至於宇文護掌政時代的政教關係，宗教也始終擔任著服務政權的角色。甚至，

〔註25〕《周書》，卷三十五〈薛愼傳〉，頁625。
〔註26〕 "百法師"除此處之記載，亦見於《續高僧傳》：「大統中，丞相宇文黑泰，
　　　　興隆釋教，崇重大乘。雖攝總萬機，而恆揚三寶。第內常供百法師。尋討經
　　　　綸，講摩訶衍」，參見同書，卷二十九〈僧晃傳〉，頁694。隋代開國，出任國
　　　　統的僧猛就出於其中，可見此僧團的重要性。道宣，《續高僧傳》，卷二十三
　　　　〈僧猛傳〉，頁631。
〔註27〕《周書》，卷二〈文帝紀下〉，頁37。
〔註28〕 宇文護之專擅弒帝以及遭武帝誅殺等事，俱見《周書》，卷十一〈晉蕩公護傳〉，
　　　　頁166～176。
〔註29〕 法琳，《辨正論》，卷四〈十代奉佛〉，頁517。

佛教界的人才，宇文護亦希望他們能還俗任官。如高僧亡名：

> 釋亡名……帝勞遣既深，處爲夏州三藏。朝省以名文翰可觀，元非
> 玄侶，而冥德沒世。將徵拔之……天和二年五月，大冢宰宇文護遺
> 書曰：「言念欽屬未敘企積，道體無虧慮耶。蓋能仁處世，志存匡
> 救……知才高七步。豈虛緇染，沈流當塗……贊我時朝。匪惟眞俗
> 俱抽，亦是彼我一貫」。〔註30〕

由「豈虛緇染，沈流當塗」，可見宇文護心裡並不苟同佛教徒出世的舉動，進
而以入世行仁，匡救亂世的理念，設法說服高僧的還俗。不過，釋亡名未爲
所動，而宇文護也未逼迫，可見當局的宗教態度，仍以寬容爲準則。這種政
教和諧的長期關係，甚至被日本學者視爲"宇文泰、宇文護的佛教保護時
代"。〔註31〕

除了宇文護的支持，周初諸帝亦有造寺立像，弘法興福的舉措。如孝閔
帝：

> 周保元年，大弘像化。海內名德，慕義歸仁。廣開解脫之門，洞啓菩
> 提之路。欲使天窮有頂，等被慈雲。地極無邊，俱蒙慧日。〔註32〕

其後的明帝除了詔「令太師晉國公總監大陟岵、大陟屺二寺營造」〔註33〕，
以國家力量興造寺所，並爲先皇興福立像：

> 二年〔註34〕，奉爲先皇敬造盧舍那織成像一軀，并二菩薩。高二丈
> 六尺。等身檀像十二軀，各二菩薩及金剛師子等，麗極天成，妙同
> 神製。

而官方的佛教傳布活動，直到北周武帝前期，依然蓬勃發展：

> 武成二年〔註35〕，爲文皇帝造錦釋迦像。高一丈六尺，并菩薩聖

〔註30〕 《續高僧傳》，卷七〈亡名傳〉，頁481。
〔註31〕 參見野村耀昌，《周武法難の研究》（東京：東出版株式會社，1977年），頁
　　　　 75～105。
〔註32〕 有關孝閔帝及明帝、武帝之佛教作爲，俱見《辨正論》，卷三〈十代奉佛〉，
　　　　 頁508。
〔註33〕 參見道宣，《廣弘明集》（大藏經2103），卷二十八〈後周明帝修起寺詔〉，頁
　　　　 328。
〔註34〕 周初諸帝不置年號，除孝閔帝外，明帝亦同：「明帝即位，依周禮稱天王，不
　　　　 建年號……直至明帝三年，因（崔）宣猷奏，乃復用年號耳」。參見趙翼撰，
　　　　 杜維運考證《二十二史箚記》（台北：華世，1977年），卷十五〈魏末周初無
　　　　 年號〉，頁332。是故，此處"二年"即爲明帝二年（AD.558）。
〔註35〕 明帝薨於武成二年（AD.560）四月，其後由武帝接位。

僧。金剛師周迴寶塔，二百二十軀……仍於京下造寧國會昌永寧等

三寺……凡度僧尼一千八百人，所寫經論一千七百餘部。

出於本身的信仰或是響應國主的提倡，北周的將相大臣，也紛紛留下了佛教的傳揚事蹟：

表 2-1.3：《辨正論》所見北周宗室、官員的奉佛活動〔註36〕

人　　　　物	事　　　蹟
柱國襄州總管衛王	殖眾德本，於襄州修造上鳳林寺
柱國益州總管趙王	歸命仁祠，左益州造慧眼寺
柱國雍州刺史齊王	造安居寺
太師大冢宰柱國大將軍晉國公宇文護（護）	興隆像教，創製仁祠。凡造法王、彌勒、陟岵、會同等五寺
柱國尚書僕射楚國公豆盧寧	造羅漢、會宗二寺，鑄像寫經相續不斷
太傅柱國大將軍太（大）宗伯鄧國公竇熾	習專黃老，今信大乘，建白馬、梵雲二寺，種當來出世之業
侍中柱國大將卿武衛將軍冠軍將軍將軍中散大夫安豐公段于踦	並用寫經，并施孤老
柱國雍州牧南兗八州諸軍事兗州總管鄶國公竇恭	合門奉法，咸詔嘉慶
大將軍幽州刺史安定公宇文貴	奉佛惟恭，檀忍在心，老而益至
開府儀同三司太子洗馬雲寧莊公、琅琊郡王拓拔勝	仍於私第，常修淨業
使持節陝州都督行臺郎中通直散騎常侍河東公、宇文善	大信正法，畏懼將來，造像書經，一生興福
開府儀同三司陽化公元昂	早習經史，深敬釋氏，捨宅為酬德寺
柱國大將軍隴西公楊纂	祖考以來，並崇佛教
通州刺史右侍上士散騎常侍楊操	二場同世，皆崇佛法
司空貞侯鄭穆	敬佛重僧，久而無倦
侍中少傅京兆郡守行臺郎中中大匠卿燕郡公盧景仁	並稱佛教窮深，莊老虛薄
太保柱國大將軍吳武公尉遲	造褒義寺及宣化尼寺
大將軍南蠻都監常山公柳慶之	於襄州造香山寺，剎飛雲表

〔註36〕本表主要參照《辨正論》，卷四〈十代奉佛〉，頁517～518編製而成。而傳中人物，除十五人未詳或存疑問待考，正史多有記載。參見野村耀昌，《周武法難の研究》（東京：東出版株式會社，1977年），頁86～94。

北荊州刺史安道公席顧	於鄧州造德王寺
使持節柱國大將軍大都督潼州刺史徐國公若干鳳	造至聖寺，庶憑冥福
使持節太傅柱國大將軍清河公、侯莫陳休	造……無量壽佛，俸祿所致，咸舉檀那
太師柱國蜀國公尉遲迥	造妙象寺，四事無闕，法輪恆轉，三學倍增
開府儀同三司安政公史雄	門崇三寶，人奉八齋，造安政寺，冥薰祖考
開府平北將軍仁州刺史安化公、丘洪賓	敬重釋氏，言味法音，捨其舊居爲本起寺
其餘尚有開府威遠將軍王靜（供養烏丸寺）、大將軍和雞雄（造和雞寺）、大將軍爾綿永（造爾綿寺）、司金大夫破多羅紀（造破多羅寺）、司馬洪和公意力勤仲慶（造意力勤寺）等	

　　不過，這種和諧的關係，僅是平靜的表象。風雲詭譎的政教情勢，卻早已醞釀多時。爲了剷除大權獨攬的宇文護〔註37〕，北周武帝開始聯絡衛王直、宇文神舉等人〔註38〕，爲其親政預作準備。而五次的國家宗教會議〔註39〕，也於天和年間逐次召開。以探討儒釋道三教優劣之名，爲其日後的毀佛行動以及重新掌握人口在三百萬以上的帝國僧眾的目標，奠定了基礎。〔註40〕

〔註37〕宇文護擅權之事，出處甚多。主要參見《周書》，卷十一〈晉蕩公護傳〉，頁165～182。

〔註38〕表2-1.4：《周書》所見武帝誅護之主要成員

姓　名	屬性	出身	史　事　略　要	出　處
宇文直	宇文宗室	宇文泰五子	直爲高祖母弟，先因晉公權重，貳於帝而昵護，後因與陳對戰不利，失職。而與武帝同謀誅護。	卷十三，頁202
王　軌	高祖功臣	太原祁人	世爲州郡冠族，小名沙門。高祖親遇，以晉公護事問之可否。建德之政，皆參與之。	卷四十，頁711～713
宇文神舉	宇文宗室	太祖之族子	父顯和，從孝武入關。神舉早歲而孤，族兄安化公深器之。世宗初起家。世宗留意文翰，每有遊幸，必詔神舉侍從。高祖謀護，參與奇謀。建德元年，任京兆尹。	卷四十，頁713～716
宇文孝伯	宇文宗室	宇文深之子	其生與高祖同日，又與之同學。初高祖即位，欲引置左右，託言少時同業，得入仕。高祖誅護，與衛王直同謀，孝伯皆參預。	卷四十，頁716～719

〔註39〕第一次於天和四年二月，召臣屬等討論釋老。其餘四次分別爲：第二，天和四年三月十五，召百官二千餘人，親量三教優劣。第三，天和四年三月二十，再論三教。第四，天和四年四月初，續論三教，難決釋道上下。第五，天和五年五月十日，召臣屬論甄鸞之《笑道論》，當殿焚燒。以上出處，參見湯用彤，《漢魏兩晉南北朝佛教史》（台北：台灣商務印書館，1998年），頁540～542。

〔註40〕法難共有二次。第一次爲建德三年，北周境內的毀佛；第二次爲建德六年，

不過，武帝親政後所面對的，卻非一處可恣意改革的朝局。由於宇文護的黨羽，遍佈朝中〔註41〕，殘餘的政治勢力，仍有待清除。而諸王之間，又彼此猜忌，如宇文護時代的小冢宰──夙以智識、武功聞名的齊王憲，在護伏誅以後，經常憂懼不安。雖然武帝以「汝親則同氣，休戚共之，事不相涉」等語加以安慰，不過，兩人後來的關係，令狐德棻亦認為，武帝以憲「威名過重，終不能平，雖遙授冢宰，寔奪其權也」〔註42〕。至於協助武帝誅護親政的衛王──宇文直，則同胞兄弟之間，非但不能齊心，甚至反目成仇，種下了建德三年（AD.574）的亂源：

北齊舊境的滅法。而三百萬僧眾則為建德三年第一次法難時，北周治地的佛教僧眾統計數字，參見道宣，《續高僧傳》，卷二十四〈靜藹傳〉，頁305，收入《高僧傳合集》（上海：上海古籍，1995年）。亦有記二百餘萬眾者。如志磐，《佛祖統記》（大藏經2035），卷三十八，頁358，張賓與智炫的對答。

〔註41〕 表2-1.5：周書所見親宇文護之政治團體

人　物	身份特徵	重　要　記　事
宇文亮	宗　室	宇文護誅後，亮頗不安，武帝手書以讓。
宇文憲	宗　室	保定中，徵還京，為晉公護親委政事，尋授小冢宰。
李　弼	國家元老	晉公護執政，國之大事皆問於弼與于謹。
于　謹	國家元老	力排眾議，協助晉公護掌握政權。
賀蘭祥	武川鎮人	祥與護中表。軍國之事，皆與參議，並及趙貴、孝閔帝事。
尉遲綱	代　人	孝閔帝時以掌禁兵，又與晉公護同廢帝。
蘇　綽	武功人	子蘇威娶晉公護女新興公主。
宇文盛	代　人	密告趙貴之亂。弟丘，預告趙貴謀。
達奚寔	河南洛陽	武成二年，兼為晉公護司馬。
陸　逞	陸通之弟	善辭令。晉公護雅其才，表為中外府司馬，頗委任之。獲誅免官。
王　慶	太原祁人	孝閔時為晉公護引為親信。
崔　猷	博陵安平	猷為晉公護所重。
薛　善	河東汾陰	晉公護執政，善以儀同齊軌不滿晉公擅政事告密。
李　昶	頓丘臨黃	後以之修國史，又掌樞要。及晉公護執政，委任如舊。
元　偉	河南洛陽	孝閔帝時，除晉公護府司錄。

張光洛、李安、侯伏侯龍恩、侯伏侯萬壽、劉勇、尹正公、袁傑、李安、叱羅協、馮遷、邊平等人皆為護所親任。

〔註42〕 前後引文，參見《周書》，卷十二〈齊殤王憲傳〉，頁189。

> 直高祖母弟，性浮詭，貪狠無賴……及護誅，帝乃以齊王憲為大冢
> 宰。直既乖本望，又請為大司馬，意欲總知戎馬，得擅威權。帝揣
> 知其意，謂之曰：「汝兄弟長幼有序，寧可反居下列也？」乃以直為
> 大司徒……直嘗從帝校獵而亂行，帝怒，當重撻之。自是憤怒滋甚。
> 及帝幸雲陽宮，直在京師，舉兵反。〔註43〕

這種熙攘不安的局勢，有待於時間的收拾。相信這就是國家宗教會議延宕近
三年，才繼續進行的原因。自建德二年（AD.573）十二月至建德三年五月，
最後兩次的議程，終於落實了佛、道二教的禁斷詔令。而政教之間，亦從此
分離：

> 初斷佛、道二教，經像悉毀，罷沙門、道士，並令還民。〔註44〕

二、法難以後的政教分合

武帝建德年間，北周政權的聲勢正如日中天。不但大規模的開疆闢土，
統一了中國北方。且發動二場全面性的滅教法難，重新掌握還俗僧眾的人力
資源與經濟力量。未料數年以後，隋文纂位，國家從此滅亡。法難當時的沙
門詛咒〔註45〕，似乎正為這偌大的王朝敲響了致命警鐘。究竟武帝為何毀佛？
又為何毀佛兼及道教？彙整學界的意見，主要有三種解釋，對上述現象提供
了說明：〔註46〕

第一，曾有學者認為，張賓和衛元嵩在法難中扮演了重要的角色。認為
武帝即受兩人之蠱惑，因而展開毀佛之舉措〔註47〕。甚至當時的人們，亦將
法毀的過錯，加諸於其身。如廢佛僧王廣明，於大象元年（AD.579）上書駁
衛元嵩毀法表文，即言：

> 廣言。為益州野安寺偽道人衛元嵩，既峰辯天逸，抑是飾非。請廢
> 佛圖，滅壞僧法。此乃偏辭惑上，先至難明。大國信之，諫言不

〔註43〕《周書》，卷十三〈文閔明武宣諸子傳〉，頁 202。

〔註44〕《周書》，卷五〈武帝紀上〉，頁 85。

〔註45〕慧遠曾警告北周武帝，若行法難，死後將墮阿鼻地獄。事見《續高僧傳》，卷
八〈彗遠傳〉，頁 170。

〔註46〕除了三種主要的解釋，道端良秀與橫超慧日在描述法難的形成過程時，則將
焦點置放於當時佛教黑緯不祥的迷信思想。參見道端良秀，《中國佛教史》（京
都：法藏館，1959 年），頁 66～67，及橫超慧日，《中國佛教の研究》（京都：
法藏館，1959 年），頁 364～367。

〔註47〕如余嘉錫，〈北周毀佛主謀者衛元嵩〉，《中國佛教史論集》（一）（台北：大乘
文化，1977 年）。或如湯用彤，《漢魏兩晉南北朝佛教史》，頁 542～544。

納。普天私論，兆庶怪望。〔註48〕

不過，本文以爲，張賓和衛元嵩應該只是武帝論教的"打手"而已，在殿堂之上啓用他們來與佛教徒對話，有助於國主擔任仲裁者的角色。況且，以武帝的明睿果決，也不可能輕信張賓等人的讒言。他的主張，自有定見〔註49〕。而王廣明的上書，是爲了復開佛法，自然不可能將毀佛的罪過推到帝主身上，以致衛元嵩等人，便成了代罪羔羊。

　　第二種對法難的解釋，則將法難定位爲一場"儒教古典主義"的復興運動〔註50〕。由於武帝個人的思想與其施政舉動中，有一股推動北周官僚團體繼周禮改制後深度漢化的意向。比方他曾當眾否認自身胡族的血統，以漢人自居：

> 佛生西域，既傳東夏。原其風教，殊乖中國。漢魏晉世，似有若
> 無。五胡亂治，風化方盛。朕非五胡，心無敬事。既非正教，所以
> 廢之。〔註51〕

又曾仿漢制爲國選立三公〔註52〕，重用漢人文士；持續推動以周禮爲圭臬的文化改革及樸實簡約的風俗改革，使得王公習禮，一時蔚爲風尚〔註53〕。而三教論爭，儒教的位階始終排頭，在在皆爲儒教復興的表徵。

　　弔詭的是，北周武帝也曾依循著北魏以來「軍容號令，皆以夷語。後染華俗，多不能通，故錄其本言，相傳教習」的習慣〔註54〕，親自以鮮卑文傳

〔註48〕道宣，《廣弘明集》（大藏經2103），卷十〈周天元立有上事者對衛元嵩〉，頁157。

〔註49〕譬如當誅除宇文護黨羽時，武帝將供應皇宮膳食的膳部下大夫李安，也算了進去。眾臣不解，武帝乃詳始末：「齊王憲白帝曰：『李安出自皂隸，所典爲庖廚而已。既不預時政，未足加戮。』高祖曰：『公不知耳，世宗之崩，安所爲也。』」可見宇文護密令李安以毒藥鴆弑明帝一事，武帝早已明察。長期隱忍不發，只是在等待真相大白的一天。

〔註50〕如塚本善隆於氏著，《魏書釋老志の研究》（東京：平凡社，1990年）中之主要推論。而野村耀昌於其著作《周武法難の研究》中，則認爲武帝親政以後之所以沒有立即性的推動法難，乃是與北齊和北方的蠕蠕政權互動有關：法難本質也存在著極爲濃厚的文化意涵。

〔註51〕參見《廣弘明集》，卷十〈前僧任道林上表請開法事〉，頁154。

〔註52〕參見《周書》，卷十五〈于謹傳〉，頁249。

〔註53〕當時記載「時朝廷既行周禮，公卿以下多習其業」。見《周書》，卷四十五〈熊安生傳〉，頁813。

〔註54〕參見魏徵，《隋書》（台北：鼎文書局，1975年），卷三十二〈經籍志一〉，頁947。

著了《鮮卑號令》一卷，以保存其胡族語文。甚至於朝會之上，亦以鮮卑語的對答，考驗臣屬的語言能力：

> 天和四年，誕育皇子，詔選名德至醴泉宮。時當此數，武帝躬趨殿下，口號鮮卑，問訊眾僧，兀然無人對者。藏在末行，挺出眾立，做鮮卑語答。殿庭僚眾，咸喜斯酬。敕語百官：道人身小心大，獨超群友，報朕此言，可非健道人耶？〔註55〕

另一方面，道教原本即為中國宗教的代表，有著傳承自中國倫理的"傳統主義性格"〔註56〕。當前代法難之際，北魏太武帝所施行的"揚道毀佛"政策，更被後世學者譽為「張中華王道正統」的義舉〔註57〕。因此，以其崇儒來解釋所以滅教，雖有著文化圖騰上高度的指標意義，卻也缺乏直接的歷史證據。

第三種解釋，則多集中於武帝滅齊的背景。認為法難使帝國的人力與物力，獲得了充分的補充，可謂是北周平齊的基石。如時人盧思道以此事為「帝獨運遠略罷之，強國富民之上策也」〔註58〕。而武帝亦曾自言：

> 自廢以來，民役稍希。租調年增，兵師日盛。東平齊國，西定妖戎。國安民樂，豈非有益。〔註59〕

事實上，合併武帝毀佛，不行屠戮的作為與後來楊堅有限度的復佛〔註60〕。那麼，經濟上的理由，可謂是周武法難較為合理的解說。也因此，佛教思想並沒有被徹底的消滅，甚至別立通道觀，使宗教繼續以學術研究的方式延續：

> 詔曰：「至道弘深，混成無際……今可立通道觀，聖哲微言，先賢典訓，金科玉篆，秘蹟玄文，所以濟養黎元，扶成教義者，並宜弘

〔註55〕 《續高僧傳》，卷十九〈法藏傳〉，頁 580。
〔註56〕 參見韋伯著，簡惠美譯，《中國的宗教：儒教與道教》（台北：遠流出版社，1996 年），頁 306～317。
〔註57〕 參見湯用彤，《漢魏兩晉南北朝佛教史》（台北：台灣商務印書館，1991 年），頁 496。
〔註58〕 《廣弘明集》，卷七〈盧思道〉，頁 133。
〔註59〕 《廣弘明集》，卷十〈前僧任道林上表請開法事〉，頁 154。
〔註60〕 如王仲犖認為，北周滅佛主要的目的，是以《歷代三寶記》中所稱「三方釋子，減三百萬，皆復軍民，還歸編戶」的政策為基礎，僅是強迫「三百萬僧侶「還歸編戶」……而不是想徹底消滅佛教思想，而「這次對僧侶的處理，比起北魏太武帝的坑殺沙門來，是較為得體的」。見氏著，《魏晉南北朝史》（上海：上海人民，1998 年），頁 871～872。

闡。」〔註61〕

至於觀內的學士，則取佛道二宗才士充用：

> 武帝雖滅二教……便更置通道觀學士三百人，並選佛道兩宗奇才俊
> 邁者充之。〔註62〕

可見周武法難的用意，並非是滅絕佛道二教，而在於剔除宗教不利於國家的
成份。在對待僧侶的態度上，武帝也多存保存之心。如法難時叛逃赴齊的智
鉉，當北周平齊之日，武帝非但不與責難，反而給予極高的禮遇：

> 明旦出敕，二教俱廢……與同學三人，走赴齊都……武帝破鄴，先
> 遣求追。帝弟越王，宿與法師厚善。恐帝肆怒，橫加異責。乃鞭背
> 成痕，俗服將見。越王先爲言曰：「臣恨其逃命，已杖六十」。令
> 脫衣見帝。帝變色曰：「恐其懷漸，遠逝以至死亡。所以急追，元
> 無害意」。責越王曰：「大丈夫何以杖捶相辱」。待遇彌厚，與還京
> 師。〔註63〕

至於殿堂之上，詛咒武帝死墮地獄的慧遠，也未遭報復，甚至因而成名：

> 遠抗聲曰：「陛下今恃王力自在，破滅三寶，是邪見人。阿鼻地獄，
> 不揀貴賤。陛下何得不怖？」。帝勃然作色大怒，直視於遠曰：「但
> 令百姓得樂，朕亦不辭地獄諸苦」……上統衍法師等，執遠手泣而
> 謝……所以名馳帝闕。〔註64〕

武帝死後，楊堅迅速的掌握了朝政與官僚團體的支持，並在宗教政策上，採
取了開放與寬容的態度。而楊堅與佛教的淵源極深，不但出生於佛寺，少年
時且由尼姑養成：

> 皇妣呂氏……生高祖於馮翊般若寺，紫氣充庭。有尼來自河東，謂
> 皇妣曰：「此兒所從來甚異，不可於俗間處之」。尼將高祖舍於別館，
> 躬自撫養。〔註65〕

〔註61〕《周書》，卷五〈武帝紀上〉，頁85。
〔註62〕《續高僧傳》，卷十一〈普曠傳〉，頁512。不過，通道觀學士的人數倒有二記。
　　　　據《廣弘明集》，卷十〈周祖廢二教已更立通道觀詔〉，頁153：「武帝詔立通
　　　　道觀，所司置員數……於是員置百二十人……名通道觀學士」。可見有三百
　　　　與一百二十人的兩種記載，而學界則多取百二十說法，如王仲犖，《北周六典》
　　　　（台北：華世，1982年），頁502～503。
〔註63〕《續高僧傳》，卷二十四〈智鉉傳〉，頁632。
〔註64〕《續高僧傳》，卷八〈慧遠傳〉，頁490～491。
〔註65〕魏徵，《隋書》，卷一〈高祖紀〉，頁1。

基於少年時的經歷以及家庭的影響，也使得他效法其父楊忠，向來與佛教高僧如靈藏等，保持良好的關係：

> （靈）藏之本師，素鐘華望，為太祖隋公所重……藏與高祖，布衣知友……及龍飛茲始，彌結深衷……任選形勝，而置國寺。〔註66〕

甚至在以隋代周之際，假借「月光童子」的身分，以佛論圖緯方式，取得了政權篡奪的正當性〔註67〕。因而以其本身的信仰及回應復佛呼聲，以籠絡人心的作為〔註68〕，於大象二年（AD.580），頒行了復教的政令：

> （大象）二年……復行佛道二教，舊沙門、道士精誠自守者，簡令入道。〔註69〕

應當指出的是，楊堅的復教舉動，雖然促成了華北佛教的復興〔註70〕。不過，復佛僅是有限度的開放。終北周之世，許多重要僧侶如前述的慧遠等人，並未獲得剃度的許可，大規模的弘法事業，仍然要待隋朝開國以後：

> 自開皇之初，終於仁壽之末，所度僧尼二十三萬人、海內諸寺三千七百九十二所、凡寫經論四十六藏，一十三萬二千八十六卷、修治故經三千八百五十三部、造金銅檀香……石像等，大小一十萬六千五百八十軀、修治故像一百五十萬八千九百四十許軀……二十四年，營造功德，弘羊莫能紀。〔註71〕

第二節　民間的佛教信仰活動

一、寺所與僧侶

據《辨正論》所記，西魏北周時代，佛法鼎盛：

> 周世宇文氏，五帝二十五年。合寺九百三十一所，譯經四人一十六部。〔註72〕

〔註66〕《續高僧傳》，卷二十一〈靈藏傳〉，頁610。

〔註67〕參見康樂，〈轉輪王觀念與中國中古的佛教政治〉，《史語所集刊》六十七卷一期（1996），頁109～142。

〔註68〕有關楊堅復教的政治作用，參見藍吉甫，《隋代佛教史述論》（台北：台灣商務印書館，1993年），頁4～5。

〔註69〕《周書》，卷八〈靜帝紀〉，頁132。

〔註70〕如道宣即言：「隋文作相，大弘佛法」。見《續高僧傳》，卷二十四〈智鉉傳〉，頁632。

〔註71〕《辨正論》，卷三〈隋高祖文皇帝〉，頁509。

〔註72〕《辨正論》所記載的周、齊，時間上涵括了東、西魏期間。參見同書，卷三

比起東魏北齊的情形，可謂是不遑多讓：

> 高齊六君二十八年。皇家立寺四十三所，譯經六人一十四部。

〔註 73〕

而寺廟作為傳教中心，其成立大抵有三種來源。一是官立寺院。如宇文泰於開國之初所立諸寺：

> 於長安立追遠、陟岵、大乘、魏國、安定、中興等六寺，度一千僧，又造天保寺，供養瑋法師及弟子七十餘人，於安州造壽山、梵雲二寺，又造大福田寺，供養國師實禪師，又於實師墓所造福田寺，又為大可汗大伊尼，造突厥寺。〔註 74〕

二是信眾捐造寺所。如元昂：

> 早習經史，深敬釋氏，捨宅為酬德寺。〔註 75〕

三是僧侶自行立寺。如彤淵：

> 後整操關壞，屏跡終南，置寺結徒，分時程業，三輔令達歸者充焉。〔註 76〕

而周代寺所，至今見於記載者，約有九十八座：

表 2-2.1：正史方志僧傳所見北周寺所〔註 77〕

區　域	寺　　　　　　所
長　安 （四十九所）	四天王寺、陟岵寺、陟屺寺、崇華寺、空觀寺、乾宗寺、大乘寺、海覺寺、大追遠寺、大福田寺、大中興寺、天寶寺、天宮寺、南頓寺、大禪定寺、弘善寺、禪林寺、雲花寺、般若寺、突厥寺、草堂寺、常侍寺、京兆王寺、婆伽寺、舊聖寺、韓使君寺、安居寺、法王寺、彌勒寺、會同寺、酬德寺、褒義寺、至聖寺、妙像寺、安政寺、本起寺、烏丸寺、和雞寺、爾綿寺、破多羅寺、意力勤寺、寧國寺、會昌寺、永寧寺、三會寺、方志另記四寺
藍田郡（一所）	王效寺
河北郡（九所）	常念寺、雲居寺、百梯寺、光明寺、靜林寺、淨土寺、方志另記三寺

〔十代奉佛〕，頁 508。

〔註 73〕同註 72。

〔註 74〕同註 72。

〔註 75〕《辨正論》，卷四〈十代奉佛〉，頁 517。

〔註 76〕《續高僧傳》，卷十一〈彤淵傳〉，頁 511。

〔註 77〕本表參照張弓，《漢唐佛寺文化史》（北京：中國社科出版社，1997 年），頁 74～81 與雷依群，《北周史稿》（西安：陝西人民教育出版社，1999 年），頁 170～176 製作而成。

周南郡（一所）	九隴精舍
中部郡（一所）	大像寺
漢中郡（一所）	薛　寺
蜀　郡（九所）	多寶寺、野安寺、淨德寺、孝愛寺、寶園寺、大建昌寺、州寺、阿膩迦吒寺、招提寺
晉熙郡（一所）	玉女寺
昌城郡（三所）	康興寺、願果寺、方志另記一寺
巴西郡（四所）	廣興寺、大振響寺、靈果寺、常住寺
武威郡（一所）	瑞像寺
魯陽郡（一所）	方志另記一寺
其餘尚有岐州一所（阿育王寺）、同州一所（般若尼寺）、宜州一所（崇慶寺）、敷州一所（義陽寺）、檀台山一所（檀台山寺）、瓜州一所（阿育王寺）、益州三所（慧遠寺、龍淵寺、謝鎮西寺）、北荊州一所（德王寺）、襄州二所（上鳳林寺、香山寺）、未詳一所（靜林寺）、洛州一所（白馬寺）、中朝山一所（雲居寺）、蒲州一所（仁壽寺）、懷州一所（善光寺）等	

可見廟宇大多集中於長安、四川與河東（即上述之河北郡）等地，其他區域僅零星散布。

至於四方傳法的僧侶，則本文整理《續高僧傳》中，有關西魏北周時期的僧侶宗承。發現當時的主要僧團約有五個。代表人物分別為靜藹、僧妙、僧實、曇崇與普圓等。在區域分布上，除僧妙教團多處河東，已如前述。其餘僧團皆於關隴傳法。而四川的高僧，則多各自發展，或依附上述僧團，彼此缺乏顯著的聯繫。〔註78〕

〔註78〕表 2-2.2：《續高僧傳》所見四川高僧

僧　名	出　身	活動地區	特色	重　要　事　蹟	出　處
亡　名	南郡宗氏	四川關中	蜀地望族	初投蜀地兌禪師。周治蜀後，蜀國公宇文俊重之。後齊王伏敬續部，任滿攜亡名共還雍，武帝授為夏州三藏。	卷七，頁 481～482
寶　象	趙氏綿州	蜀境		初事梁平西王學道，後學佛出家。付著經律，弘法蜀境。	卷八，頁 486～487
寶　海	冀氏巴西	蜀境		至金陵依雲法師習揚都佛法。還蜀弘法。庸公鎮方，靡加深敬。	卷九，頁 492
智　方	蜀川資中	蜀境	官宦世家	於州廓龍淵寺輪法師處出家。與寶海同至金陵依雲法師習揚都佛法，與寶海善。	卷九，頁 492～493

　　在政教結合的影響下，僧妙、僧實與曇崇等僧團，亦大抵依附政權。不但僧實、曇崇依次出任國統，僧妙的大弟子曇延亦久任昭玄統，他們的門人也不乏地方州統。如僧實的再傳弟子僧晃，即任綿州三藏：

　　　　釋僧晃，姓馮氏，綿州涪城南昌人……又於曇相禪師稟受心法……

　　　　武帝下敕，延於明德殿……乃授本州三藏。〔註79〕

而曇崇於武帝時，繼任國統。其憑藉的條件，至少有兩方面：第一，自宇文泰以降的周國大統，似乎以出身長安及其鄰近地區爲必備的資格。如魏初國統道臻出身於長安城南、僧實出身咸陽靈武，曇崇亦出於咸陽〔註80〕。這種"本土化"的趨勢，應該是當政者主要的考量。否則如僧妙僧團之大者曇延，只能就昭玄統職位，而周世享盛名如靜藹，或於其齊國出身，根本無法得到當局的認同，因而潛跡鄉里。第二個條件，則是曇崇本身的影響力：

　　　　聽徒三百，京輔律要，此而爲宗……遂得同學齊敬，又號爲無上

僧　淵	廣漢李氏	長安	巴蜀鉅富	生有異相，其父令出家。與同寺毅法師交遊，並稱蜀僧英傑。往遊京師，依僧實習禪。	卷十八，頁574
智　炫	徐氏益州成都	關中	越王之友	少小出家，入京聽學。擅名京洛，學眾推崇。	卷二十三，頁631
僧　崖	牟氏涪陵	蜀境		不畏火，於益州城西，布裹五指燒身。	卷二十七，頁678～680
法　建	朱氏廣漢雒縣	蜀境		西魏尉遲迴取益州，帝內名僧多被拘禁。因法建口吐金光異相，迴釋諸僧。	卷二十八，頁686
慧　恭	周氏益州成都	蜀境	南朝習法	與同寺慧遠結契勤學。一同遊外。遠往長安，恭往荊揚。遠習得舍地、成實等論，還益州講授。恭則習誦經，得佛力之法。	卷二十八，頁686～689
僧　晃	馮氏綿州	關中	入關習法	保定年間，進學長安，從曇相習心法。武地下敕延於明德殿，乃本州三藏。	卷二十九，頁694～695
僧　度	不知何人	蜀境		異僧也，記周趙王遇民反叛事。	卷三十五，頁657
衛元嵩	益州成都	蜀境	議毀佛	少出家爲亡名弟子。上廢佛事。	卷三十五，頁657
童　進	綿州李氏	蜀境		昔周出家，不居禮度善飲酒。記周武東征造毒藥事。	卷三十五，頁659

〔註79〕《續高僧傳》，卷二十九〈僧晃傳〉，頁694。
〔註80〕各僧的出身及出處，參見本文附錄四。

士也……于時五眾二百餘人，依崇習靜，聲馳隴塞，化滿關河。
〔註81〕

而他的禪法，聲名遠播，甚至連南方僧侶，都前來學習：

釋法應，姓王氏東越會稽人……弱冠出家，侍沙門曇崇，學宗禪
業。〔註82〕

靜藹與僧圓教團，雖然和政治的關連較少，卻對當時的佛教傳布，發揮了極
大的影響。不過，兩者亦有差別。靜藹出身於著名世族──滎陽鄭氏，由於
對佛學義理，存有濃厚的興趣，導致他聽聞咸陽有天竺高僧駐錫的消息後，
不辭勞苦的前來謁見：

聞有天竺梵僧，碩學高士，世之不測，西達咸陽。藹求道情猛，
欣所聞見，私度關塞，載離寒暑，既至渭陰，未及洗足，即申謁
敬。〔註83〕

如此的師承，不但吸引了大批僧侶的投效，也連帶使他博得了極高的聲望。

〔註81〕《續高僧傳》，卷十七〈曇崇傳〉，頁568。
〔註82〕《續高僧傳》，卷十九〈法應傳〉，頁580。
〔註83〕《續高僧傳》，卷二十三〈靜藹傳〉，頁626。依現有西魏北周時期，對外國高
僧的記載，可知當時來華，留滯北周的外國高僧共有五人。不過記載未全，
無法得知靜藹所拜會者：

表2-2.3：《續高僧傳》中記載的外國高僧

僧名	出身／原名	時期	重　要　事　蹟	出　處
曇顯	不　詳	西魏	宇文泰命依大乘經撰《菩薩藏眾經要》及《百二十法門》。	卷一，頁429
智賢	攘那拔陀羅（波頭摩國律師）	北周	周文帝二年時，與闍那堀多合譯《五明論》，智遷筆受。	卷一，頁429
法希	達摩流支（摩勒國沙門）	北周	武帝天和年間奉敕爲宇文護譯《婆羅門天文》二十卷。	卷一，頁429
藏稱	原名闍那耶舍（摩伽陀國禪師）	北周	武帝天和年間命其與弟子闍那堀多譯《定意天子問經》六部。沙門圓明，道辯，城陽公蕭吉筆受。	卷一，頁429
德志	闍那堀多（鍵陀羅國沙門）	北周	明帝詔延入後園共論佛法，爲造四天王寺。譯十一面觀音、金仙問經等。與譙王宇文儉共赴蜀，任益州僧主。遇毀佛，西入突厥。	卷二，頁433
不詳	香闍梨	北周	於益州青城山，行異事，使酒肉永絕入山。	卷三十五，頁657

即使是世號「玄門二傑」的道安及昭玄統──曇延，在遇到教體紛爭的問題時，也取決於靜藹的解說〔註 84〕。這位宗師的貢獻，除了澄清義理，還在周武法難時，保存了佛教僧侶的力量。據〈靜藹傳〉後記：

> 乃攜其門人三十有餘，入終南山，東西造二十七寺，依巖附險，使逃逸之僧，得存深信。

並拒絕武帝的懷柔，以護法有失，壯烈的了結自己的生命：

> 初武帝知藹志烈，所欲見之。乃敕三衛二十餘人，尋山訪覓。氈衣道人，朕將以上卿，共治天下。藹居山幽隱，追蹤不獲……後厭世情迫……墨書其文曰：吾以三因緣捨此身命，一見身多過，二不能護法，三欲速見佛。

至於普圓，則和靜藹居留長安的情形不同〔註 85〕。不但走出寺所，深入鄉里，

〔註 84〕參見《續高僧傳》，卷二十三〈靜藹傳〉，頁 625～628。至於靜藹的徒眾，則如下表：

表 2-2.4：《續高僧傳》中記載的靜藹僧團主要成員

僧名	出身	活動區域	特色	重要事蹟	出處
靜藹	滎陽鄭氏	關中	世家大族齊僧西來	依和禪師出家，從景法師聽大度智論，周行齊境。聞有天竺梵僧西達咸陽，求道情猛，私度關塞。謁敬之。後附節終南山。弟子智藏等傳延。又有玄門二傑：曇延、道安，及論教體紛爭，諮藹取決。	卷二十三，頁 625～628
智藏	魏、華州鄭縣	長安		年十三出家，事藹法師。當西魏之世，住長安寺所。	卷十九，頁 586
僧照	不詳、京兆	關中		幼師於靜藹。遊履盛化。法難獨處終南山。	卷十八，頁 578
道判	郭、曹州承氏	關中	齊僧西行求法	齊乾明元年，結伴二十一人發於鄴都，以保定二年達於京邑。武帝安置於大乘寺。二年後，核發國書並給行資西行。至高昌國，往見西面可汗。彼土不識眾僧，欲加害。幸北周使臣諫阻，謂其佛弟子，行止所經，能使牛羊滋生。後以所行不殊，不令西過，遣人送還。判返京後捨其戒，後又復之。逢靜藹法師，諮詢道務。	卷十二，頁 516～517
道安	姚、馮翊胡城	長安		於周世渭濱，以弘法為任。京師士子，咸附清塵。常與武帝論法。	卷二十三，頁 628～630

〔註 85〕如諮詢靜藹道務的曇延即駐長安，而道安則居於渭河之濱。可見靜藹的活動

並且以游化的方式，傳播佛理：〔註86〕

> 釋普圓，不知何許人……周武之初，來遊三輔……多歷名山大川，
> 常以頭陀爲志。樂行慈救，利益爲先。人有投者，輒便引度……有
> 時乞食，暫住村聚……因斯卒於郊南樊川也，諸村哀其苦行，爭欲
> 收葬。眾議不決，乃分其屍爲數段，各修塔焉。〔註87〕

而他的徒眾，亦多效法其行。如普濟：

> 初出家依止圓禪師……嘗讀華嚴，依而結業……時經邑落，還居林
> 靜。〔註88〕

又如普安：

> 安風聲搖逸，道俗榮荷。其例眾也，皆來請謁。興建福會，多有通
> 感。〔註89〕

普圓僧團在鄉里行俠仗義〔註90〕，救濟悲苦，發揮了極大的"以教輔政"作
用。雖然僧傳之中，多有靈異的感通現象，但也保存了部份的眞實。如他們

區域亦在鄰近。參見《續高僧傳》，卷八〈曇延傳〉，頁 488～489、卷二十三
〈道安傳〉，頁 628～630。

〔註86〕 學界多認爲，僧侶於鄉間的游化，乃是促成佛教興起的重要因素。如侯旭東
即認爲「僧人弘法中重要的一途就是游方弘化」，見氏著，《五、六世紀北方
民眾佛教信仰》（北京：中國社科出版社，1998 年），頁 27～36。

〔註87〕 《續高僧傳》，卷二十七〈普圓傳〉，頁 680。

〔註88〕 《續高僧傳》，卷二十七〈普濟傳〉，頁 680。

〔註89〕 《續高僧傳》，卷二十七〈普安傳〉，頁 681。

〔註90〕 表 2-2.5：《續高僧傳》中記載的普圓僧團主要成員

僧名	出生／俗姓	時期活動	特色	重 要 事 蹟	出 處
普圓	不知來歷	關中	鄉里名僧	周武之初，來遊三輔。誦華嚴一部，於鄉里傳道。	卷二十七，頁 680
普濟	雍州北山	關中		往依普圓。獨處林野，不宿人世。	卷二十七，頁 680
普安	郭、京兆涇陽	關中		僧圓弟子。苦節頭陀。晚投靜藹。多於鄉里行齋會，周行社邑。	卷二十七，頁 681
普曠	樊、扶風郿縣	關中		少出家，依止僧圓。即進大戒，便行頭陀，乞食人間，投林冢二十餘年。後遊聚落，採拾遺文。因過講席，聽其餘論。每與周武對揚三寶，有聲朝典。建德二年將壞二教，關中五眾不安，親謁武帝。	卷十一，頁 512

為民除害：

> 又龕西魏村張暉者，夙興惡念，以盜爲業。夜住安所，私取佛油瓮。
> 受五斗背負而出，既至院門，迷昏失控。若有所縛，不能動轉。眷
> 屬鄉村，同來爲謝。〔註91〕

又如接濟貧苦：

> 村聚齊集，各率音樂，尋家告知，欲設大齋。大萬村中田遺生者，
> 家徒四壁，而有四女。妻著弊布，齊膝而已。四女赤露，迴無條線。
> 大女名華嚴，年已二十，唯有麤布二尺，擬充布施。安引村眾，次
> 至其門，愍斯貧苦，遂度不入。大女思念，由我貧煎，不及福會，
> 今又不修，當來倍此。周遍求物……得穀十餘，接以成米，并將前
> 施，擬用隨喜，身既無衣，至夜暗，匍匐而行，趣齋供所，以前施
> 物，遙擲眾中，十餘粒米，別奉炊飯……周尋緣構，乃云田遺生女
> 之願也，齋會齊率，獲粟十斛，尋用濟之。〔註92〕

而當時像普圓這類私度的游化高僧，雖然對社會秩序的維持，產生了正面的
助益，但以人數過廣，有害於民生經濟。且素質不一，多未獲得國家年別度
僧的許可，遂成爲嚴重的政教問題。北朝歷代，多有沙汰僧侶之議〔註93〕，
北周亦然。甚至部份高僧，對此也抱持基本贊同，而建議在做法上修正的態
度。如北周僧侶曇積：

> 寡德沙門，恥還於素俗。爰降明詔，責其試藝。頒下諸州，問其
> 課業……竊惟入道多端，諒非一揆。依相驗人，有五理不足……。
>
> 〔註94〕

不過，游化僧人數過多，檢括不易，使得此一問題始終困擾著政局。直到北
周武帝以雷霆手段毀法，並委專人搜檢僧尼，兼以賞募獎勵捕僧，方才大體
解決：

> 時有重募，捉獲一僧，賞物十段……又周臣柳白澤者，奉敕傍山搜
> 括逃僧。〔註95〕

〔註91〕《續高僧傳》，卷二十七〈普安傳〉，頁681。
〔註92〕同註91，頁681～682。
〔註93〕學界對此問題，議論已多，本文不再贅述。其相關史料之彙整，可參見湯用
　　　　彤，《漢魏兩晉南北朝佛教史》，頁515～522。
〔註94〕《廣弘明集》，卷二十四〈諫周祖沙汰僧表〉，頁279。
〔註95〕《續高僧傳》，卷二十七〈普安傳〉，頁681。

二、佛教經典與造像活動

本期的譯經事業，始於宇文泰時。據《續高僧傳》所載：

> 西魏文帝大統中丞相宇文黑泰，興隆釋教……命沙門曇顯等，依大
> 乘經傳菩薩藏眾經要及百二十法門。〔註96〕

至於宇文護，亦對譯經多有提倡。如闍那耶舍、耶舍堀多等人的佛典翻譯，
皆為其所襄贊〔註97〕。在這種主政者倡導的情況下，北周一代，不僅譯經可
觀，連帶的也出現了許多佛學的論著：

表 2-2.6：北周時期的佛典譯著〔註98〕

僧　侶	譯　　　著　　　佛　　　典
曇顯等	依《大乘經》傳《菩薩藏眾經要》及《百二十法門》
攘那拔陀羅	和闍那耶舍合譯《五明論》一卷
闍那耶舍	譯《大乘同性經》二卷、《大雲請雨經》一卷、《寶積經》三卷、《定意天子所問經》五卷、《入如來智不思議經》三卷、《佛頂咒經並功能》一卷
耶舍堀多	譯《金光明經更廣壽量大辯陀羅尼經》五卷、《十一面觀世音神咒經》一卷、《須跋陀羅因緣論》二卷
闍那堀多	譯《妙法蓮花經普門品重誦偈》一卷、《種種雜咒經》一卷、《佛語經》一卷、《金色仙人問經》一卷
僧面力	著《釋老子化胡經》一卷、《十八條難道章》一卷
惠　善	著《見散華》八卷
亡　名	著《至道論》一卷、《淳德論》一卷、《遣執論》一卷、《不殺論》一卷、《去是非論》一卷、《修空論》一卷、《影喻論》一卷、《法家寶八銘》一卷、《厭食想文》一卷、《僧崖菩薩傳》一卷、《韶法師傳》一卷、《驗善知識傳》一卷
靜藹	著《三寶集》二十卷
道　安	著《二教論》一卷

從上可知，北周翻譯佛經的人選，仍是以外國僧侶為主。而許多佛教理
論著作，更是由武帝法難的事件，所激發而成。如靜藹撰《三寶集》，是因其

〔註96〕《續高僧傳》，卷一〈菩提流支傳〉，頁429。

〔註97〕圓照，《貞元新定釋教目錄》（大藏經2157），卷十〈總集群經錄──周宇文氏〉，
頁843。

〔註98〕本表主要參照《續高僧傳》有關傳記與圓照，《貞元新定釋教目錄》，卷十〈總
集群經錄──周宇文氏〉，頁843而成。

目睹「大法淪廢，道俗無依」的慘況，爲保存佛教而產生的舉動〔註 99〕。而"老子西入化胡說"，旱在北魏佛道論衡時，已釀風波。如清道觀道士姜斌與融覺寺法師曇謨，在魏明帝殿前的爭論：

> 帝曰，佛與老子同時以不？姜斌曰，老子西入化胡，佛時以充侍者，明是同時。法師曰，何以知之？斌曰，案老子開天經，是以得知。〔註 100〕

姜斌本欲抬高道教地位，故云佛爲老子侍者。但此說過於誤謬，因此明帝怒責其「罪當惑眾」，並欲加以極刑，幸得三藏法師菩提流支的說情，才得放免。未料入周以後，由於武帝與眾議三教先後，於是道徒又舊事重提。因而有佛教界爲澄清事實，而撰《釋老子化胡經》的舉動：

> 以世之濫述云，老子尹喜，西度化胡出家……異哉此傳。君子尚不可惘，況貶大聖者乎？今具陳此說非眞。〔註 101〕

另一方面，大乘佛教傳入以來所積累的經典，亦多鼓吹造像興佛。如東漢譯出的《般若三昧經》卷上四世品，就已宣揚造像的功德：

> 譬如佛般泥洹後，有人作佛形象，人見佛形象，無不跪拜供養……但欲使人得其福耳……佛般泥洹後，念佛故作佛像，欲使世間人供養得其福。〔註 102〕

可見造像是由於眞佛隱滅，法相不載。爲了平撫教徒心中因與佛之間，渺形空無而產生的的距離感，因而透過經像的顯跡來傳揚。至於造作佛像，也不僅僅據而"念佛"，世俗的人們，甚至可藉供養而得福。這般的意念，透過佛教入中國後的傳播，導引了早期的造像。

　　現存出土的佛像濫觴，咸信出現於東漢時期的四川。不論是樂山或是彭山的墓室裏，皆有漢代佛像的發掘。除了陶質塑像外，利用石刻浮雕，似乎也形成廣泛的模式。特別的是，由於當日佛教東傳未久，佛與傳統的神仙信仰，多遭時人視同一物。因此墓中佛像的對應，往往都是"西王母"。甚至

〔註 99〕《續高僧傳》，卷二十三〈靜藹傳〉，頁 627。

〔註 100〕釋氏，《集古今佛道論衡》（大藏經 2104），卷甲〈魏明帝登極召沙門道士對論敘佛道先後事〉，頁 369。

〔註 101〕《續高僧傳》，卷二十三〈僧勔〉，頁 630。

〔註 102〕除此經外，東漢譯出的《道行般若經》與西晉時的《賢劫經》等，亦有相關的記載。許多學者都曾指出造像與大乘佛教的關連。可參見劉淑芬，〈五至六世紀華北鄉村的佛教信仰〉，《史語所集刊》六十三卷三期（1993），頁 502。

創作出前所未有的人物,例如漢末的沂南石墓中出土「項有圓光的童子」
〔註103〕。這發展到了三國時代,佛像的形制開始具體起來。目前最早的一尊
紀年佛像,出土於武昌磚墓(武漢 M.475)的吳永安五年的釋迦造像,不但
佛像頂有髮髻、項有圓光,並且裸上身、下著裙,腳踏蓮座,形象完整而清
晰。〔註104〕

　　這股經像相輔相成的發展潮流,到了四、五世紀,或許是由於佛像已逐
日普及,佛典對於造像的詮釋,也由早期的"念佛"──造像念佛,轉向為
"觀佛"──觀像念佛。如南朝宋所譯出的《佛說觀無量壽佛經》,就頗鼓勵
觀想念佛的理念:

> 佛告阿難及韋提希:若欲至心生西方者,先當觀於一丈六像在池水
> 上,如先所說。無量壽佛身量無邊,非是凡夫心力所及。然彼如來
> 宿願力故,有憶想者,必得成就。但想佛像,得無量福。〔註105〕

接續西晉、十六國華北佛教的發展,迨至北朝則出現了影響深遠、規模龐
大的造像運動。根據《辨正論》的統計,北朝期間至少刊刻了一百五十萬
八千九百四十許軀像〔註106〕,數量驚人。這數據的來源,乃是根據隋文帝時
「修治故像一百五十萬八千九百四十許軀」的紀錄。可見主要是在指北周
武帝毀佛以後,華北地區破壞的佛像修建工程。而學者劉淑芬亦認為此一
數字,如包含了大小佛像,那麼基本上的確可以反映出當時造像數量的龐
大。〔註107〕

　　本文收錄現已刊載西魏北周時期的造像碑銘,合計一百八十七則。這批
資料的來源,除以《石刻史料新編》中收錄清人輯校之《金石萃編》、《八瓊
室金石補正》、《關中金石文字新編》等記載碑文為大宗,並輔以近來的石刻
整理如《北京圖書館藏中國歷代石刻拓本匯編》、《魯迅石刻手稿》、《支那美
術史雕塑篇》等題記,以及《文物》、《考古》、《考古與文物》等刊物對陸續

〔註103〕楊泓,〈國內現存最古的幾尊佛教造像實物〉,《現代佛學學術叢刊》第二十期
　　　　(台北:大乘文化,1980年),頁253～260。
〔註104〕程欣人,〈我國現存古代佛教最早的一尊佛像〉,《現代佛學學術叢刊》第二十
　　　　期(台北:大乘文化,1980年),頁261～263。
〔註105〕薑良耶舍譯,《佛說觀無量壽佛經》,收入《阿彌陀佛經典》(台北:全佛文化,
　　　　1997年),頁43。
〔註106〕參見法琳,《辨正論》,卷三,〈十代奉佛〉,頁509。
〔註107〕參見劉淑芬,〈五至六世紀華北鄉村的佛教信仰〉,《史語所集刊》六十三卷三
　　　　期(1993),頁499。

出土碑銘文物的介紹〔註108〕。這三種資料來源所歸併的研究母數雖然不高，但多少可以輔證一些具代表性的現象，至於全面性的呈現，仍然有待出土文物的累積。

此外，和素以資料收輯完整聞名的侯旭東所統計的碑文比較，首先，在石刻數量上，侯先生的〈400～500 年紀年造像目錄〉中，明載西魏北周時期的銘文約二百件〔註109〕，而本文因無緣得見如《北京圖書館藏造像拓片》（此為未收錄於已出版《北京圖書館藏中國歷代石刻拓本匯編》者）、《北京大學圖書館藏造像拓片》（未出版）以及李靜杰先生私人收集而未發表的造像記研究資料等，使得研究母數多所未及。其次，侯書選錄碑文所取決的條件須有明確紀年，而本文則納入雖無紀年，但經陸增祥、端方、王昶等清人學者考訂後，基本可信的願文。

另一方面，石刻研究亦有其天生的限制，主要就在於出土文物的不完整，或者尚未出土，仍待進一步的發掘；或者尚在整理之中，外人無可窺見。例如侯旭東即曾感嘆：「筆者所知，北京大學圖書館所藏造像拓片未見他處者有百餘種，但云尚未整理完畢，筆者僅過錄了其中二十餘種，中國科學院圖書館、魯迅博物館亦收藏部份罕見造像拓片，但均未經整理，無法借閱……實物尚封於箱內，置於地下室中，無法察看」〔註110〕。可見觸及石刻統計，多未能迴避此類問題。但是，即使資料不齊整，初步的研究工作，仍然應該進行。

在造像種類方面，觀察諸類神祇，可以發現到數量較多的造像為觀世音、無量壽佛、釋迦及彌勒等，這與清代金石學者王昶的說法，基本上相同。〔註111〕

穩定成長的觀世音造像，當與北朝後期的佛教流行趨勢有關〔註112〕。由於觀世音信仰，強調其神力可以解除一切煩惱病苦，因此廣受流傳。再加上

〔註108〕諸資料來源，參見本文附錄一。

〔註109〕見侯旭東，《五、六世紀北方民眾佛教信仰》（北京：中國社科出版社，1998年），頁312～374。

〔註110〕同註109，頁23註2。

〔註111〕王昶統計以數量言，觀音、彌陀、釋迦、彌勒是北朝四大造像。見王昶，《金石萃編》卷三十九，頁16。

〔註112〕觀世音信仰，大約興起於西元470年以後。在整個北朝的造像活動中，始終是一支穩定成長的信仰。見侯旭東，《五、六世紀北方民眾佛教信仰》（北京：中國社科出版社，1998年），頁111～113。

高僧與佛典翻譯、講授的推動，其信仰更為普遍。如北周蜀地的高僧慧遠即留下了「觀世音經，小兒童子皆能誦之」等語〔註113〕，當時盛況可見。至於佛經的譯介，北周時期則有一部由耶舍堀多所譯的《佛說十一面觀世音神咒經》，相信對本期的造像活動起著重大的作用。此經開示根本神咒、咒水、咒衣、咒香、結界、行道等以及造十一面觀世音像法：

> 有能依觀世音教作法者，彼善男子善女人，須用白旃檀作觀世音像。
> 其木要須精實，不得枯笑。身長一尺三寸作十一頭。當前三面作菩
> 薩面，左廂三面作瞋面，右廂三面似菩薩面狗牙上出。後有一面作
> 大笑面，頂上一面作佛面。面悉向前後著光，其十一面各戴花冠，
> 其花冠中各有阿彌陀佛。觀世音左手把澡瓶，瓶口出蓮花，展其右
> 手以串瓔珞施無畏手。其像身須刻出瓔珞莊嚴。〔註114〕

可見佛經不但鼓勵造像，並且已進一步的將佛像的規格、材質及形象定制化。至於造像的福報，則是藉此興佛誦經的功德，使眾信得到十種復四果報〔註115〕，可以消災解憂，遠離危難。

梵語阿彌陀即為無量壽之意，是西方極樂世界的教主。資料顯示，西魏時期尚無有關阿彌陀佛名號的造像出現本區，但是到了北周，則成長迅速，有四尊之多。這樣的情況當和淨土宗的廣泛流傳有關。不過，我們也不能就此認定西魏時期並未出現阿彌陀信仰，因為在當時的石像或像等題材的碑裏，仍可找到不少的願文，記下如「託生西方極樂世界」等字句。如西魏無紀年的〈智超等造像記〉：〔註116〕

> 為祖父造像一區以述先人。願父母回緣、大眾康吉、託生西方極樂
> 世界。

相信這是因為當時的淨土觀念流行未久，人們搞不清楚諸佛的關聯所導致的情況，因此便籠統的以"像"代之。事實上，在鄰國東魏甚至出現了阿彌陀

〔註113〕道宣，《續高僧傳》，卷二十八〈讀誦篇八〉，頁686。

〔註114〕耶舍堀多，《佛說十一面觀世音神咒經》（大藏經1070），頁150。

〔註115〕十果報為「何等為十？一者身常無病。二者恒為十方諸佛憶念。三者一切財
物衣服飲食，自然充足，恒無乏少。四者能破一切怨敵。五者能使一切眾生
皆生慈心。六者一切蠱毒，一切熱病無能侵害。七者一切刀杖不能危害。八
者一切水難不能漂溺。九者一切火難不得焚燒。十者不受一切橫死。」除此，
復可得四果報「一者臨命終時得見十方無量諸佛。二者永不墮地獄。三者不
為一切禽獸所害。四者命終之後升無量壽國」。同註114，頁149。

〔註116〕王昶，《金石萃編》卷三十二，頁20～21。

佛與無量壽佛並造的情況，以爲佛尊有二〔註117〕。這種對義理認識不清，甚至混淆的情況，倒成了當時造像活動的特色之一。而經文與造像比對錯誤的情況，在西魏北周時期則至少出現了九例。譬如，造無量壽佛，卻不在題記中指涉西方樂土，反而祈求彌勒下生，混淆了阿彌陀與彌勒信仰的意涵。或者是無法分辨死後侍佛聞法與生前侍佛聞法的差異〔註118〕。這種佛教信仰的

〔註117〕如武平三年河南浚縣佛時寺造像碑。參見侯旭東，《五、六世紀北方民眾佛教信仰》（北京：中國社科出版社，1998 年），頁 116 的推論。當然，這樣的情況多少也跟當初鳩摩羅什在翻譯時尊重音譯，而不採意譯有關。參見呂澂，《中國佛學源流略講》（北京：中華書局，1998 年），頁 91。以至一般人並不清楚西方極樂世界的教主阿彌陀佛，其阿彌陀佛號的梵語即爲無量壽之意。此外，侯書，頁 247，亦統計整個北朝時期的造像記錄，推算淨土的發展應起於六世紀三十年代，即爲西魏草創之時。因此，經過了西魏時期的推廣，北周的無量壽佛造像才跟著多了起來。

〔註118〕表 2-2.7：西魏、北周四大造像題材與祈願文對比之經像混淆部分

題　記	時　間	造　像　種　類						指涉諸佛	混淆願文
		觀世音	無量壽	釋迦	彌勒	石像	四面像		
介媚光造像記	大統十四年 4/03			1				釋迦、彌勒	彌勒三會、願登初首
薛山俱造像記	恭帝元年 4/12	1		1		1		釋迦、觀世音、彌勒	彌勒三會、願登初首
智超等造像記	西魏不紀年						1	彌勒、無量壽	託生西方、值佛聞法
一百一十五人造像記	保定元年 9/09						1	釋迦、彌勒、無量壽	釋迦未遇、生生遇佛、終登常樂
王崟生造像記	保定四年 12/15		1					彌勒、無量壽	生聞佛法
嚴蒀造像記	天和四年 1/23		1					彌勒、無量壽	生值龍華三會
王士眞造像記	天和四年 7/23	1						彌勒、觀世音、無量壽	託生西方、生聞佛法
邵道生造像記	建德元年 6/20						1	彌勒、無量壽	託生西方、一時成佛
楊子恭造像	建德二年 4/15			1				釋迦、彌勒	生生恃佛、恒聞正法

“非系統性”，學者認為固然是民間「信仰層次低，對義理理解、掌握不深，肢解與歪曲了教義。從另一個角度看，這正是中土信徒創造性的體現。他們並不是海綿吸水般地簡單地全盤接受，而是經過自主的選擇來編織其信仰，表達其心願」。〔註119〕

　　釋迦則屬於當時較為普遍的造像題材。由於釋迦牟尼為佛教的創始人，自然受到信徒的尊奉。特別的是，根據學界的統計，如果我們將造像信眾區分為官、僧、民三者，那麼整個北朝時期，官員對釋迦的崇拜情形是遠高於僧民的〔註120〕。與此呼應，本文列舉本期可判別四大佛像題材的三十九則官員造像中，釋迦像亦以十三尊的數量居首，使人難以忽視此一特色。〔註121〕

　　彌勒則遭人視作異端。論者以為，AD.515年所爆發的“大乘起義”，就是一場佛教異端的起兵〔註122〕。因為北魏末年，這場由沙門法慶領導的亂事，「所在屠滅寺舍，斬戮僧尼，焚燒經像，云：『新佛出世，除去舊魔』」〔註123〕。可視為“彌勒教”的創始，因此受到了政府的壓制。

　　不過，以現有資料看來，至少作為北朝末葉的西魏北周時期，並未發生這種現象。甚至在官員崇奉的對象裡，彌勒佛也以十尊的記錄，成為最受歡迎的信仰之一。至於六十五則題材與義理混淆的題記中（參見表 2-2.8），指涉彌勒信仰的願文，亦高達二十八篇，可謂是當時最為普遍的崇信對象：

表 2-2.8：西魏、北周造像題材與願文對比之彌勒信仰

序	題　記	時　　間	觀世音	無量壽	釋迦	彌勒	石像	像	四面像	浮圖	屬　性	相關願文
01	白實造像記	大統三年 4/08					1				彌　勒	慮三會之難邀
02	薰屈蜀題記	大統四年 6/06				1					彌　勒	生生值遇諸佛
03	合邑四十人記	大統四年 12/26							1		彌　勒	值佛聞法彌勒現門
04	吉長命造像記	大統六年 7/15					1				彌　勒	彌勒下生願在初首

〔註119〕侯旭東，《五、六世紀北方民眾佛教信仰》（北京：中國社科出版社，1998年），頁102。
〔註120〕侯旭東，《五、六世紀北方民眾佛教信仰》（北京：中國社科出版社，1998年），頁106～108。
〔註121〕當時與官員有關之造像，雖有六十一起，但大多未載明所造佛尊名諱。此處的三十九則，則歸併了明載造四大佛像者。參見表 2-2.9。
〔註122〕萬繩楠，《魏晉南北朝文化史》（台北：雲龍出版社，1995年），頁420～421。
〔註123〕魏收，《魏書》，卷九〈肅宗記〉，頁222。

05	陳神姜造像記	大統十三年9/08				1			彌　　勒	彌勒三會願登上□
06	介媚光造像記	大統十四年4/03		1					釋迦彌勒	彌勒三會願登初首
07	法壽造像記	大統十五年10/6				1			彌　　勒 無量壽	值佛聞法
08	歧法起造像記	大統十六年9/01				1			彌　　勒	一時成佛
09	宗慈孫造像記	大統十七年4/23		1	1	1			釋迦彌勒	已邀三會願登先首
10	薛山俱造像記	恭帝元年4/12	1	1		1			釋　　迦 觀世音 彌　　勒	彌勒三會願登初首
11	張始孫造像記	恭帝四年2/12				1			彌　　勒	彌勒三會願登初首
12	智超等造像記	西魏無紀年					1		彌　　勒 無量壽	託生西方值佛聞法
13	造浮圖記殘石							1	彌　　勒	彌勒出世
14	比丘尼法像記	武成元年9/28			1				彌　　勒	＊
15	雷文伯造像記	保定元年7/29					1		彌　　勒	彌勒三會
16	115人造像記	保定元年9/09				1			釋迦彌勒	釋迦未遇、生生遇佛終登常樂
17	鉗耳世標像記	保定二年2/08					1		彌　　勒	生生值佛
18	聖母寺四面象	保定四年9/08	1	1	1	1		1	釋迦彌勒 觀世音 無量壽	＊
19	王瓮生造像記	保定四年12/15		1					彌　　勒 無量壽	生聞佛法
20	王碩達造像記	保定五年12/??			1				彌　　勒	＊
21	庫汗安洛像記	天和二年9/19				1			彌　　勒	生生值佛
22	嚴萇造像記	天和四年1/23		1					彌　　勒 無量壽	生值龍華三會
23	夏侯純□造像	天和四年6/15					1		彌　　勒	託生兜率面奉彌勒
24	王士眞造像記	天和四年7/23	1						彌　　勒 觀世音 無量壽	託生西方生聞佛法
25	普屯康造像記	天和五年1/03				4			彌　　勒	咸登初會
26	張祖造像記	建德元年4/08							彌　　勒	彌勒三會願登初首
27	邵道生造像記	建德元年6/20					1		彌　　勒 無量壽	託生西方一時成佛
28	崗山比丘題名	大象二年7/??		1	1	1			釋迦彌勒 無量壽	＊

而唐長孺先生所論：「我們認爲彌勒造像漸衰于北朝末期而罕見于唐代，（朝廷）禁止彌勒信仰至少是一個重要的原因」〔註124〕，至今也遭受不少學者的辨誤。不但侯旭東以統計數字，指出北朝彌勒造像興盛的情況〔註125〕。汪娟也以唐朝皇室對彌勒信仰的提倡，提出了反向的說明。〔註126〕

　　除了題材集中於四大尊佛，本期的造像活動亦有個人、合家、合族、集團以及義邑等五大形式。由於學界多藉此探討民間信仰以至整體造像層面，使本文對當時的官員造像，有必要稍加闡述。根據文後所附造像活動的資料，可以發現幾個顯著的現象。

　　首先，在造像結構方面，西魏時期的個人造像似乎特爲風行。不但在十九則造像中佔半數以上，同時期的合家造像更僅有一例。顯示西魏官員多以己身的信仰態度，來決定造像祈福的活動，而無考慮家人的參與。大約到北周以後，官員與官眷聯名造像的情況，才多了起來。無論是合家、合族，甚至由眷屬發起的造像，都以57%的比重〔註127〕，達到此類造像的高峰。可見佛教信仰不僅影響個人，也擴及整個家庭。甚至同族皆信佛教者，亦大有人在。

　　其次，信仰對象的排序，則以釋迦（十三則）、彌勒（十則）高居前二位。而兩者合占四大題材的79%〔註128〕，可見是最當時主要的崇奉佛像。除了少數對義理認識較深的官員〔註129〕，他們與民間對於「彌勒下生」、「龍華三會」等期待，並無差異。至於題記所指涉的範疇，則官員們亦較少出現相對於民眾將佛像與義理張冠李戴的現象。即使有所混淆，也僅是如〈邵道生造像記〉，造不知名"像"一軀，而於願文中提出「託生西方」、「一時成佛」的祈望，同時指涉無量壽與彌勒二佛而已。

　　第三，在已知的地理分布上，關隴（二十五則）與河東（十二則）兩

〔註124〕唐長孺，〈北朝的彌勒信仰及其衰落〉，《魏晉南北朝史拾遺》（北京：中華書局，1983年），頁203。

〔註125〕侯旭東，《五、六世紀北方民眾佛教信仰》（北京：中國社科出版社，1998年），頁136。

〔註126〕參見汪娟，〈唐代彌勒信仰與政治關係的一側面〉，《中華佛學學報》第四期（1991），頁288～296。

〔註127〕在與官員有關的六十一則資料中，合家、合族以及由眷屬發起的造像約有三十五篇。參見表2-2.9。

〔註128〕明載四大佛尊造像題材的碑文約有三十九則。參見表2-2.9。

〔註129〕如〈白實等造中興寺像記〉中就留下了「應三會之難邀」字句。收入《魯迅輯校石刻手稿》（二十三），頁515。

地，保存了最多的造像資料。大體符合宇文泰以降佛教發展的重點分布。至於四川，則歸附以來的立像記錄，僅有二筆。雖有可能失佚，或者本文收輯未全，但多少亦合乎五、六世紀造像運動，多集中於華北的事實。河南則地位特殊，處於三國接壤的邊境地區，戰火流離，史不絕書。而佛教信仰，就在這種處境之下成長。甚至當河南軍人遠征，深入敵境之時，亦不忘造像祈福〔註130〕。可見亂世與宗教發展，的確亦導致了造像的盛行。如王昶論北朝造像所言：

> 自典午之初，中原板蕩……干戈擾攘民生，其間蕩析離居，迄無寧宇……而釋氏以往生西方極樂淨土，上昇兜率天宮之説誘之。故愚夫愚婦，相率造像，以冀佛佑。〔註131〕

有關上述數據的統計，參照下表：

表 2-2.9：西魏、北周時期含有官員成份的造像活動

序	名　稱	年　代	官員造像					信仰分布				地理分布				邑　義集團形態		
			結　構		形　式													
			個人	合家	合族	官員	官眷	觀音	釋迦	彌勒	彌陀	河東	河南	關隴	其他	官造	民造	僧造
	統　計　篇　數		19	13	6	35	16	4	13	19	2	12	6	25	4	10	10	2
01	毛遐造像記	大統元年								*				*		*		
09	焦伏安造像	大統三年	*			*			未　詳					*				
10	白實造像記	大統三年							未　詳			*				*		
14	僧演造像記	大統四年						*						*				*
16	曹續生造像記	大統五年								*				*		*		
19	趙曼題記	大統六年	*				*		未　詳				*					
20	蘇方成題刻	大統六年	*			*			未　詳				*					
21	韓道義題記	大統六年	*			*			未　詳				*					
22	巨始光造像記	大統六年							*			*				*		
30	任安保等造像	大統十二年							未　詳					*		官民合造		
34	杜造賢等造像	大統十三年		*	*	*	*		未　詳				*					
36	介媚光造像記	大統十四年	*			*				*		未　詳						

〔註130〕如〈杜照賢等造像記〉，《北京圖書館藏中國歷代石刻拓本匯編》六冊，頁15～18。

〔註131〕王昶，〈附北朝造像諸碑總論〉，《金石萃編》卷三十九，頁17。

編號	名稱	年代										
37	劉曜光造像記	大統十四年						疑爲道教義邑	*		*	
38	楊欛造像記	大統十四年	*		*			*	*			
42	艾殷造像記	大統十七年	*		*			*		未詳		
44	始平縣伯造像	大統十七年	*		*			未詳		*		
46	薛山俱造像記	恭帝元年						*	*		*	
48	合邑造像	恭帝三年						未詳	*		*	
49	張始孫造像	恭帝四年		*	*	*		*				
51	焦延昌造像碑	西魏時期	*		*	*		未詳		*		
54	石佛鎮殘字	西魏時期	*		*			未詳		*		
57	顏貳郎造像記	西魏時期	*			*		未詳		未詳		
60	陳瑜等造像	西魏時期						未詳		未詳	*	
63	強獨樂造像碑	明帝元年	*		*			*		*		
64	宇文仲造像	武成元年	*		*			未詳		未詳		
69	合邑造像記	保定元年						*		*	*	
72	雷文伯造像記	保定元年		*	*			*		*		
76	荔非興度造像	保定二年		*	*		*			*	*	
79	鉗耳世標造像	保定二年						未詳		*	*	
81	董道生造像記	保定二年	*		*		*	未詳				
82	祁令和造像記	保定二年	*		*			未詳	*			
83	李曇信等造像	保定二年	*		*	*		未詳		*		
86	常樂寺浮圖碑	保定四年	*		*			未詳	*			
88	郭賢造像記	保定四年	*		*			*		未詳		
91	聖母寺四面碑	保定四年						*		*	*	
101	劉顯國造像	天和元年	*		*	*		*		未詳		
102	合村造像記	天和元年						未詳	*		*	
107	昨合拔祖造象	天和元年						*		*	*	
109	張興等造象記	天和元年						*		*	*	
117	僧緒造象記	天和二年						未詳		*		*
118	魯恭姬造像記	天和二年	*		*	*		*		*		
128	普屯康造像記	天和五年						*		*	*	
129	李芳造磚塔記	天和五年	*		*			未詳		未詳		
134	宇文達造像記	天和五年	*		*	*		未詳		*		
136	曹叜樂碑	天和五年	*		*			未詳	*			
138	趙富洛造像記	天和六年					*			未詳	*	

序號	名稱	年代											
139	辛洪略造像記	天和六年	*			*			*			未　詳		
140	費氏造像記	天和六年		*	*		未　詳				*		（官民）
142	柷柷榮造像記	天和六年					未　詳			*			*
143	雷明香造像記	天和六年		*		*	*			*		*	
147	黨仲茂造像記	建德元年					未　詳				*		*
148	張祖造像記	建德元年		*		*	*		*		*		
150	邵道生造像記	建德元年		*		*	*			*		未　詳	
154	郭思造像記	建德二年		*		*	*		*		*		
155	王令猥造像記	建德二年		*		*	*		*			*	
156	郭亂頤造像記	建德二年					未　詳				*		（官民）
162	建崇寺造像記	建德三年			*	*	*		未　詳			*	
164	楊堅造像記	宣政元年		*		*		未　詳			*		
167	梁嗣鼎墓誌	大象二年	*			*		未　詳		*			
169	郭羌造像記	北周不紀年		*		*	*	未　詳			未　詳		
187	劉約造像記	北周不紀年					未　詳					*	*

以上序號係依照附錄一編排而成。

三、佛教義邑組織

　　佛教義邑組織的形成與造像活動的發展，可謂是佛教傳布動力中，相輔相成的兩大環節。兩者的推衍則是造像先，義邑後。根據學界的推論，由於戰國以來的里社制度，在漢末遭遇了戰亂流離與門閥世族侵佔人口的威脅，不但使使國家里制蕩然無存，並導致了私社的形成。而私社之中，最為盛行的則是「東晉末南北朝時隨佛教流行由信徒組成的"邑義"……邑義主要流行於黃河流域，一般按村邑或宗族組成，在僧人參加或指導下，結集人眾，聚斂財物，從事造像、修寺、建塔、營齋、誦經等活動……實際上是寺院地主與世俗地主藉助佛教統治，剝削群眾的組織」。〔註132〕

　　上述的說法，據學者自呈，是綜合了山崎宏、那波利貞、竺沙雅章等學者的研究成果，可見作為學界看法的象徵性。不過，此說亦出現了幾處值得探討的疑慮。第一，許多的義邑是由調任官員或游化僧侶所發起，能否構成地主階級藉佛教剝削群眾的說法是有問題的。如大統三年（AD.537）〈白實等造中興寺像記〉中的佛邑倡建者——白實為河北轉調南陽的官員，他和當地

〔註132〕寧可，〈述社邑〉，《北京師範學院學報》第一期（1985），頁13。

的地緣關係並不深刻，算不上世俗地主〔註133〕。而周行鄉里的僧侶如普安所推動的義邑，則是基於對"不殺生"、"不血祀"觀念的倡導，他的身分也離寺院地主過遠：

> （普）安居處雖隱，每行慈救。年常二社，血祀者多。周行救贖，
> 勸修法義。不殺生邑，其數不少……故使郊之南西五十里內，雞豬
> 絕嗣，乃至於今。〔註134〕

文中的「法義」即為義邑的別稱。而普安的弘道作為如前所述，除了推廣佛邑組織外，更在村邑間行俠仗義，救濟貧苦，實與佛教統治，剝削群眾等行為無關。

第二，義邑的組成，也並非全由村邑或宗族發起。根據本文對造像分布的理解，許多的佛邑，也存在於通都大邑或塢堡之中。如天和六年（AD.571）以費氏姓族為主體組成的佛邑——〈費氏造像記〉〔註135〕，據孫星衍的《寰宇訪碑錄》記載，即出於長安〔註136〕。而天和六年的〈枚枚榮造像記〉所記載的佛邑，則出土於當時的軍鎮塢堡——龍頭堡〔註137〕，可見義邑並非皆按村邑所組成。另一方面，宗族固然是義邑組成的基礎，但也有部份佛邑是由地方軍人所組成，不但使宗族的角色略見隱晦，亦彰顯了軍事力量於邑中的作用。如天和五年（AD.570）的新豐佛邑——〈普屯康造像記〉，籌建組織雖然得力於當地的豪強薛氏，但建邑的緣始仍然得推衍自他們的統帥——帥都督普屯康的善願。〔註138〕

另一個義邑的緣起，則在於僧侶的提倡。根據塚本善隆對北魏十二處佛邑的研究指出，當時的佛教高僧如法貞，就對促成此類「義會」，產生了極大的影響：〔註139〕

> 釋法貞……善成實論，深得其趣……在於伊洛，無所推下，與僧建

〔註133〕參見本文第三章，頁78～80。

〔註134〕《續高僧傳》，卷二十七〈普安傳〉，頁682。

〔註135〕王昶，《金石萃編》，卷三十七〈費氏造像記〉，頁25～29。

〔註136〕孫星衍，《寰宇訪碑錄》，卷二，頁25。收入《石刻史料新編》（台北：新文豐出版社，1982年），第一輯，冊二十六。

〔註137〕參見《聞喜縣志》，卷二十下〈新增金石〉，頁7～8。收入《石刻史料新編》（台北：新文豐出版社，1982年），第三輯，冊三十一。

〔註138〕參見本文第三章，頁90～91。

〔註139〕塚本善隆，〈龍門石窟に現れたる北魏佛教〉，《塚本善隆著作集》（二）（東京：大東出版社，1974年），頁492。

齊名……貞乃與建爲義會之友，道俗斯附，聽眾千人……造像千軀，

分布供養。〔註140〕

而西魏北周的僧侶，亦持續推動義邑的普及，不但和寧可所述義邑出於地主階級的剝削，沒有絲毫的關連。而前述普安於齋會之中，以緣化粟米救助貧苦，更是鄉人對其崇敬的原因。不過，普安爲游化之僧，不會長期停留於同一聚落。雖然所勸化的佛邑不少，卻不可能分身於各處村邑。缺乏了長期指導佛邑的"邑師"，或許正是部份邑中，沒有此職的原因。

北朝佛邑的盛行，也與當時受佛經倡導而興起的造像風潮存有密切的關連。特別如前述《佛說十一面觀世音神咒經》的道法，除了號召信徒造像興福，更深刻影響了義邑的形成。譬如求願須建道場：

欲求心中所願者，從月一日入道場至十五日……行道之人一食長齋。不食餘味，唯食大麥乳糜。安道場之處必須淨室。泥拭鮮潔，香泥塗地……處中施一高座置觀世音像……至後月十五日朝更立道場，於道場中置像一軀。其中有舍利者，還以十一面觀世音像，置舍利像邊，須花一千八莖。其行者在於像前敷草爲坐胡跪恭敬。

道場除了室內，還須有置於室外者：

若月蝕時用赤銅砵盛牛酥三兩，於其路地，在觀世音前，以黃土泥塗地。

而道場的設置，也並非常態性質：

若有國土人民疫病起時……安置道場。用白芥子押取脂使得一升。

爲何祈願興福不於寺院，而須自造佛像與道場呢？相信這與當時的傳教中心——佛寺的發展大抵分布於城市有關。由於北周時期的寺所多處長安、四川與河東等區域的城鎮，比如《續高僧傳》中所提及的四十四處北周寺廟，多分布於雍、虞、恒、益等九州。除了七座寺院位處縣治或山林，其餘全都起造於郡治以上的都邑。可見廣大的鄉野地區，重要的傳教寺所依然不多〔註141〕。因此建佛像，立道場就成了當時普遍的奉佛模式。

不過，由於造像牽涉了選材，雇工，置地以至後來道場的規劃運作等諸

〔註140〕《續高僧傳》，卷六〈法貞傳〉，頁474。

〔註141〕傳教的條件，除了寺院以外，還需要代表正確義理的佛教高僧。因此，雖然法琳的《辨正論》，留下了「周世宇文氏……合寺九百三十一所」的佛寺記錄。但以史料殘缺，且《續高僧傳》所載佛寺多爲高僧們講學駐錫之地，因此，本文主要以此四十四所佛寺爲考察中心。

多問題，不見得每個人都有足夠的財力完成，因此眾人合建的模式便大爲流行。而資料亦顯示，當時的個人造像僅有七十五例，約占本時期造像活動（一百八十七則）的 46%，其餘半數以上的造像都屬合造。至於道場的運作，題記多未提及。是否每起造像都會另建道場以爲搭配呢？學者劉淑芬於《五至六世紀華北鄉村的佛教信仰》一文指出，當時的造像模式裏，確實有部分的碑文，記錄了「道場主」的信眾頭銜，並推論這道場主應「和提供舉行齋會、儀式的場所有關」〔註142〕。可見《佛說十一面觀世音神咒經》中所宣揚的造像與道場結合的模式確實存在。

「道場主」比較可能出現在合建模式的義邑組織裏。雖然本文的資料未有登載，但也不代表當時治地下的造像活動未曾出現過道場。可能的解釋有二：（一）根據佛經的開示，道場是安放佛像的地方。因此，理論上建佛像應在立道場以前。所以當佛像完成之日，眾人姓名寓刻石碑，自然少了「道場主」之名。此外，（二）道場也是舉行齋會儀式的地方。在義邑組織中，亦多有「齋主」邑職，和打理齋會所需事項有關。因此也可能因處理了齋會舉行的場地問題而兼具了「道場主」的屬性。至於造像碑記另列「齋主」，亦多少說明了當地居民爲著某種目的，或遇重大事故如流行疾病的威脅，需要宗教儀式的舉行，因而產生了造像與道場兼立的情況。

佛邑的組成，則屬於眾人合建的模式。大體而言，合建造像的種類除合家、合族以外，尚有集團造像與義邑組織二類。包括了不同姓氏的宗族、鄉黨里民等。不過，集團造像和佛教義邑畢竟有所不同，主要即在於成員的組織與運作方式。集團造像的人們，多僅於碑後題名留下如「清信」、「供養」的具銜〔註143〕。不似義邑組織多有邑職稱號與實際職務，使得邑眾透過各司其守，共同運作有關的事務，而無形中增強了彼此的關連。

義邑的主要人物，除僧侶外，大抵有四個系統。一是"出資者"如「像主」、「都像主」等，二是"勸化者"如「化主」、「勸化主」等，三是"管理者"如「邑主」、「都邑主」等，四爲"掌理庶務者"如「維那」、「都維那」等。其職司以王昶的解讀較早，頗具代表性：

> 凡出資造像者曰像主、副像主、東西南北四面像主、發心主……都

〔註142〕劉淑芬，〈五至六世紀華北鄉村的佛教信仰〉，《史語所集刊》六十三卷三期，頁 525。

〔註143〕如大統四年的〈僧演造像記〉就留有供養八人、清信四人的記錄。見王昶，《金石萃編》卷三十二，頁 13。

> 大檀越、都像主、齋主……勸化者曰化主、教化主……邑中助緣者
> 曰邑主、大都邑主、都邑主……其寺職之稱曰和上、比邱、比邱尼、
> 都維那、維那、典錄、典坐。〔註144〕

雖然王昶在職銜的歸屬上，存有不少的誤解與未釐清的問題〔註145〕，但其說法，仍大體呈現了主要的職務系統。而捐資系統的像主與管理系統的邑主，顯然是佛邑中的靈魂人物。許多碑文的刻寫，不但以此二者居先，而後世對題記的命名，亦多借用像、邑主的姓名。如北周武成二年（AD.560）以像主王妙暉領銜的義邑，即稱為〈王妙暉造像記〉〔註146〕。又如北齊武平元年（AD.570）修造的〈董洪達造像銘〉〔註147〕，則藉大都邑主董洪達姓名為題。可見此二者於佛邑的主導地位。

　　至於邑眾的身份，則有官員、僧侶與平民三者。彼此之間具有交互錯雜的關連。而某些邑裡，更因參與的官員為數眾多，其品秩高者又多居像、邑主之職，因此頗具官方色彩。在西魏北周時期，至少出現了十二處此類的佛邑，探討它們的成立背景、組織運作與成立目的等環節，即是下章所欲開展的論題。

　　至於義邑的功能，學者對此亦多有闡發，其中尤以劉淑芬所論最為精要。並可歸納為三。一是政治上的功能。透過義邑的組成，官員不但可藉與僧民共同參與活動，而得到人民的愛戴與合作。更可收得如「敷導民俗」同樣的效果。二是社會上的功能。特別是村落之際的整合，經常以佛教信仰作為聯繫的基礎。透過造像以及如造橋、修路等公共建設，皆使村邑間有較為密切的往來。甚至這種整合力量，亦影響於異民族間的相處，進一步促成了華北的民族融合。三是宗教上的功能。佛邑不單單透過經典與圖像的刊刻，大收經像佈教的功效，並在鄉村形成以佛教戒律為依歸的生活改革，制約了人們的價值標準。〔註148〕

　　由於前人所論的義邑範疇甚廣，自然亦觸及了具官方色彩的佛邑組織。

〔註144〕王昶，〈附北朝造像諸碑總論〉，《金石萃編》卷三十九，頁18。
〔註145〕比如邑主不為助緣，而為管理者。檀越則意為 "施主"，應為助緣者。而都維那、維那、典錄、典坐等是借用寺職之銜，而行邑中諸事。
〔註146〕王昶，《金石萃編》卷三十六，頁1～5。
〔註147〕王昶，《金石萃編》卷三十四，頁19～24。
〔註148〕劉淑芬，〈五至六世紀華北鄉村的佛教信仰〉，《史語所集刊》六十三卷三期，頁519～543。

雖然與民間佛邑所具備的基礎功能，大體相同，但在某些層面上，卻也"同中有異"。本文將留待第五章時，對此稍加探討。

至於本期佛邑的時間分布，若將已知或出土的造像活動合併綜觀。則在年代排序上，顯示了武帝毀佛以至楊堅興佛的歷史轉折。周武法難初行於建德三年（AD.574）五月間，而前此的最後一尊造像——〈楊廣娟造像記〉，則造迄於四月間。可見毀法政令之貫徹，非但終止了五月後的造像，甚至興建中的像塔，應該業已停工〔註149〕。這種破壞的程度，亦促使佛教僧侶，展開隱匿經像的舉措：

> 靜端……乃竭力藏舉諸經像等百有餘所，始終護持。冀後法開，用
>
> 爲承續。〔註150〕

武帝死後，首開造像風氣者，即爲楊堅。而他攜結眷屬，於宣政元年（AD.578）立像祈福的作爲——〈楊堅造像記〉〔註151〕，更使得日後的民間造像，接踵而來。較爲特別的是，自楊堅興佛以至北周覆亡（AD.581）的數年間，雖間有造像活動，但義邑組織已不復存在。其中的原委，由於資料無存，本文難以拼湊梗概。因此，文後所討論的義邑，在時間斷限方面，仍是以武帝毀佛前的情形爲主體。

〔註149〕參見本文附錄一：〈西魏北周時期的造像活動〉。

〔註150〕《續高僧傳》，卷十八〈靜端傳〉，頁576。

〔註151〕未著明，〈北周大司馬楊堅造銅佛像〉，《考古與文物》第六期（1983），頁102〜103。

第三章　官方色彩的佛邑組織（上）

第一節　佛教義邑與強宗大姓

　　北朝社會結構，既是由帝王宗室、世家豪強與佛教僧侶所主導，加以宇文泰在佛教信仰的推行上，主要借重的就是世族的力量。那麼，佛邑由強宗大姓所主導的情況，是不難於理解的。在西魏北周時期十二座具官方色彩的義邑裡，由其組織構造，我們可以發現，宗族勢力始終扮演連結佛邑的重要角色，甚至可謂是佛邑組成的共同基礎。

　　而此類義邑的組成，顯然也帶有某種目的。至少，我們可以區分為地方豪強為聯絡、控制當地官民的類型；以及世家大族或者地方宗族為加強聯繫同宗與鄉里，因而建邑的類型。透過對本期四座具代表性的佛邑，本章首論佛教義邑與強宗大姓之間的關連。

一、毛遐與北雍州邑義

　　在陝西耀縣中學的廊簷下，存放著一座 1940 年出土的〈毛遐造像碑〉〔註1〕，碑中記載了一處由當時知名的地方豪強——毛遐，在他擔任北雍州刺史期間，率領鄉人修築佛教義邑的往事：

> 夫至道幽玄，非有非無，慈氏見化，蓮葉就應。是以諸邑子仰感聖善，心往覺□，迭相勸率，減割家珍，敬造石像一區。慈嚴端姒，立在迪衢。願使天下太平，皇治永康、七世所生、曠劫先佛、因緣

_____

〔註1〕石璋如，〈陝西耀縣的碑林與石窟〉，《史語所集刊》第二十四期（1953），頁154。

善爲、超度八難、歷傳諸佛。龍華三會，願在先首。大統元年歲
次乙卯二月十□日造訖。大行臺尚書北雍州刺史宜君縣開國公毛
遐。〔註2〕

圖 3-1.1：〈毛遐造像碑〉

（引自耀生，〈耀縣石刻文字略志〉，《考古》第三期，1965 年，頁 141）

　　毛遐的造邑舉動，似乎與他樂善好施的基本個性有關。根據《北史》記
載：

　　毛遐字鴻遠，北地三原人也。世爲酋帥……後（蕭）寶夤構逆謀，
　　遐知之，乃寄書語（毛）鴻賓，索馬迎接，復於馬祇柵建旗鼓以拒

〔註 2〕 耀生，〈耀縣石刻文字略志〉，《考古》第三期（1965），頁 140。

> 寶夤……寶夤懼，口乾色變，不遑部伍，人皆亂還。詔授遐南豳州
> 刺史，進爵爲伯……冬，万俟醜奴陷秦州，詔以遐兼尚書，二州行
> 臺……遐少任俠，有智謀。世爲豪右，貲產巨億。士流貧乏者，多
> 被賑贍。故中書郎檀翥、尚書郎公孫範等，常依託之……死之日，
> 鄉黨赴葬，咸共痛惜。〔註3〕

一般說來，義邑除了本文前述輔認同教化的層面，其基本功能則是發揚佛教
善信施行社會福利的功德。學者劉淑芬認爲，這些功德，除了「修橋造路」
等地方環境的改善，還包括「捨田建寺、敬僧營齋、救濟飢寒」等社會義行
〔註4〕。而毛遐等人所興築的石像，既然「立在迪衢」，位處要道，一方面對
往來行旅，發揮了經像傳教的影響。另一方面，或許毛遐也利用佛邑來從事
部分善舉，諸如舉行齋會、供應飲水而爲行人解渴等舉措。理由有三。第
一，毛遐累世豪富，尤其是他「世爲豪右，貲產巨億」，因此絕對有足夠的財
力，從事佛教善業。第二，毛遐位居北雍州刺史。在刺史職守上，也有爲民
眾興福造利的必要。如韋孝寬在雍州刺史任內：

> 先是，路側一里置一土候，經雨頹毀，每須修之。自孝寬臨州，乃
> 勒部內當候處植槐樹代之。既免修復，行旅又得庇蔭。周文見後，
> 怪問知之，曰：「豈得一州獨爾，當令天下同之」。〔註5〕

其三，毛遐以其「任俠」，深受鄉里愛戴。以致他的葬禮，出現了「鄉黨赴葬，
咸共痛惜」的情形。當然，僅有任俠是不夠的。推想毛遐還應有實際的善行，
從而獲得大家的尊崇。

谷川道雄認爲，像毛遐這種“名望家”，之所以能夠在鄉里間統轄軍事
活動，乃是因爲「那種活動的基礎裏包含如此日常與鄉民的聯繫」。而這種聯
繫中，最能夠強化彼此關係的方式，就是豪強對鄉黨在荒年或是青黃不接期
間的“賑恤”義舉。另一方面，谷川也認爲佛教的無償精神，對於促成這樣
的“豪族共同體”，發揮了莫大的功能。〔註6〕

由此可見，豪族基於“賑恤”的義舉，利用佛邑途徑的機會很大。而佛

〔註3〕 毛遐《周書》未載，今採李延壽，《北史》（台北：鼎文書局，1975年），卷四
　　　　十九〈毛遐傳〉，頁1808。
〔註4〕 劉淑芬，〈五至六世紀華北鄉村的佛教信仰〉，《史語所集刊》六十三卷三期，
　　　　頁543。
〔註5〕 《周書》，卷三十一〈韋孝寬傳〉，頁538。
〔註6〕 谷川道雄，〈六朝時代的名望家支配〉，《日本學者研究中國史論著選譯》（二）
　　　　（北京：中華書局，1993年），頁154～176。

教也不僅在思想層面上，提供“豪族共同體”的心理基礎。更在實踐層面上，推動了實際組織——邑義。而同處佛邑中的人們，幾乎都具有地緣、血緣上的宗族、鄉黨關係，具體呈現了這種“共同體”關係的組成。不過，由於碑文不爲世人所愛惜。在日趨損毀的狀態下〔註7〕，造成搥拓著錄的原文，已失去諸邑眾的題名〔註8〕。在不了解邑眾的姓氏、邑職等情況下，本文實在無法得知當時佛邑的組織細節以及確切結構。但就組成模式而言，此處的北雍州邑義，確屬豪強主導的典型佛邑。

除了毛遐的基本性格以外，題記也明載其官銜爲：「大行臺尙書北雍州刺史宜君縣開國公」。銜首的大行臺尙書部份，其大行臺所指，即爲宇文泰〔註9〕。而這官職的設立，則緣於魏孝武帝敕令宇文泰在官員中，擇取兩人分掌機要的舉措：

孝武帝入關，敕周文帝置二尚書，分掌機事。遐與周惠達始爲之。
〔註10〕

可見兩位行臺尙書，主要的職守就是分擔宇文泰所處理的機要事務。不過，既是大行臺府所掌理的“機事”，理應由府屬諸司或宇文泰的心腹來處理。即便公務繁重，需要增官設吏，似乎也不必由孝武帝親自下令。因此，本官職的設立，應屬魏帝欲分宇文泰大權的謀術。

不過，宇文泰畢竟是掌握人事任命權的。因此，在他的人選考量中，除了不具私心的條件，還必須代表了政權中的主要派系。曾有學者認爲，「西魏政權是由北鎮勢力、關隴河南河東土著勢力、及追隨魏帝勢力等三大勢力所構成」〔註11〕。其中的北鎮勢力，主要指的就是賀拔岳的軍人團體，也是「宇文泰創業的基本軍事力量」〔註12〕。而河南與河東，則爲孝武入關時，宇文泰尙未掌握的地區。可見，宇文泰於大統初年所統轄的勢力，主要爲賀拔岳軍團與關隴鄉豪兩者。在兩位尙書中，周惠達即出身於賀拔岳系統：

〔註7〕 石璋如，〈陝西耀縣的碑林與石窟〉，《史語所集刊》第二十四期（1953），頁154。

〔註8〕 耀生，〈耀縣石刻文志略志〉，《考古》第三期（1965），頁140。

〔註9〕 「太祖爲大將軍、大行臺，以惠達爲行臺尙書」。可見大行臺即指宇文泰無疑。參見《周書》，卷二十二〈周惠達傳〉，頁363。

〔註10〕 《北史》，卷四十九〈毛遐傳〉，頁1808。

〔註11〕 呂春盛，〈北周前期的政局與政權的弱點〉，《台大歷史學報》第十八期（1994），頁89。

〔註12〕 周雙林，〈北周趙貴、獨孤信事件考論〉，《文史》第四十期（1995），頁57。

> 賀拔岳……爲關中大行臺，以惠達爲從事中郎……每征討，恆命惠
> 達居守。〔註13〕

毛遐則出身關隴豪右，可見其象徵的意義。

北雍州（今耀縣）則在長安北方，原爲毛遐出身的北地郡。其地的升
格，乃是北魏孝明帝褒獎毛氏兄弟的勳賞：

> 及賊起，鄉里推爲盟主，常與遐一守一戰……明帝以鴻賓兄弟所定
> 處多，乃改北地郡爲北雍州，鴻賓爲刺史。詔曰：「此以畫錦榮卿
> 也」……後爾朱天光自關中還洛……鴻賓亦領鄉中壯武二千人以
> 從……尋拜西兗州刺史。〔註14〕

至於毛遐出任刺史的時間，以毛氏兄弟兩人經常「一守一戰」的情況而論。
當爾朱天光還洛，毛鴻賓伴隨而遷轉西兗州刺史時，接任北雍州者，應該就
是毛遐。因此，大約在北魏孝莊帝三年（AD.530）以後〔註15〕，毛遐便開始
以刺史的身分統領鄉里。曾有論者據此題記，指出毛遐功高，但北雍州刺史
的官職八年不遷的敘述，顯然是錯誤的〔註16〕。事實上，毛遐的宦途，即使
出現了停滯，也只是五年，而非八年。這種停滯，在他的官職中，也只有北
雍州刺史歷久不變，其它的職務都有升轉，也不能言其仕途不遂。

至於毛遐久居北雍州的原因，則可能有二。一則毛氏兄弟的興起，除了
立功於蕭寶夤之亂，主要則緣始於倒向爾朱天光以及效忠魏室。尤其是忠君
的信念，直到孝武入關的危急時刻，依然表露無遺：

> 及孝武帝與齊神武有隙，令鴻賓鎮潼關，爲西道之寄……車駕西
> 幸……武帝把其手曰：「寒松勁草，所望於卿也。事平之日，寧忘主

〔註13〕 參見《周書》，卷二十二〈周惠達傳〉，頁362。

〔註14〕 《北史》，卷四十九〈毛遐傳附毛鴻賓傳〉，頁1809。

〔註15〕 天光還洛的時間在爾朱兆入京後：「及聞爾朱兆已入京師，天光乃輕騎向都
見世隆等」。參見魏收，《魏書》，卷七十五〈爾朱天光傳〉，頁1676。而爾朱
兆入京虐殺皇室的時間爲孝莊帝三年。參見《魏書》，卷十〈孝莊紀〉，頁
268。

〔註16〕 耀生，〈耀縣石刻文字略志〉，《考古》第三期（1965），頁140。耀生的計算是
以明帝孝昌三年（AD.527）至大統元年（AD.535）的八年間。可能是猜測〈毛
遐傳〉中：「冬，万俟醜奴陷秦州，詔以遐兼尚書、二州行臺」，其中一州爲
北雍州。事實上，在《北史》的記載中，毛遐所兼的二州實以南幽州及秦州
的可能性較大。另一方面，耀生又認爲毛遐兼任二州，是因爲平定蕭寶夤之
亂，所以事在孝昌三年。但當時出掌北雍州的刺史，實爲毛鴻賓。因此，耀
生的猜測並非事實。

人」。〔註17〕

但是，在爾朱天光敗亡，魏室衰微以後的魏末期間。關隴豪強，大多經由賀拔岳的統率而轉附宇文泰。魏帝若入關，必須掌握長安附近忠君的武裝，以保障政權。因此，毛遐的北雍州刺史，也成了魏室的政權象徵。

再者，由於西魏肇興，板蕩不安。宇文泰除了拉攏地方強族，也必須承認他們在當地的勢力。不過，宇文政權對待世家強族的心態是很微妙的。一方面拉攏高門：

> 叱列伏龜……世爲部落大人……沙苑之敗，隨例來降。太祖以其豪門，解縛禮之。仍以紹惠公女妻之。〔註18〕

一方面也抑挫豪強：

> （裴）果性嚴猛，能斷決，每抑挫豪右，申理屈滯，歷牧數州，號爲稱職。〔註19〕

可見宇文政權，雖然設法拉攏豪右以擴大勢力，但是卻又對強族心存戒慎，恐其過份坐大。原因即在於，地方豪族所關注的是「自身在鄉里的勢力和影響」，而這種地方的影響力，則「從客觀上阻礙了王朝對社會基層的控制」。〔註20〕

毛氏兄弟以三原豪右，先後任職本郡，久掌地方。以祖宗積累資財，結納朝官，略成朋黨之勢；建邑興德，收攏鄉里人心。這對宇文政權而言，隱然是種威脅，尤其北雍州位處肘腋，一旦生變，後果恐不堪設想。而毛鴻賓興築塢堡，集結地方武力，踞捷徑以制京師〔註21〕，加以政治態度傾向於拓拔魏室。推測這就是二人死後，子孫無人居高位，也無從入史的原因。此外，毛遐所結納如檀翥，後來亦「坐談論輕躁，爲黃門侍郎徐招所駁，死於廷尉獄」〔註22〕，不過「談論輕躁」，竟然坐罪致死，可見其株連的深意。

〔註17〕《北史》，卷三十七〈毛遐附毛鴻賓傳〉，頁1809。

〔註18〕可見當時拉攏豪強，甚至到了不分敵我的地步。參見《周書》，卷二十〈叱列伏龜傳〉，頁341。

〔註19〕參見《周書》，卷三十六〈裴果傳〉，頁648。

〔註20〕前引文同。參見陳爽，《世家大族與北朝政治》（北京：中國社科出版社，1998年），頁190。

〔註21〕據嚴耕望先生的引證，唐朝武德七年的一次兄弟鬩牆事件中，李建成即由毛鴻賓堡迅速回京面聖。可見本地極可能是通衢驛道之外的另一捷徑。參見嚴耕望，《唐代交通圖考》（台北：中研院史語所，1985年），卷一，頁232～233。

〔註22〕《周書》，卷三十八〈檀翥傳〉，頁687。

　　另一方面，爲了轉移毛遐在地方上及朝局中的影響力，宇文泰也設法以其心腹來取代遐之地位。在他的推動下，于謹不只取得了毛遐的北雍州刺史本職，連大行臺尚書兼銜，也隨後署理：

　　　　又從戰河橋，拜大丞相府長史，兼大行臺尚書。〔註23〕

可見宇文泰根本就是以于謹來接收毛遐的勢力地盤。不過，兩人的刺史任期，似乎稍有出入之處。于謹派授北雍州刺史的時間，爲永熙三年（AD.534）八月左右。而毛遐依前節題記所述，至少在大統元年（AD.535）二月中旬，他依舊掌理本州。這其間，約莫有五、六個月的任期重疊。比較可能的解釋是，由於于謹始終忙於軍事，授職未久，就數度出征〔註24〕，因此，他並沒有立即的接任。另一種可能則是毛遐造像時，正當兩人的移交期間，所以毛遐仍具刺史官銜。不過，這也印證了毛遐興建佛邑的動機，或許即出於對勢力戹抑後的危機感，故藉此凝聚鄉黨的支持。

　　因此，具官方色彩的佛邑，雖然可強化官民之間的上下聯繫。但在與豪強有關的模式中，畢竟「天高皇帝遠」。因著彼此血緣、地緣的聯繫，邑眾對邑主的認同往往超越了對國主的期盼，甚至對時代環境的祝禱，還遠在皇帝國主之上。如題記之迴願：

　　　　願使天下太平，皇治永康、七世所生、曠劫先佛。

可見魏末動亂對人心的衝擊與影響，已使邑眾的首要祈願，由普遍的「帝王人主」轉變爲對「天下太平」的期待。另一方面，在這亂世中，眞正能夠賑恤鄉族，維持生活安定的依靠，也唯有鄉里間以豪族爲首的“共同體”。而地主鄉豪，爲了善盡大眾之依託，甚至如毛遐，著手組織鄉里邑義。一方面藉此推動了實質的社會善業，另一方面，還可以宗教來撫慰不安的人心，進而凝聚鄉黨，增強彼此的關係與信賴。相對的，這一舉措，也使毛遐深受鄉里厚愛，以致其身故「之日，鄉黨赴葬，咸共痛惜」。

二、京兆杜氏與陽翟邑義

　　北朝的名家大姓，由於身處亂世，大多擁有一定的武裝。尤其關隴地

〔註23〕引文同上。而大行臺尚書共設二員。另一位尚書周惠達的日後遷轉，則多爲兼理。且位居顯職，至大統十年方卒。參見《周書》，卷二十二〈周惠達傳〉，頁363。因此，于謹的前任應即毛遐。

〔註24〕主要指大統初年，平定楊氏壁謀逆事件以及第二度的從征潼關。參見《周書》，卷二〈于謹傳〉，頁246。

區，在納入了府兵的範圍以後，許多世家高門，也紛紛率領由宗族組成的隊伍，參與了作戰遠戍的任務。除了京兆韋氏的久鎮河東〔註25〕，河南地區也留下了京兆杜氏的遠征紀錄——西魏大統十三年（AD.547）的〈杜照賢造像記〉：〔註26〕

> 夫大聖雖遐，遺影□顯。自非建福崇因，刊石記功，河乃流名後代，
> □勉三塗者哉。是目都邑主杜照賢、維□杜慧進等十三人，各竭家
> 資，敬造石像一尊。願三寶永隆、國祚康泰。又爲師僧、父母、回
> 緣眷屬，普及法界眾生，等同正覺。大魏大統十三季歲在丁卯十一
> 月甲午□十五日戊申造□。本是雍州京兆人，因官在此。

根據《北京圖書館藏中國歷代石刻拓本匯編》對引文的附記，石刻出土於今日的河南禹縣。而禹縣於其時，則爲東魏所置的陽翟郡〔註27〕。此地位於洛陽東南方的潁水流域，向來是東魏重臣——河南大行臺侯景——的根據地〔註28〕。直到大統十三年，侯景先降西魏，再奔南梁以後，宇文政權才算眞正取得了此地的控制權：

> （大統十三年）正月……齊神武薨。其子澄嗣，是爲文襄帝。與其
> 河南大行臺侯景有隙，景不自安，遣使請舉河南六州來附……三月，
> 太祖遣開府李弼率軍援之……景請留收輯河南，遂徙鎮豫州。於是
> 遣開府王思政據潁川，弼引軍還。秋七月，侯景密圖附梁。太祖知
> 其謀，悉追還前後所配景將士。景懼，遂叛。〔註29〕

〔註25〕 即指韋孝寬與其族人。參見第四章之〈枎枎榮與龍頭義邑〉。

〔註26〕 〈杜照賢造像記〉，《北京圖書館藏中國歷代石刻拓本匯編》六冊，頁 15～18。

〔註27〕 雖然譚其驤主編，〈東魏〉，《中國歷史地圖集》第四冊（台北：曉圓，1991年），頁 61～62，因圖版過小，未能見載。但翻檢同書，則北魏的〈司、豫、荊、洛等州〉，頁 46～47；與第五冊，隋代的〈河南諸部〉，頁 5～6。都可確認禹縣，即爲當日的陽翟。而陽翟在東魏時，設置爲郡。參見《隋書》，卷三十〈地理志中〉，頁 837。

〔註28〕 侯景在東魏，是僅亞於高歡的權臣：「（侯景）……總攬兵權，與神武相亞。魏以爲司徒、南道行臺，擁眾十萬，專制河南」。參見姚思廉，《梁書》（台北：鼎文書局，1975 年），卷五十六〈侯景傳〉，頁 834。而他久鎮河南，幾達十五年。如高歡在死前一年，曾謂世子：「景專制河南十四年矣，常有飛揚跋扈志」。參見《北齊書》（台北：鼎文書局，1975 年），卷二〈神武紀下〉，頁 23。

〔註29〕 《周書》，卷二〈文帝紀下〉，頁 30～31。

圖 3-1.2：〈杜照賢造像記〉之碑陰經文

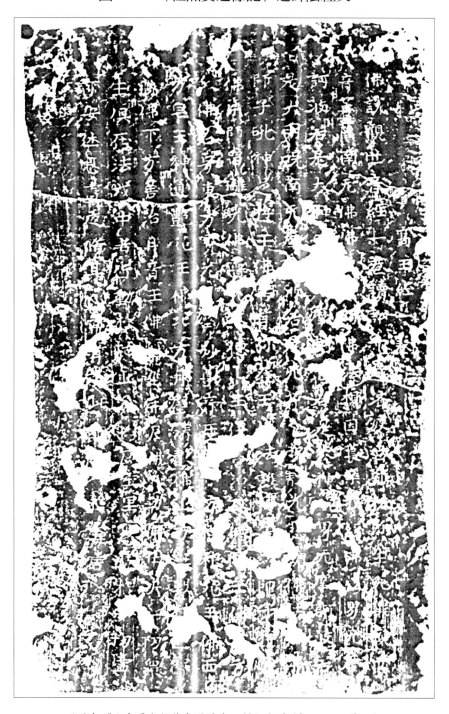

（引自《北京圖書館藏中國歷代石刻拓本匯編》六冊，頁 17）

圖 3-1.3：〈杜照賢造像記〉之題記

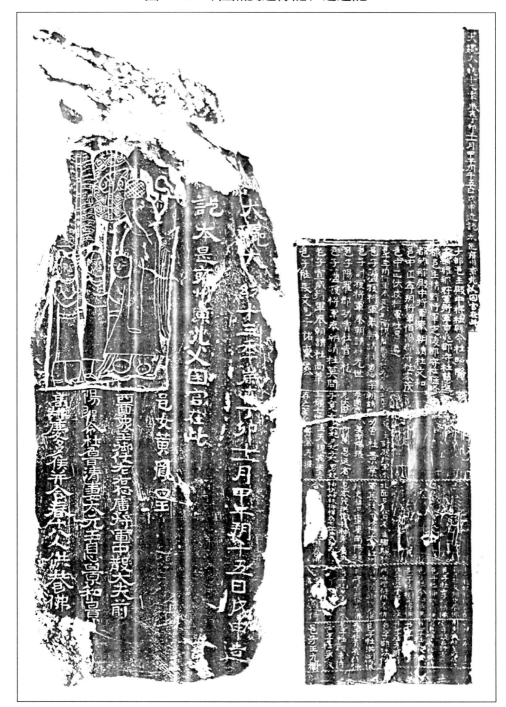

（引自《北京圖書館藏中國歷代石刻拓本匯編》六冊，頁 16、18）

　　可見京兆杜氏的移陣河南，是緣於侯景的內附事件。至於杜照賢等人的來路，則有二種可能〔註30〕，比較合理的是伴隨王思政東征，因而駐防陽翟。理由有三：第一，依照王思政的經歷：

　　　　（大統初）……轉驃騎將軍。令募精兵，從獨孤信取洛陽……遷并
　　　　州刺史，仍鎮玉璧。八年，東魏來寇，思政守禦有備……復令思政
　　　　鎮弘農……十二年，加特進、荊州刺史……思政之去玉璧也，太祖
　　　　命舉代己者，思政乃進所部都督韋孝寬。其後東魏來寇，孝寬卒能
　　　　全城。時論稱其知人。〔註31〕

可見王思政於大統初年，曾奉宇文泰之命募集精兵，以隨獨孤信東取洛陽。而當時的西魏，由於版圖限於關隴一帶。因此，募兵之地，應當就是首要的關中地區。至於韋孝寬納入王思政麾下，或許也在獨孤信東征洛陽的時候。這是王、韋兩人在西魏早期，第一次處於同一戰場的紀錄。因此，既然京兆韋氏能夠成為王思政軍隊的來源之一；那麼，王以募兵而兼領同郡杜氏的部眾，自然有其可能。

　　第二，王思政由荊州開赴河南，雖具有與李弼換防的意義。但帶去的軍隊並不多。且分別留置隊伍，駐防重要城鎮：

　　　　思政以為若不因機進取，後悔無及。即率荊州步騎萬餘，從魯關向
　　　　陽翟……思政分布諸軍，據景七州十二鎮……初入潁川，士卒八千
　　　　人。〔註32〕

王思政所率領的荊州軍隊，在到達目的地之後，明顯減少了兩千餘人。而陽翟位居潁川後衛，不但是大軍過境之處，更是歷來駐防的重鎮〔註33〕。或

〔註30〕　另一種可能則是跟隨李弼，而留置陽翟。主要的理由為：由於侯景久任敵方統帥，「少習兵權，情時難測」。參見《周書》，卷十五〈于謹傳〉，頁247。當他來附時，宇文泰如臨大敵。不但從關隴地區糾集軍隊：「會侯景舉河南來附，遣使請援，朝議將應之。乃征（宇文導）為隴右大都督、秦南等十五州諸軍事」參見《周書》，卷十〈邵惠公顥附子導傳〉，頁155。更以李弼節度徵召而來的諸軍，東進河南：「太祖遣弼率軍援景，諸將咸受弼節度。弼至，軌退。王思政又進據潁川，弼乃引還」。參見《周書》，卷十五〈李弼傳〉，頁240。因此，杜照賢等人也可能於年初由關隴從征李弼，而駐守陽翟。不過這種可能性，當然比不上題記本身所透露的訊息。

〔註31〕　《周書》，卷十八〈王思政傳〉，頁295。

〔註32〕　《周書》，卷十八〈王思政傳〉，頁295～297。

〔註33〕　西魏用兵河南，向來以陽翟為屯兵之所。如「東魏潁州刺使賀若統據潁川來降，東魏遣其驍將堯雄、趙育、是云寶率眾二萬攻潁。（宇文）貴自洛陽率步

許，這就是杜照賢等人留守其地的主要原因。第三，藉由題記的署名，我們可以發現至少有兩位杜姓人士與南陽籍女子通婚。而具名的邑女，也有二人特地在她們的姓名前，標示其郡望南陽。因此，這支杜氏宗族應該就是來自荊州。〔註34〕

不過，當他們抵達河南以後，所面臨的局勢，卻絕非王思政「因機進取」，伺機經略的單純。侯景的舉棋不定、東魏的節相侵逼，在在牽動了河南大局。反觀西魏，一則兵力不足，整體戰略上顯露出只能守，無可攻的弱勢。僅僅萬餘的部眾，實在難以完成監視侯景動向以及抵抗東魏慕容紹宗十萬大軍的任務：

> 東魏太尉高嶽、行臺慕容紹宗、儀同劉豐生等，率步騎十萬來攻潁川。〔註35〕

再者孤軍深入，以致危機四伏。如繼承高歡政權的高澄，在寫給侯景的書信中慫恿他：

> 今王思政等皆孤軍偏將，遠來深入。然其性命在君掌握，脫能刺之，想有餘力。即相加授，永保疆場。〔註36〕

侯景在面臨「見誣兩端，受疑二國」的情勢下〔註37〕，遂於大統十三年七月再叛西魏。此後周行河南，直到受到了東魏慕容紹宗的追擊，才於十二月，潰散奔梁〔註38〕。而佛邑造訖的時間即在十一月間，可見當時的環境，是如何的熙攘不安。

另一方面，河南地屬東魏要害，具有「西、南合從，方為己患」〔註39〕，牽涉三國情勢的戰略意義。因此，在逐出侯景勢力後，高澄拼了命的傾國之兵來犯。除了派出前述慕容紹宗等軍團圍城，他更親率主力十一萬增援：

騎二千救之，軍次陽翟」。而西魏軍抵達陽翟之後，立即召開軍事會議。宇文貴分析道：「吾今屯兵陽翟，便是入其數內」。可見陽翟與潁川之間的形勢關聯。參見《周書》，卷十九〈宇文貴傳〉，頁312。

〔註34〕 南陽郡於當日隸屬荊州。參見謝啓昆，《西魏書》（台北：鼎文書局，1975年，新校本），卷八〈地域考〉，頁70。

〔註35〕 《周書》，卷十八〈王思政傳〉，頁296。

〔註36〕 李百藥，《北齊書》，卷三〈文襄紀〉，頁33。

〔註37〕 同註36，頁35。侯景寫予高澄的復書。

〔註38〕 侯景入梁的時間在當年十二月。僅有《梁書》，卷五十六〈侯景傳〉，頁840，留下了記載。

〔註39〕 同註38，頁835。

　　齊文襄聞之，乃率步騎十一萬來攻……督勵士卒……城北面遂崩。
〔註40〕

這股龐大的攻勢，直到王思政敗降，河南復歸東魏以後，才停頓下來。而終
西魏之世，宇文泰也再未能取得河南寸土之地。

　　不過，即使面對著孤軍受圍的情勢，西魏的將士仍然展現了「既無外援，
亦無叛者」的忠誠信念〔註41〕。印證到杜照賢等人的身上，能夠支持他們國
家認同的原因，想必就是題記中刻意強調的「本是雍州京兆人、因官在此」
的地緣光環裏，所展現的鄉黨、宗族關係的牽引。〔註42〕

　　佛邑的領導階層，依照題記，指的是「都邑主杜照賢、維□（那）杜慧
進等十三人」。可見應該是現居陽翟，而在佛邑中擔任邑職的人士。題名中，
至少有十二人具備了這類身分特性，分別是邑主系統四人：大都邑主杜照賢
（官員）、都邑主杜猛略（官員）、都邑主杜文□（平民）、邑主杜慶遵（平民）、
維那系統四人：大都維那杜慧進（官員）、都維那杜文和（官員）、都維那杜
英寓（平民）、維那杜慶□（平民）、邑中正系統四人：杜零茂（官員）、杜景
遵（官員）、杜容徽（平民）、杜遺國（平民）。可見每種邑職四人，官民各半，
充份展現出氏族和諧的象徵。而各種邑職的指導者，都由官員出任，也說明
了官方主導的事實。

　　至於第十三位領導者，本文推論應該爲前陽翟令杜魯清。由於他的熱心
善業，不但在佛邑中捐資成爲大齋主與西面像主；檢之西面題名的組織結
構，除了杜魯清爲唯一的官員之外，其餘的邑職、邑子、邑女全爲平民。可
見他在佛邑中，不但是地位頗高，也是官民溝通的主要管道。加上又爲佛邑
主導者杜照賢的前任縣官。因此，杜魯清應該就是邑職以外的第十三位領導
者。

　　佛邑的官員階層，則在某種程度上，顯示了當朝京兆杜氏的居官情形：

〔註40〕《北齊書》，卷十八〈慕容紹宗傳〉，頁296。

〔註41〕《周書》，卷十八〈王思政傳〉，頁297。

〔註42〕題記魯迅亦有傳抄，他將「本是雍州京兆人、因官在此」文句，記在北面題
　　　　名後方。參見〈杜照賢等造像記〉，《魯迅輯校石刻手稿》（二十三），頁545
　　　　～550。不過《北京圖書館藏中國歷代石刻拓本匯編》六冊，頁15～18，則將
　　　　題記分載〈杜照賢等造像記〉及〈杜魯清等造像記〉（即佛邑的西面組織）兩
　　　　篇。而本是雍州京兆人等語，則出現二次。一在杜照賢題名前，另一在杜魯
　　　　清題名前。可見雍州京兆人，並非單指杜照賢而已，實爲佛邑中，杜氏宗族
　　　　的共同郡望。

表 3-1.1：陽翟佛邑的官員階層

僧　　　官			比丘黃臺縣沙門都僧衍
後　面 （南面）	邑職	管理 法會	大都邑主殿中將軍杜縣照賢、都邑主積野將軍□陵郡守杜猛略、大都維那大齋主冠軍將軍京兆郡守杜慧進、都維那殿中將軍奉朝請杜文和
		不明	邑中正寧朔將軍□陽郡守杜零茂、邑中正伏波將軍杜景遵
	邑　子		寧朔將軍奉車都慰南□縣開國男杜元龜、陽翟郡功曹杜貴□
			蕩寇將軍奉朝請杜惠宗、蕩寇將軍奉朝請杜莫問
			討寇將軍奉朝請杜光世大齋主、宣威將軍奉朝請杜尙莘
北　面	邑職	佈施	上堪象主討寇將軍奉朝請郡功曹杜景業（妻南陽張） 多寶象主龍驤將軍萇社令汝陽太守江州刺史杜平蠻（妻南陽趙）
	邑　子		平南將軍□州刺史杜皇奴、鎮西將軍箱州刺史杜王國
東　面	邑職	佈施	象主假龍驤將軍資□□軍杜文緯、塔主城局參軍杜□生
	邑　子		開國侯杜景宗、河東郡功曹杜夫扶、平南將軍洪驢少卿杜顏奴
			寧遠將軍京兆太守杜□陵、鎮遠將軍穎川太守杜毛陵、
西　面	邑職	佈施 法會	象主大齋主御仗左右征虜將軍中散大夫前陽翟令杜魯清（妻太原王） ＊（其餘邑職、邑子、邑女皆爲平民）

　　題名分列四面。其中一處，魯迅抄做“後面”〔註43〕。根據當時普遍出現的四面像碑，配合題名分屬東、南、西、北四方的情況看來〔註44〕，題名的“後面”應該就是“南面”。而南面組織，即爲官員邑職的核心。前述的佛邑官方主導者，皆分佈於其中。除杜照賢外，共出現了三位郡守、七位將領以及一位郡功曹。這十二位官員，皆加將軍戎號，可見其軍事團體的性質。此外，三位郡守中，除兩郡名，字異難辨，另外一位京兆郡守杜慧進，則與東面組織的京兆太守杜□陵，官銜重複。不過，杜慧進擔任大都維那邑職，具有管理佛邑平日事務的職責。或許當身居陽翟。而當日已有調令，但以戰事緊繃，未曾到任而已。

　　北面組織，則有官員四位。性質上分屬捐資系統的像主以及具銜的邑子，可見實際參與佛邑運作的程度並不深。在地緣方面，兩位像主皆納南陽女子

〔註43〕參見〈杜照賢等造像記〉，《魯迅輯校石刻手稿》（二十三），頁548。
〔註44〕如保定四年（AD.564）的〈聖母寺四面像碑〉，即將題名分載四方。參見王昶，
　　　　《金石萃編》，卷三十六，頁19～26。

爲妻，也顯示出他們與荊州地區的密切關聯。至於三位刺史，除了一位屬地不詳外。江州汝陽郡（其人兼汝陽太守）位於潁川東南的潁水流域〔註 45〕，地近東魏與南梁的國界，其西南方就是侯景駐軍的豫州，實爲王思政軍團的南方前線。箱州，西魏無置，或者爲“襄州”之錯體，而襄州地在河南，下轄襄城等郡，位於魯關與陽翟之間的汝水流域〔註 46〕。具有保障王思政潁川左翼的效果。由此可知，則這些北面官員，應該就是原鎮荊州，而隨王思政東來「分布諸軍」，因而散處河南的杜氏宗族。

東面組織，則有官員七人。除了捐資系統的像主官銜殘缺，以及開國侯杜景宗等二人，未具備地緣評判根據。其餘五人，都可作爲帝國四方任職的杜氏象徵。京兆太守杜□陵已如前述，位居關中內地。潁川太守杜毛陵則處於陽翟東方的王思政本營。平南將軍洪臚少卿杜顏奴，其中“洪臚”或爲“鴻臚”，乃當時六少卿之一〔註 47〕，其任官地點則在京師。而當時以文職加將軍銜的情況普遍，因此不能以陽翟眾軍視之。如以博學詞彩著名的學者盧誕：

> 太祖又以誕儒宗學府，爲當世所推，乃拜國子祭酒。進車騎大將軍。〔註 48〕

另一位河東郡功曹杜夫扶，官居河東地區的秦州〔註 49〕。城局參軍則是宇文泰的大丞相府署官員〔註 50〕，可見東面人士分處四方的特性。特別的是，東面組織乃唯一沒有平民參與的區域，或許就在於這些民眾居處陽翟的特性，因此刻意迴避，以突顯此面作爲各地杜氏宗親的象徵意義。

西面組織，則與南面相對，是平民邑職的核心。不但佛邑的平民領導者，皆處其中，也容納了絕大多數的平民邑子女。已卸任縣令的杜魯清，或許即因與他們相處較久，因而同列西面。

〔註 45〕 參見譚其驤主編，〈東魏〉，《中國歷史地圖集》第四冊（台北：曉圓，1991年），頁 61～62。

〔註 46〕 襄州下轄襄城、南安等郡。參見《西魏書》，卷八〈地域考〉，頁 71。不過，〈東魏〉，《中國歷史地圖集》第四冊（台北：曉圓，1991 年），頁 61～62，因圖版過小，未能見載。可參照北魏的〈司、豫、荊、洛等州〉，頁 46～47。

〔註 47〕 《魏書》，卷一一三〈官氏志〉，頁 2996。

〔註 48〕 《周書》，卷四十六〈盧誕傳〉，頁 807。

〔註 49〕 河東郡地在山西，屬秦州二郡之一。參見《西魏書》，卷八〈地域考〉，頁 68。

〔註 50〕 參見王仲犖，《北周六典》（台北：華世出版社，1982 年），卷一〈大丞相〉，頁 24。

至於，佛邑的僧民階層，則如下表：

表3-1.2：陽翟佛邑的僧民階層

僧		侶	比丘黃臺縣沙門都僧衍、比丘道邸
平民	邑職	管理	都邑主杜文□、邑主杜慶遵、都維那杜英寓、維那杜慶□
		不明	邑忠正杜容徽、忠正杜遺國
		捐資	東面像主杜尚華（仰爲亡父雍州主簿別駕咸陽太守奉朝請輕車將軍給事中雍州中正又除征虜將軍中散大夫杜洪暢）、供養主杜光世
	邑	子	杜24、邵1、林1、陳1、張1、王1、褚1
	邑	女	黃2、張1、尹1、新興秦1、南陽張1、南陽趙1、倪1、李1

以上共有僧侶二人。其中沙門都，是北魏以來僧官副職——都維那的簡稱〔註51〕，可見僧衍並非一般的遊化僧。黃臺縣則位於穎川郡內〔註52〕，由於穎川鄰近佛學傳教中心——洛陽。元魏以來，不但積聚了四座寺院，向來亦屬傳法廣被的地區〔註53〕，只不過北魏時期，陽翟仍屬穎川，而這四座廟宇，即有一半位於當地。換句話說，杜造賢等人根本不須要捨近求遠，以求邑僧。除非是和僧衍的僧官身份有關。

以當日情勢而言，無論杜照賢或者王思政，他們開赴河南的原因，都是爲了軍事守禦。理論上，是不可能有西魏沙門隨軍的〔註54〕，再加上荊州佛教的起步很晚〔註55〕，即使想要派出僧侶，也有困難。因此，佛邑所能借重的，只有當地的東僧。另一方面，京兆杜氏世爲高望，在選擇僧人的層次上，

〔註51〕參見謝重光，〈北魏、東魏、北齊的僧官制度〉，《北朝研究》第三期（1990），頁74。

〔註52〕黃臺縣爲東魏所置，在穎川郡內。參見《隋書》，卷三十〈地理志中〉，頁838。

〔註53〕張弓，《漢唐佛寺文化史》（北京：中國社科出版社，1997年），頁68、87。

〔註54〕沙門隨軍甚至從軍的情形，除非像北齊在面臨亡國之禍時，其信都守將「乃大開賞募，多出金帛，沙門求爲戰士者，亦數千人」。參見《周書》，卷十二〈齊殤王憲〉，頁193。不過那是特殊情形。至少王思政軍中不見此類記載。

〔註55〕依據學者對寺院的統計，南陽介於南方的江陵與襄陽兩大傳教中心之間，佛教傳布雖然深受南方影響。但在整個南朝建寺的記錄僅有一處，不算是寺所林立之地。參見張弓，《漢唐佛寺文化史》（北京：中國社科出版社，1997年），頁62～64。此外，南陽郡的佛教事業似乎也不發達。除了佛教寺院稀少，在義理傳布上也不普遍。以致出身宗氏的高僧亡名，必須南下蜀境修習佛法。參見《續高僧傳》，卷七〈亡名傳〉，頁481～482。

良莠不齊的遊化僧或寺僧，當然是不受歡迎的。所以，也只能邀請附近在政治立場上倒向西魏的官僧。然而，能夠具備這種條件的比丘不多，或許僧衍就是其中大者。不過，即便如此，在組織嚴謹的佛邑中，仍然未設邑師，可能就出於"成王敗寇"的心態，不願意接受附降者的指導。

　　至於兩位比丘的作用，除了護持義理的品質；可能也和當地居民有關。除了杜氏以外，部份的邑女，都在姓氏之前，冠上了出身。這種做法，似乎是刻意的區分了原籍東魏與來自西魏的人們。而疑為當地民眾的十二人，他們之所以參與造邑，或許就出於僧衍緣於鄰里的感召。雖然仍有東西之別，但至少是相互融合努力的方向。這也突顯出義邑消解東西界線，拉近人群距離的特性。

三、費氏宗族與長安邑義

　　北周以降的氏族義邑，亦有出現於長安者。如天和六年（AD.571）的〈費氏造像記〉：〔註56〕

　　　　夫如來眞意玄寂，道出塵表。至理宏□□□□□□□虛空。本無名相，眾□力□以緣合□應□至。現形非□。□□□□，三寶重暉，萬品俱□。□以如來體性清淨，權應六道。慈愍□□。□□□起保紫微，誕生王宮。捨□□之□□。世金輪之寶□。讀步弘遠□□仍□□十九出家□□道□身百□□□□□廣空流布教化眾既耶□□□滅影雙樹，無餘涅盤。佛弟□□□□邑子□僚優婆夷合邑子□□□□人等。經像訓世。仰承聖教。識達非常。信□□□意□志□崇三寶。爲天王國主。枰□□□睹容華□奇異。世間否有發廣大願。□□□佛在我願中。無□成就，流入佛海，悉皆具是。天和六年五月二十一日。造像一區。

碑文的出土地點，《金石萃編》無記載，檢之《寰宇訪碑錄》，則在陝西長安〔註57〕。顯示出當時的費姓，除了渭河以北的分布之外〔註58〕，長安地區也有其少數宗族的定居。而費氏主導的佛邑，至少在組織成員與形態上，呈現

〔註56〕王昶，《金石萃編》，卷三十七〈費氏造像記〉，頁25～29。

〔註57〕孫星衍，《寰宇訪碑錄》，卷二，頁25。收入《石刻史料新編》（台北：新文豐出版社，1982年），第一輯，冊二十六。

〔註58〕主要引證武成二年的〈合方邑子百數十人造像記〉，參見馬長壽，《碑銘所見前秦至隋初的關中部族》，頁55～68。

出二種特色：

第一，根據現存的石刻史料，可知長安幾乎沒有佛邑的興造〔註59〕。在存留的十一種造像資料中，除了〈僧演造像記〉、〈王瓮生造像記〉為供養形態的集團造像，〈同玉帝氏造像記〉的地點有誤，並經馬長壽校證其原始建處為渭河北岸，其他的造像，多屬個人因信仰、迴願而興福的活動。論其原因，或許與長安為傳教中心，寺所林立的情形有關〔註60〕。本文以為，由於義邑通常搭配了齋會、法會等活動，往往在傳教的功能層面，形同於偏遠地區的

〔註59〕表3-1.3：西魏、北周時期長安地區的佛教造像活動

序	名 稱	年 代	出 現 姓 氏	出 處
01	僧演造像記	大統四年 7/15	董、姚、郭、萬、趙、李、駱	王昶，《金石萃編》，卷三十二，頁13
02	王知明造白玉石像	大統九年 4/??	王	毛鳳枝，《關中石刻文字新編》卷一，頁13
03	三十人造像碑	大統十一年 4/15	尹、劉、陳、范、許	《考古》第七期，1992年，頁624～625
04	歧法起造像記	大統十六年 9/01	歧、張	王昶，《金石萃編》，卷三十二，頁17～18
05	同玉帝氏造像記	保定四年 6/09	同玉帝、朿、雷、程、朱、趙、沙、高、徐、馬、尉遲、張、賀	王昶，《金石萃編》，卷三十六，頁12～19
06	王瓮生造像記	保定四年 12/15	王、張、陶、樂	王昶，《金石萃編》，卷三十六，頁12
07	郭氏造像記	保定五年 12/06	郭	武樹善，《陝西金石志》卷六，頁23
08	張祥造像記	天和三年 4/08	張	王昶，《金石萃編》，卷三十七，頁10～11
09	夏侯純□造像	天和四年 6/15	夏侯	《魯迅輯校石刻手稿》（二十五），頁983
10	費氏造像記	天和六年 5/21	費、張、王、程、周	王昶，《金石萃編》，卷三十七，頁25～29
11	曇樂造像記	建德元年 4/15	呂、李	《北京圖書館藏中國歷代石刻拓本匯編》八冊，頁152

〔註60〕長安城內的佛寺眾多，僅以《續高僧傳》所載高僧駐錫地，已得十七座。參見張弓，《漢唐佛寺文化史》（北京：中國社科出版社，1997年），頁74。此外，在宇文泰、宇文護及魏周諸帝、宗室、官員的推動下，也曾持續的推動長安地區廟宇的營造工程。參見前章，頁12～20。

"寺廟"，其產生的原因，可謂是因應一些距傳教中心較遠，以致沒有條件（包括了僧侶、信仰情形、資金等）建造寺廟的地方之需求。因此，不論其屬性，或者宗教方面的功能，都和佛寺產生了重疊。相對的，以長安櫛比鱗次的廟宇，自然缺乏興造佛邑的條件，這是都邑與鄉里的基本差異。即使是集團造像，或許也出於西魏政權肇興，佛法尚未完備，僧侶或清信等設法傳教的緣故，有其歷史背景的影響。因此，北周時期的費氏佛邑，就成了很獨特的例外，類同於京兆杜氏的陽翟義邑，連絡宗族是其主要的目的。而邑中除了慎政郡丞費永進等遠官它處，也突顯了他們在長安的聚居情形。

第二，費氏宗族裡，雖有不少人居官，但多任職軍旅：

表 3-1.4：費氏佛邑的官員階層

邑職	管理	邑主陽（揚）烈將軍費伯達、唯那橫野將軍費遠
		典錄大司馬府吏部朝官費胡、典坐曠野將軍殿中司馬費雷
	佈施	香火陽（揚）烈將軍費伯進
邑　子		□子虎威將軍費法德
具　銜		□□將軍諫議長利縣南帝二縣令慎政郡丞治都督費永進

上表的戎號將軍，一共出現了六人。其中，擔任最高管理邑職的費伯達與官員階層唯一的布施主費伯進，都是正五命的軍官〔註61〕。在這群武將中，不但層級最高，也是佛邑官員階層的主導人物。另兩位協助管理佛邑的橫野與曠野將軍，都是正一命的低階軍官。可見本邑的官員邑職，仍是依照品秩的高低排定。至於費法德未有邑職，只以邑子身分具名的原因，或許和他的軍階有關，虎威將軍僅為一命官，是當時最低的戎職。由於軍人授階的冗濫，

〔註61〕由於西魏時期的官制傳衍，上承北魏，下啟北周。相互之間，可以印證。而斷代史料專論官制，僅有謝啟昆，《西魏書》，卷九、卷十〈百官考〉，頁79～100。由於謝啟昆的整理，著眼於廢帝三年，作九命之典後的新制，導致大統年間的舊制不詳，必須溯源於魏收，《魏書》，卷一一三〈官氏志〉，頁2971～3023，以明緣始。為求接近原貌，本文所引為〈官氏志〉記載世宗班行的官制。當時以一品為尊，九品最下，各品設有正從二級，而第四品以下，正從另劃上下二階。此外，〈百官考〉條列各官，不計榮顯，平列記述，也缺乏了分門別類的功夫，因此須補引近人王仲犖的《北周六典》，以明瞭其官銜的意義。而北周的官秩排序，則以九命為尊，一命最下，各命設正從二級，但簡魏制之上下階。此處六位戎號軍官的品秩，皆依《北周六典》，卷九〈戎號〉，頁605～609。

只要出身軍旅，幾乎都帶有一定的爵封，因此其地位應該和兵卒差不了多少。
如北周孝閔帝的〈授階詔〉：

> 朕聞君臨天下者，非由一人，時乃上下同心所致。今文武之官及諸
> 軍人不霑爵封者，宜各授兩大階。〔註62〕

而邑中唯一以具銜形式題名的費永進。其官居都督，而未帶邑職的原因，則
可能與他任職外地，無法參與佛邑日常事務的情況有關。此外，未具戎號的
費胡，則是統掌兵權的夏官之長——大司馬——的府官〔註63〕。以歷任的主
官比對，他應該就是齊王宇文憲的下屬〔註64〕，也是佛邑中唯一任職中央的
官員。

　　總體而言，費氏宗族雖然出任了一位都督與多位的武職官員，具有地方
豪強的輪廓。但以其品秩不高，且未具地方著姓多數擁有的當、鄰州郡之主、
屬僚官資歷〔註65〕，而在京的費氏將領，也未有帥都督、都督等鄉兵軍職。
因此無法斷言費氏為京兆強族的身分〔註66〕。換句話說，費氏宗族或許具有

〔註62〕《周書》，卷三〈孝閔帝紀〉，頁49。
〔註63〕《北周六典》，卷五〈夏官府〉，頁321。
〔註64〕宇文憲任職大司馬的時間在天和三年至建德元年間（AD.568～572）。參見《周書》，卷三〈武帝紀上〉，頁75、80。而佛邑造記時間則在天和六年，可見費胡為宇文憲之屬吏。
〔註65〕當時的豪強，多有出任地方州郡重要職務的經歷。如京兆地區的豪強王子直：「王子直……世為郡右族。父琳，州主簿、東雍州長史……魏正光中，州辟主簿，起家奉朝請。」《周書》，卷三十九〈王子直傳〉，頁700。
〔註66〕另一方面，目前也無絕對的證據，可以證明費氏為京兆豪強。雖然，另一種可能的解釋為費氏宗族，由於世居當地，因此依附了更強大的世家大族如雍州附近的漢姓大族如杜、韋等姓。參見甘芳蘭，《漢隋之間關中區域的發展與變遷》（台中：東海歷史研究所碩士論文，1985年），頁70。或為其他高級將領所徵集，成為他們麾下的鄉兵。而費永進在伴隨京兆世族或其他募兵將領遠戍的過程中，帶走了部份的費氏宗族，因此，長安地區只留下了層級較低的軍職與少數的族人。不過，綜觀京兆軍人遠戍的情形，可知他們除了韋孝寬等以外，大多於西魏晚期時，已紛紛率軍還歸鄉里，如表：

表3-1.5：北周建德以前京兆軍人領軍戍守、還鄉略覽

序號	將領	出身、領軍戍守略要	出處
01	韋瑱	京兆杜陵人，大統中以望族，兼領鄉兵。後除瓜州，孝閔帝時還鄉	《周書》，頁694
02	王悅	京兆藍田人，魏廢帝二年，徵還，以儀同領兵還鄉里	《周書》，頁580
03	田式	馮翊下邽人，周明帝時，年十八，受都督，領鄉兵	《隋書》，頁1694

地方豪強的身分，但他們的出身地卻非長安，在京費氏很可能只是其宗族的一部份。

　　另一方面，長安地區的軍人，亦有其獨特的來源，即是府兵制度下，各地軍人，番上宿衛而來的"侍官"〔註67〕。由於他們對保障京師起著重要的功用，因此武帝特別要求他們的忠誠，甚至嚴令其以家眷質押：

　　（天和五年三月）初令宿衛官……將家累入京，不樂者，解宿衛。
〔註68〕

04	韋孝寬	京兆杜陵人，由西魏至周初，皆駐玉壁	《周書》，頁539
05	杜杲	曾領鳳州脩城郡兵、後爲蒲州總官屬吏	《周書》，頁702
06	王熊	大統初，屯守京師。後移河東，遂卒於鎮	《周書》，頁292
07	王子直	曾領涇州步騎、後駐瓜州，部眾不詳	《周書》，頁701

這種率軍返鄉的情況，或許是配合府兵制度的漸次推動，與各地置當州鄉望，以地方鄉豪領本鄉兵。兵民分籍，平日在鄉，以農隙習戰，遇事而遠征戍守的模式有關。見《北周六典》，頁325～330。另一方面，由天和六年時，北周調動府兵，以因應邊境戰事的記錄中，可知共有齊王憲領軍入河東與趙聞率軍討平信州蠻兩件。參見《周書》，卷三〈武帝紀上〉，頁78。而信州舊治白帝城，參見《周書》，卷四十九〈異域上〉，頁890。其地則在今日四川。可惜的是，費永進所戍軍的慎政郡，地名失佚，無從推論其與當時京兆軍人的駐防區域之關連。因此，本文亦無從證實費氏宗族的京兆豪強身分。

〔註67〕另一個來源則是孝武西遷時，隨軍遷徙的關東軍團，向來作爲魏帝的禁衛軍。參見谷霽光，《府兵制度考釋》（上海：人民出版社，1962年），頁19～20。而這支近衛軍的士兵，「全部出自洛陽的鮮卑部民」。參見濱口重國，〈西魏時期的二十四軍與儀同府〉，《日本學者研究中國史論著選譯》（北京：中華書局，1993年），卷四，頁224。當然，上述論點若輔以陳寅恪先生的提示，修正爲禁衛士卒「往往出自代北部落，或鮮卑化的部民」，將會更貼近歷史事實。參見陳寅恪，萬繩楠整理，《魏晉南北朝史講演錄》（台北：雲龍出版社，1996年），頁305。而長安的費氏亦有可能出自其中。至少在姓氏上，可見此假設的前提：「費連氏，後改爲費氏」。參見《魏書》，卷一一三〈官氏志〉，頁3012。雖然宇文泰推行了賜姓制度，恢復了鮮卑姓氏。不過這種政策的實際效果，並不理想。不但被賜姓者不盡遵守，甚至許多鮮卑，也仍然使用著北魏孝文帝以來所改的漢姓。參見馬長壽，《碑銘所見前秦至隋初的關中部族》，頁60。不過，佛邑的費氏爲費連鮮卑，畢竟只是推測之一。入北周後，這些魏帝禁軍的下落，不但未得其詳，而明帝以後，改長安外來移民的籍貫，也使得胡漢辨別的界線，更加模糊：「詔曰：『三十六國，九十九姓，自魏室南徙，皆稱河南之民。今周室既都關中，宜改稱京兆人』」。參見《周書》，卷四〈明帝紀〉，頁55。因此，本文只得採用較爲可信的"侍官"說法。

〔註68〕參見《周書》，卷五〈武帝紀上〉，頁77。

也因此，天和六年的長安費氏佛邑，同時出現了宗族中軍民兩種身分的人士。

從上所述，則佛邑的兩大特色，似乎得到了較爲合理的澄清。由於費姓軍人，攜家帶眷的遠來番上，缺乏了與長安之間的地緣、鄰里關係，當然也絕少參與當地其它姓族所主導的社會活動。而造像活動作爲社會互動的形式，也顯現了費氏族人和長安族群關係疏離，交往上較爲被動的情形。在宗族聚居的狀態下，或許爲抒發思鄉的情緒，連絡遠方的費氏族人，並在“鄰人關係”上取得主動的地位，因此便興建了長安地區難得一見的佛邑。透過邑義的組織，一方面聯繫了宗族的感情，一方面也藉著造像、齋會等活動，增進了與長安鄰人的關係。雖然就後者而言，此舉不是非常的成功，但至少也有四位鄰人，參與了佛邑的活動〔註 69〕。這對日後的族群互動，當然是一個好的開始。

四、異姓氏族與洛川義邑

北周建德二年（AD.573）的〈郭亂頤造像記〉〔註 70〕，則展現了異姓的氏族，因加強“鄰人關係”而合力造邑的模式：

建德二年歲次癸巳七月乙丑十日甲戌日。

夫妙登蒙默名相之表幽玄隱稱言像之外沮感悟修樂應同生滅俞越苦津顯澄常樂化盡歸。終雙林應滅，是以像教東流。開悟未聞波斯籌金況三有之瓦身已造令容然綿有信。佛弟子景雲和楊恭八十等，減

〔註69〕表 3-1.6：費氏佛邑的僧民階層

邑師僧侶		邑師比丘智業
邑職	管理	唯那費紹喜、典路（錄）費暉和、典坐費長寬、□（治）律費伯孫、治律費鍾旭
	佈施	像主□雜宗主費子推、□（香）火費宗實
	法會	齋主費白奴、齋主費遵禮
	不明	邑冑費禹、邑冑費葚生、□（泇）主費伏□、□（泇）主費樹羅
邑　子		費22、張1、王1、程1、周1

文中的“鄰人”，即指四位異姓邑子。

〔註70〕靳之林，〈延安地區發現一批佛教造像碑〉，《考古與文物》第五期（1984），頁 33～34。

　　己羽身，尋谷採寶運玉，喙成耀光。敬造石像一區。上爲皇帝陛下，
　　下爲群僚伯官、一切群生、七世父母、所生父母、因緣眷屬及法界
　　眾生，普離三塗、願登上集、同慶四流、一時成佛。

碑像出土於今日陝北洛川縣鄜城村，向來是長安通往陝北的驛道必經之處
〔註71〕。北周時則屬鄜州，具有鞏固洛水上游的重要地位。由於位處黃河以
西，時人多稱此爲"河西"之地，如：

圖 3-1.4：〈郭亂頤造像記〉

（引自靳之林，〈延安地區發現一批佛教造像碑〉，《考古與文物》第五期，1984 年，頁 36）

〔註71〕靳之林，〈延安地區發現一批佛教造像碑〉，《考古與文物》第五期（1984），
　　　　頁 33。

> 稽胡……居河西者，多恃險不賓。時方與齊神武爭衡，未遑經略……
> 自是北山諸部，連歲寇暴……武成初，延州稽胡郝阿保、郝狼皮率
> 其種人附於齊氏。〔註72〕

上述的延州，即今日延安，與佛邑所在的洛川，非常接近。除了北魏時期，曾作爲國家牧場，收容不少的高車部落——即"河西敕勒"——以外〔註73〕，由前引史料中，亦可得知，北方的稽胡也有徙此定居的情形〔註74〕，再加上原有的住民，陝北的族群可謂十分複雜。另一方面，族群間的相處也非融洽〔註75〕。不但魏末大亂時屢有"河西牧子"起事，西魏北周時的稽胡，更常聚擁族人叛變。甚至跨越黃河，侵擾河東，對關隴政權表現了敵對的態度：

> 保定中，離石胡數寇汾北，勳州刺史韋孝寬於險要築城，置兵糧，以
> 過其路。及楊忠與突厥伐齊，稽胡等復懷旅拒，不供糧餼。〔註76〕

直到北周末年，稽胡的叛亂才逐漸平息下來：

> 宣政元年，汾州稽胡帥劉受羅復反，越王盛督諸軍討擒之。自是寇
> 盜頗息。〔註77〕

這種「連歲寇暴」的環境，就是郭亂頤等人造像建邑的背景。而題記之中，也反映出邑民對現世的無奈，希望藉由造像的功德，「普離三塗、願登上集」。

〔註72〕《周書》，卷四十九〈異域上〉，頁897。

〔註73〕參見康樂先生，〈北魏的"河西"〉，《從西郊到南郊——國家祭典與北魏政治》（台北：稻禾出版社，1995年），頁263～269。

〔註74〕稽胡原爲北方之匈奴部族：「稽胡一曰步落稽，蓋匈奴別種」。參見《周書》，卷四十九〈異域上〉，頁896。

〔註75〕除了正史所載，石刻史料中，可能也透露了這種情況。如另一則西魏大統十二年（AD.546）的洛川題記：〈法龍造像記〉，參見靳之林，〈延安地區發現一批佛教造像碑〉，《考古與文物》第五期（1984），頁33。其姓氏分布：李27、王5、梁3、楊2、康2、胡1、董1、黨1、□16（數字表人數），可見大部分爲胡姓。而人數最多的李氏更疑爲高車姓氏。參見姚薇元，《北朝胡姓考》（台北：華世，1977年），頁297。當然，北朝族群的混融，影響了姓氏判斷種族的根據。在資料受限的情況下，本文無從斷言此佛邑以胡姓氏族爲主體的屬性。不過，「氏族在北亞遊牧社會可說是一個最具樞紐性的、凝聚人群的單位，因爲它能提供遊牧民族最基本的宗教、防衛與生計的需求，其重要性實相當於類似宗族在漢人社會裡所扮演的角色」。參見康樂先生，《從西郊到南郊——國家祭典與北魏政治》（台北：稻禾出版社，1995年），頁268。多少也顯示當地族群（多少有牧民的屬性），以氏族爲根本，透過了佛教信仰，相互融合的面向。

〔註76〕《周書》，卷四十九〈異域上〉，頁898。

〔註77〕同註76，頁899。

在造像題材的選擇上，也包括了救渡眾生，往生淨土的彌勒尊像。儘管彌勒在整個西魏北周時期的造像次數不多〔註78〕，但其相關義理，卻是最普遍的信仰之一。

　　至於佛邑的組織，則官員階層共有三位。由南面唯那一職，可見似乎為四面題名，碑銘的題寫或許還有三面，但以殘泐，目前已不可見：

表3-1.8：洛川佛邑的官員階層

邑職	管理	都邑主殿中將軍員外司馬楊恭、南面唯那殿中將軍員外司馬任顯族
	佈施	供養主輕車將軍奉□□□□□

　　據表可知，除供養主失佚外，佛邑的管理人士，主要為楊恭與任顯族。而楊恭掌握了邑中的最高管理職務——都邑主，地位明顯較高。另一位邑主楊延寶，則與楊恭同姓。〔註79〕

〔註78〕表3-1.7：西魏、北周的彌勒造像

序號	題記	時間	觀世音	無量壽	釋迦	彌勒	普賢	石像	像	玉像	金像	四面像	菩薩	浮圖	其他
01	宗慈孫造像記	大統十七年 4/23			1	1		1			1				法華經 1
02	比丘尼法像記	武成元年 9/28				1									
03	聖母寺四面象	保定四年 9/08	1	1	1	1						1			
04	王碩達造像記	保定五年 12/??				1									
05	崗山比丘題名	大象二年 7/??			1	1	1								石經

〔註79〕雖然楊姓在邑裡的姓氏分布中，以人數居冠（八位），他們在洛川地區的佛教活動裡，也十分的活躍：

表3-1.9：洛川地區佛邑的姓氏分布

名　稱	年　代	姓　氏　分　布
法龍造像記	大統十二年 8/03	李27、王5、梁3、楊2、康2、胡1、董1、黨1、□16
郭亂頤造像記	建德二年 7/10	見本文
楊廣娟造像記	建德三年 4/??	楊9、□7、王1

　　而楊、任二人的官秩，僅爲正一命〔註80〕，實在算不上地方的重要官員。相對的，楊、任二氏，由於未具都督、州郡屬吏等身分象徵，似乎也不能看作地方豪強。因此，本邑在組織上，充其量僅是由當地的住民主導。而彼此的身分差異不大，或許是佛邑由官、民合造，雙方擁有較爲平等地位的主要原因。

　　佛邑的平民階層，則有以下的邑眾參與：

表 3-1.10：洛川佛邑的平民階層〔註81〕

僧	侶	邑比丘師世榮
邑職	管理	邑主楊延寶
	捐資募款	化主景先、化主景苟生
		都像主人范田買子、思維像主姚子像、彌勒像主侯始雋、當陽像主羅永
	不明	邑正郭亂頤、起像主楊阿令
邑	子	楊6、景5、郭3、王2、張2、任1、□、薛、姚、晉、羅、韓、宗、皇、賈

　　可見佛邑中的重要氏族除了楊姓外，另有景氏。其氏族不只在人數上，位居第二，兩位化主，也代表了景氏與當地族群不但熟悉，且具聲望的象徵。因而號召鄉里，合力建邑。另一方面，諸邑職的姓名後，多留下了爲現存或亡故父母祈福的文字〔註82〕，這種基於孝道的組成，除了是主政者刻意提倡的結果〔註83〕，相對的也促使彼此之間，立基於「農村聚落的鄰居關

　　　不過，楊姓諸人並無明顯的標誌，可視爲當地的著姓，甚至推論爲同一宗族。另一方面，雖然同姓不見得同族，但我們也無法掌握確切的反證，説明這情形只是姓氏上的巧合，一切仍有待對此地區著姓較長時間的觀察。不過，北朝時期同宗聚居的情形普遍，楊氏姓族在洛川地區的佛教貢獻，或許仍值得注意。

〔註80〕除了供養主輕車將軍爲五命，官秩較高外，楊、任兩人的殿中將軍、員外司馬皆爲正一命。參見《北周六典》，頁 592～593、606。

〔註81〕佛邑的諸氏族，在姓氏上未能與已知的稽胡、高車部族相符合。只有表 3-1.9西魏的〈法龍造像記〉中，如大姓李氏，疑爲高車。見《北朝胡姓考》，頁 297～300。不過，以上資料仍不足以推論陝北的民族融合與佛邑的功能有關。

〔註82〕除邑子外，佛邑的邑職與諸像主，多於姓名後，題寫爲家人祈福的文字。如「邑主楊延寶爲忘（亡）父母、因緣眷屬」，或如「思維像主姚子豫爲七世父母、所生父母」等。可見他們或因出錢出力較多，擁有個別刻寫祈願的"權力"，其他的邑子，只能透過共同的願文，爲家人祈福。

〔註83〕孝經，甚至可以成爲朝臣宴會談論的主題：「魏文帝嘗與太祖及群公宴，從容

係」〔註84〕，因著他們的共同心願，而邁向了更大的"結合體"。這對整合
當地的族群，實有其重要的意義。而彌勒信仰的"救贖論"，對於陝北邊禍
迭起，以致於人心不安的情形，也提供了一種「更實際的手段來維繫信仰群
眾的向心力」〔註85〕。由於「這些信徒都希望能親自分享神所授與的恩寵」。
而彌勒降生的說法，則提供他們可以親睹神蹟的機會。透過對彌勒的尊奉，
不但使未來充滿了希望，對於佛邑的組成，也起了彼此連結的向心力量。

第二節　軍政首長與地方掌控

在眾多的邑義種類中，最引人矚目的就是由地方主司發起，所屬僚佐充
任邑眾的佛教組織。由於此類佛邑多為軍政首長調派至地方後，透過本身的
號召或者當地的豪強所組成，明顯的帶有連絡官民的目的。可見是地方勢力，
除自行建邑以外的另一種由外來力量所發起的組織模式。為了迎合主司的意
圖，各地的官民，亦紛紛響應了佛邑的興造。甚至鄰近的軍政令長，或出於
"同朝為臣"的情誼，或加強與其鄰里的關係，他們也參與了此一興佛祈福
的活動。在本文列舉的三處佛邑中，最具特色，年代較早的是大統三年
（AD.537）的〈白實等造中興寺像記〉：〔註86〕

一、白實與固城寺邑

> 夫妙性沖玄，至空凝絕……惟大魏鎮遠將軍步兵校尉前河北太守鎮
> 固城大都督周城縣開國男白公名實……帶五縣之名邑，配三陽之一
> 居。乃物拔，攘寇敵催，竊盜斂跡。煎無遺乃□屬，慶其威德華夏，
> 伏其才武，遠近慕義。志念道場，心衫彼彥。嗟雙林之已逝，慮三
> 會之難邀。大統三年歲次戊午四月已丑朔八日丙申，率固城上下村
> 邑諸郡守、都督戍主、十州武義等共崇斯福，為國主大王……造中
> 興寺石像……。

言曰：『孝經一卷，人行之本，諸公宜各引要言』」。《周書》，卷二十六〈長孫
澄傳〉，頁431。

〔註84〕　參見韋伯著，康樂、簡惠美譯，《經濟行動與社會團體》（台北：遠流出版社，
1999年），頁278。

〔註85〕　前後引文，參見韋伯著，康樂、簡惠美譯，《宗教社會學》（台北：遠流出版
社，1993年），頁241。

〔註86〕　《魯迅輯校石刻手稿》（二十三），頁515。

佛邑主導者——白實——的官銜，不但組織嚴謹，其中也透露著許多與佛邑相關的訊息。根據魏制，白實任職的鎮遠將軍，官秩正四品下〔註87〕，爲當時中上階層的軍官。而步軍校尉，則爲從四品下的散職。實際上，散官不理事，爲假章綬、賜班位而已，僅是可以入官的憑證。北魏以後，皆以將軍而兼散職，形成常制〔註88〕。因此，步軍校尉，即爲白實所兼任的散官。至於河北郡，則在今日山西境內。隸屬陝州〔註89〕，位於東、西魏國境接壤的邊界。由於兩國在此爭戰不休，因此以武將兼任太守，以行郡事，是易於理解的。而當日邊境的太守，似乎也需負擔起徵調鄉兵防戍的任務〔註90〕。相信這一統軍的經歷，與白實後來轉調固城，有著密切的關連。

至於大都督，眾所週知，其職責爲領導及組織地方鄉兵。根據日人濱口重國的研究，大統十一年（AD.545）以後，爲了利於招募軍隊，大都督多半「挑選當地號稱首望或鄉望的豪強」出任〔註91〕。而前此，則無明確的身分界限。是以在大統三年時，由河北轉調固城領軍的的白實，和當地的關係可能並不深刻。因而必須拉攏領地的豪強，以完成募兵及統帥的使命。

值得一提的是題記所謂「帶五縣之名邑，配三陽之一居」，似乎標示出白實的統軍範圍及於五縣。由碑後題名，至少可以整理出四位縣令：涅陽縣令宗方進、宛縣令趙丰（意爲“屯”）扶、西鄂縣令張政、舞陰縣令宗□賓等，都爲荊州南陽郡的屬縣〔註92〕。而邑職官號殘缺六人，或許另一縣名就失泐其中。因此所謂的「三陽之一」，其意所指，應即南陽。由此可知，固城應位於南陽境內，形勢上屬於西魏領土在東南方位的延伸，地處三國之交，實爲戰略要地。

銜末的周城縣開國男，則指出白實爲五等封爵中的縣男〔註93〕。這種爵

〔註87〕《魏書》，〈官氏志〉，頁2996。
〔註88〕文載「欲收軍人之意，加泛除授，皆以將軍而兼散職，督將兵吏，無虛號者」轉引《北周六典》，頁581。而王仲犖稱此出《魏書》，〈爾朱彥伯附弟世隆傳〉，但細檢無此，不知所出何處。
〔註89〕河北初屬陝州，參見《魏書》，卷一〇六〈地形志〉，頁2632。西魏大統中以後改置建州，參見《西魏書》，卷八〈地域考〉，頁69。
〔註90〕濱口重國，〈西魏時期的二十四軍與儀同府〉，《日本學者研究中國史論著選譯》（四）（北京，中華書局，1993年），頁227。
〔註91〕同註90，頁200。
〔註92〕南陽郡共轄十縣。北魏至西魏，皆無變動。分別參見《魏書》，卷一〇六〈地形志〉，頁2633～2634、《西魏書》，卷八〈地域考〉，頁70。
〔註93〕根據學者的分析，北魏以來的爵制是存有封、散兩等的。爵號前加“開國”

制除了做爲統治者籠絡貴族與大臣的名器，到了西魏，更具體轉化爲官員階層參與朝政的身分象徵。如《周書》〈趙肅傳〉：

> 明年元日，當行朝禮，非有封爵者，不得預焉。肅時未有茅土。左僕射長孫儉白太祖請之。太祖乃召肅謂曰：「歲出行禮，豈得使卿不預，然何爲不早言也？」於是令肅自選封名。肅曰：「河清乃太平之應，竊所願也」。於是封清河縣子，邑三百戶。〔註94〕

上述的"朝禮"以及宇文泰所謂的"行禮"，當指每年正月元日舉行的國家祭典。在內容上，至少包括了「郊廟、社稷、朝觀、饗宴」等主要禮儀。根據康樂先生的分析，這種國家祭典的作用，在於鞏固統治階層與基礎成員的關聯。統治者不但可以藉此取得國家成員對帝國政權的認同，更可以聯繫彼此之間的情感，產生對外一致的立場。〔註95〕

　　因此，當日的賜爵行禮，以及非有封茅不得參與的朝儀，實際意義即是宇文泰在建立關隴團體上的重要步驟，並從中整合主要官員。而趙肅藉由長孫儉所傳達的訊息中，也透露出當時的官員爲了晉身其中，封爵成爲必須爭取的身分象徵〔註96〕。可見佛邑領袖白實，不但是當時重要的軍事將領，並且授秩封爵，屢任邊地，統掌地方鄉兵，可謂是地方上的高層官員。另一方

者爲五等封爵，不同於品秩較低的五等散爵。參見張維訓，〈略談北魏後期的實封與虛封〉，《史學月刊》第二期（1984），頁23〜26。而北周的情況亦然：「周制，封郡縣五等爵者，皆加開國」。參見《周書》，卷二十四〈盧辯傳〉，頁403。

〔註94〕《周書》，卷三十七〈趙肅傳〉，頁663。而趙肅，則爲當時六少卿之一，品秩第四品上。比白實高了一階。所以，連官位較低的白實，都可爵封縣男，而趙肅未有封爵，的確是宇文泰疏忽了。

〔註95〕康樂，《從西郊到南郊》（台北：稻禾出版社，1995年），頁166〜177。

〔註96〕不過，封爵情況似乎過濫，以致於受封官員，可以自行決定爵號。這應和當時盛行的"虛封"有關。也就是說，五封爵雖然在表面上饗有食邑，但是眞正分配到領地的租稅者少見。授封者除了虛名外，並未得到實際上的利益。學者劉漢東指出，《周書》中提及享有租賦待遇的官員，僅得七人（劉文此處有誤，實際上只有六人：叱羅協、豆盧寧、竇熾、于翼、蕭撝、蕭圓肅）。參見劉漢東，〈北朝後期別封別食制度探論〉，《鄭州大學學報》第三期（1988），頁93。可見"實封"並不普遍。這樣的情況，至少要到武帝保定二年以後，才有所改變：「詔曰：『比以寇難猶梗，九州未一，文武之官立功效者，雖錫以茅土，而未及租賦。諸柱國等勳德隆重，宜有優崇，各准別制，邑戶聽寄食他縣』。參見《周書》，卷六〈武帝紀上〉，頁66。可知"寄食"制度則是針對柱國以上，勳德隆重的官員的獎勵。使他們得以在兵馬戎摠，調遣不定的情況下，得以就地取食。

面，透過對白實官銜的解析，也得知佛邑位處南陽，多少彌補了魯迅未載碑銘地點的闕憾。

至於白實在邑中的角色，除了作為義邑的起造者，主要擔任的邑職為"勸化大檀越主"。"勸化"有勸人佈施，以助善緣之意，而"檀越"則指施主〔註97〕。可見白實於造邑的過程中，主要擔任尋求經費與福田的工作。由於本邑除了造像興福，還有建造佛寺等目的，因此所需金額可觀，而贊助的人士也多達十六位：

表 3-2.1：白實造像記中的檀越主

姓　名	官　　　　位	屬　性	佈施地畝
宗　達	（官號殘缺）將軍奉朝請南陽郡功曹	南陽郡曹	泐
潘玄景	（官號殘缺）車殿中將軍□□北□太守□廣州□□	鄰近郡太守	泐
張　起	（官號殘缺）將軍殿中將軍北襄州別駕從事	鄰州別駕	泐
卞令恪	（官號殘缺）討寇將軍殿中將軍邯鄲伯	戎號將軍	施田十五畝
宗紹興	鎮西將軍荊州主簿西鄂□□二縣令南陽□□□	西鄂令（南陽郡曹）	施田三十畝
宗伯仁	寧遠將軍都督	都督（白實部屬）	施寺田十畝
宗清奴	討寇將軍奉朝請	戎號將軍	施寺田五十畝
宗　上	鄉邑主	唯一無官號	施宅田一畝、白田一畝
宗榮鳳	廣武將軍平州主簿	州主簿	施寺並宅田十畝
宗鳳起	平南將軍□州太守□州別駕	州別駕	施寺並宅田一畝
宗方進	襄威將軍奉朝請涅陽縣令	涅陽縣令	施寺園白田□畝
宗天榮	襄威將軍奉朝請	戎號將軍	施寺白田二十畝
宗顯祖	南陽郡功曹	南陽郡曹	施寺田二十畝
宗思賓	鎮遠府功曹參軍	鎮遠府曹（白實府屬）	施白田四十畝、園宅田十畝、牛一頭
宗璘鳳	襄威將軍奉朝請南陽郡功曹	南陽郡曹	施寺並宅田二十畝
宗法壽	討寇將軍奉朝請	戎號將軍	施寺麻田十二畝

〔註97〕陳義孝，《佛學常見詞彙》（台北：文津，1990年），頁303。

　　以上諸人，除了宗思賓因布施田畝最多，擔任大檀越主外，其餘皆銜以檀越主。而人數最多的宗姓官員，則應爲當地鄉望。原因有二：第一，本邑中唯一不具官號，而擔任鄉邑主的人物即爲宗氏族人：宗上。而邑主的職務，學界多已取得共識：認爲邑主的名稱乃根源於當時佛寺的寺主，是佛社實際上的主事者。由於身分上，可能是「鄉里之中較孚眾望或較爲富有的人」〔註 98〕，爲了顯示地位的高下，部分的義邑中，甚至形成了大都邑主——都邑主——邑主的統屬關係〔註 99〕。本文的相關名詞，則有鄉邑主與寺邑主二者。郝春文曾根據本篇像記，認爲寺邑主就是固城佛邑的邑主〔註 100〕。這點是值得補充的，依照題記，白實所主導的是「造中興寺石像」。除了邑義外，也涉及了佛寺。因此，這裡的寺邑主似乎應解釋作：中興寺並及佛邑的主事者。而鄉邑主，由於鄉有在鄉、在野之意。所以推舉的應當是當地鄉里的領袖人物。第二，西魏官員，時有調遣。除非久居本地或臨時購置，難以擁有一定數量的田產可供捐輸。而宗姓諸人，不但在造邑的活動中，合計布施了一百八十五畝的田地，更是施田者中最大的氏族，可見其地主階級的象徵。此外，僧傳之中，也多有地主捨宅捐寺的例證，算是當時常見的風氣：

　　　孟壽……祈心反正，必果所願。捨所居館，充建寺塔。〔註 101〕

由於白實職司統領鄉兵，在缺乏地緣關係的情況下，如何取得地方望族的支持，就顯得特別重要。針對這點，他至少採取了二種措施：第一，在軍政上強化與地方豪強的統屬關係。從題名裡，我們可以觀察出宗氏擔任白實下屬者，共有兩人。一位是都督宗伯仁，根據當時軍隊統屬的體系：大都督——帥都督——都督，可知宗伯仁，必須爲白實分擔提領鄉兵的重責。另一位則是白實府屬的功曹參軍宗思賓，雖然官秩不高，但此公在面對主司的＂勸化＂下，也表現的格外巴結。不但一舉捐贈五十畝良田，還附帶布施了一頭牛，因此博得大檀越主的美名。第二，建立義邑，將彼此的關係轉化爲大檀越主與檀越主，以致完成了政教合一，雙方緊密聯結的目的。一方面透過宗教來掌握人心，一方面也基於共同的祈願：「嗟雙林之已逝，慮三會之難

〔註 98〕劉淑芬，〈五至六世紀華北鄉村的佛教信仰〉，《中研院史語所集刊》六十三卷三期（1993），頁 524。

〔註 99〕如大統十三年的〈杜造賢等造像記〉，《北京圖書館藏中國歷代石刻拓本匯編》第六期，頁 15～18。

〔註 100〕郝春文，〈東晉南北朝佛社首領考略〉，《北京師範學院學報》第三期（1991）。

〔註 101〕參見道宣，《續高僧傳》，卷十七〈慧命傳〉，頁 561。

邀」。體驗出眞佛隱滅，而彌勒下生，龍華三會說法，無可期待之時代無佛感〔註102〕，因而合作功德，祈願救贖。

此外，本邑主要的邑職共有「釋迦形象浮圖唯那主邑子」。其中"釋迦形象"指佛邑所造，乃是釋迦佛像。而西魏的釋迦造像頗有留存〔註103〕，屬於當時流行的四大造像題材之一。"浮圖"（即浮屠，梵語 Buddha 的音譯）則指佛寺〔註104〕，此處當爲中興寺。而"唯那"，依據學者劉淑芬的推論，其淵源乃是僧官制度中，管理寺中雜事職務的"唯那"。借用於佛邑中，稱呼「負責管理此一團體一般性的事務」的職位〔註105〕。有些邑義裡，在唯那之上，還設有都唯那或更高的大都唯那等邑職〔註106〕。不過，細檢題名，本邑

〔註102〕侯旭東認爲本願文算是當時對佛教義理認識較深刻的一篇。依據《觀彌勒菩薩上生兜率天經》的記載，彌勒將來下生的時間，至少在五十六億萬年後。即使彌勒下生，在龍華樹下召開三次的法會（龍華三會），以渡眾生的期程，也遙遙無期。參照侯旭東，《五、六世紀北方民眾佛教信仰》（北京：中國社科出版社，1998 年），頁 201～202。至於北朝因亂世而興起的普遍無佛感，藤堂恭俊則以高僧曇鸞爲例說明。參照氏著，〈江南と江北の佛教──菩薩戒弟子皇帝皇帝即如來觀〉，《佛教思想史》第四期（1982），頁 1～18。

〔註103〕表 3-2.2：西魏時期的釋迦造像

序號	題　記	時　間	觀世音	無量壽	釋　迦	彌勒	石　像
01	吳德造像題字	大統元年 4/08			1		
02	法智造像記	大統二年 5/08			1		
03	白實造像記	大統三年 4/08			1		
04	巨始光造像記	大統六年 7/15	1	1	1		1
05	三十人造像碑	大統十一年 4/15			1		
06	介媚光造像記	大統十四年 4/03			1		
07	楊標造像記	大統十四年 7/21			1		
08	宗慈孫造像記	大統十七年 4/23			1	1	
09	薛山俱造像記	恭帝元年 4/12	1		1		1

此表乃本文整理西魏時期造像──包括個人、合家、合族、邑義等類型造像──題材而成。

〔註104〕參見顏尚文，〈後漢三國西晉時代佛教寺院之分布〉，《台灣師大歷史學報》第十三期（1985），頁 7。

〔註105〕劉淑芬，〈五至六世紀華北鄉村的佛教信仰〉，《中研院史語所集刊》六十三卷三期（1993），頁 524。

〔註106〕如前述之大統十三年的〈杜造賢等造像記〉。

並無唯那的出現。除了佈施主，題記另載寺邑主十八人：

表3-2.3：白寶造像記中的寺邑主

姓　　名	官　　　　職	官　位　屬　性
趙文榮	伏波將軍南陽新野二郡太守	鄰近二郡太守
張儼字思遠	伏波將軍國子博士南陽太守固城鎮督鑒（"監"）軍	南陽太守、監軍
趙丰（屯）扶	鎮遠將軍宛縣令順陽太守	縣令、郡太守
張（泐）	鎮遠將軍期城太守舞陰伯	鄰郡太守
宗□賓	討寇將軍強努將軍舞陰令固城鎮長史	縣令、固城鎮長史
張政字匡生	殿中將軍討□將軍西鄂縣令	縣　　令
趙市賓	襄威將軍奉朝請南陽郡中正	南陽郡中正
宗鳳龍	（官號前泐）將軍奉朝請南陽郡功曹	南陽郡功曹
玄　醜	襄威將軍奉朝請前默曹參軍	戎號將軍
宗天助	襄威將軍奉朝請	戎號將軍
宗方□	襄威（官號中泐似爲"將軍奉"）朝請	戎號將軍
傳僧牢	假襄威將軍別將員外殿中將軍	戎號將軍
張始興	假安遠將軍前固城都督襄威將軍積射將軍	戎號將軍
泐	討難將軍強努將軍（官號前泐）	戎號將軍
泐	討難將軍強努將軍（官號前泐）	戎號將軍
宗□安	殿中將軍強弩將軍討寇將軍奉朝請	戎號將軍
宗顯樹	（官號前泐）將軍強努將軍	戎號將軍
泐	討寇將（官號前泐，後疑爲"軍"）	戎號將軍
泐	寧遠將軍（官號前泐）	戎號將軍

　　由邑主的官職屬性，可知行政體系裏，共有官員六人。涵括了四郡太守以及三位縣令。這些州郡令長參與佛邑的原因，本文推估如下：（一）南陽爲白寶駐軍的當郡，統屬十縣，爲當日大郡。因此郡守張儼的官秩，不但與白寶在伯仲之間，而白寶在郡五縣統兵，是以張儼兼任監軍之責，爲了維持良好的關係並配合造像活動的情況，是可以理解的。（二）新野與南陽同屬荊州，二郡由趙文榮署理。似乎使南陽郡同時出現了二位太守。不過，這在北朝實

有其淵源，可能是受到北魏以來郡設三太守的影響〔註107〕。這樣的地緣，也意謂了趙文榮參與其事的理由。（三）期城郡隸屬襄州，在南陽的南方，屬於鄰近地區。而期城太守參與建邑的舉動，除了地緣，推測也和其散爵舞陰（地在南陽）伯有關。（四）順陽郡在《西魏書》〈地域考〉中無載。北魏時期則位於南陽郡正西方，屬於鄰近地帶。而趙屯扶兼掌南陽宛縣，應當也是其所預事的主要原因。（五）舞陰縣令宗□賓則兼任白實的固城鎮長史〔註108〕，是宗姓鄉豪除檀越主外，以邑主形式參與佛邑的另一途徑。（六）西鄂縣亦屬南陽郡，與地緣有關，因而張政以縣令之名義參與。

其他的邑主，則包括了南陽郡屬官員二人與戎號將軍十一人。值得一提的是此處出現了兩種"假"官銜〔註109〕。本文初步探索如下：首先是「假安遠將軍前固城都督襄威將軍積射將軍」。本銜的解析似乎應為假授安遠將軍，以及實職前固城都督兼襄威、積射將軍。理由是安遠將軍戎號據《魏書》〈官氏志〉為正四品下，屬於軍方中上層級的武將。不但官位同於白實，也和後銜都督（勳號，從七命，〈官氏志〉無此銜，此依《北周六典》）、襄威將軍（戎號，從六品上）、積射將軍（散號，正七品上）的秩位，相形過遠。因此以襄威將軍加積射將軍散職再加都督勳銜，以領鄉兵的官銜組成較為合理，也符合於當時的普遍情況。而前固城都督，則顯示其人曾任職當地。另一位「假襄威將軍別將員外殿中將軍」，則組成的模式與上述類同。其中別將部分，更代表其為握有部曲的地方鄉豪〔註110〕。如《北齊書》：

> 正光末，天下兵起……時有詔，能募得三千人者用為別將。〔註111〕

〔註107〕《北周六典》，頁657。

〔註108〕由於記載《魏書》〈官氏志〉不詳，今據《北周六典》，頁593～606。可知周制五命以上的戎號將軍，皆配有府屬長史及列曹參軍。

〔註109〕假官可能來自於北魏末年。由於當時內亂不斷，國庫空虛，因而鬻官以鼓勵人民輸粟的一種政策。而賜爵授官的內容上，除了有五散爵、假太守、縣令以外，根據題記，似乎也包括了戎號將軍。參見康樂先生，〈民爵與民望〉，《從西郊到南郊》（台北：稻禾出版社，1995年），頁222。

〔註110〕別將起於魏末內亂，許多西魏時期的主要將領，多有此資歷。例如趙貴：「貴率鄉里避難南遷，屬葛榮陷中山，遂被拘逼。榮敗，爾朱榮以貴為別將，從討元顥有功」。參見《周書》，卷十六〈趙貴傳〉，頁261。又如獨孤信：「獨孤信……父庫者，為領民酋長，少雄豪有節義，北州咸敬服之……及爾朱氏破葛榮，以信為別將，從征韓婁」。參見《周書》，卷十六〈獨孤信傳〉，頁263。

〔註111〕李百藥，《北齊書》，卷二十〈薛脩義傳〉，頁275。

至於其官秩，如《周書》〈寇洛傳〉：

> 寇洛……破赤水蜀，以功拜中堅將軍、屯騎校尉、別將，封臨邑縣
> 男。〔註112〕

據《魏書》〈官氏志〉，中堅將軍爲從四品上的戎官、屯騎校尉則爲正五品下的散職，可見屬於中下階層的武將。因此在秩位上，別將理應屬於中級勳號，以相映於前銜。

　　邑主之中，另有四人擔任了開光明主的職務。分別是鎮遠將軍期城太守舞陰伯張（泐）、討寇將軍強努將軍舞陰令固城鎮長史宗□賓、襄威將軍奉朝請南陽郡中正趙市賓、襄威將軍奉朝請前默曹參軍玄醜。而開光明則指的是，在佛像造訖之時，施行佛像點眼，使之有靈的儀式〔註113〕。依照其姓名與官職屬性研析，出任開光明主的分明是當地素有威望人士（舞陰伯）、鄰近郡守的共同祈願（期城太守）、軍鎮僚史領袖（固城鎮長史）、當地鄉豪代表（宗氏）、行政系統官員代表（南陽郡中正）、當地軍人代表（戎號將軍）的集合體。配合佛像神聖的開光引靈儀式，完成了佛邑在地方上代表性的象徵意義。

　　至於邑子部份三十三人，由於碑文殘泐，官員姓名全數脫落。本文僅能據以條列官名如下：

表 3-2.4：白實造像記中的邑子

屬　　性	官　　　　　　　　　　　　　　員
南陽郡曹	南陽郡中正、南陽郡功（泐，似爲"曹"）、南陽郡中正宣威（泐，似爲"將軍"）、南陽郡功曹
戎號將軍	殿中將軍強努將（泐，似爲"軍"）、鎮遠將軍廣（泐）、鎮遠將軍、強努將軍、威例將軍、襄威將軍奉朝（泐，似爲"請"）、襄威□□□射（泐，似爲"將軍積射將軍"）、宣威將軍、寧朔將軍強努將（泐，似爲"軍"）、威例將軍、襄威將（泐，似爲"軍"）、威烈將軍、鎮遠將軍中（泐）、宣威將軍、襄威將軍奉朝（泐，似爲"請"）、討寇將軍、襄威將軍、長孫（泐）、邑子討寇將（泐，似爲"軍"）、宣威將軍、奉（泐，似爲"朝請"）、伏波（泐，似爲"將軍"）
領軍都督	立□都（泐，似爲"立義都督"）、中堅將軍都督討寇將（泐，似爲"軍"）、安南將軍都督伏□將（泐，似爲"伏波將軍"）、鎮遠將軍都督討寇（泐，似爲"將軍"）

〔註112〕《周書》，卷十五〈寇洛傳〉，頁237。

〔註113〕劉淑芬，〈五至六世紀華北鄉村的佛教信仰〉，《中研院史語所集刊》六十三卷三期（1993），頁527～529。

以上共有戎號將軍二十三人、南陽郡曹、中正四人、地方都督四人。加上前述諸檀越、邑主，即爲題記所稱「村邑諸郡守、都督戍主、十州武義」等人物。除了郡守、都督戍主以外，"十州武義"，若由題記署職，應該是指所條列的戎號將軍。在官銜的組織上，雖然有部分的殘泐，仍然可以看出由戎號（如襄威，此處多達五人）加授散官（如奉朝請、強弩、積射等號）的合理組成，可見爲正式的軍官。而當時的邊地——尤其在二國、甚至三國交境的邊緣——軍人，實有其特殊的來源。此處的"武義"，或許即指"義眾"。〔註114〕

"義眾"是由邊地豪強，招集鄉里所組成的軍隊〔註115〕。其主要功能就是保衛邊境，並參與對外戰役。由於這種邊地武力，具有豪族部曲的"私兵"特性。加以位處邊界，時有國土易幟的情形，他們的國家認同感普遍薄弱。除了部分始終效命於西魏〔註116〕，大多在國家遇戰時，表現出叛降不定的態勢。〔註117〕

如大統三年（AD.537）的西魏東征：

先是河南豪傑多據兵應東魏，至是各率所部來降。

又如大統九年（AD.543）的邙山之役：

邙山之役，大軍不利……崤東立義者，咸懷異望。

雖然東、西魏，都設法拉攏他們，但官爵俸祿，卻不足以掌控人心。因此，白實在完成了平靖地方的職守後，還必須確保義眾對國家的忠誠。透過寺邑的興建，不但完成了鄉里團體的政權象徵，更可藉由儀式與祈願，整合當地豪傑，凝聚對國家的向心力量。

〔註114〕其"義"有舉兵起義、立義的意思。例如「魏玄……及魏孝武西邊，東魏北徙，人情騷動，各懷去就。玄遂率募鄉曲，立義於關南，即從韋法保與東魏司徒高敖曹戰於關口」。見《周書》，卷四十三〈魏玄傳〉，頁780。時人除了"義眾"，亦稱之爲"義徒"、"義軍"等。如義眾：「雄乃招集義眾，進逼洛州」。見《周書》，卷四十三〈韓雄傳〉，頁776、如義徒：「避地中山，結義徒以討鮮于脩禮」。見《周書》，卷十九〈楊忠傳〉，頁314、如義軍：「太祖即留景宣守張白塢，節度東南義軍」。見《周書》，卷二十八〈權景宣傳〉，頁477。

〔註115〕參見《北周六典》，卷五〈夏官府〉，頁328。

〔註116〕如李長壽、李延孫父子。參見《周書》，卷四十三〈李延孫傳〉、〈韋祐傳〉，頁773～776。

〔註117〕下引史料，分別參見《周書》，卷二〈文帝本紀〉，頁23、卷四十三〈魏玄傳〉，頁780。

二、曹續生與富平義邑

　　大統五年（AD.539）的〈曹續生造像記〉記錄了一處位於富平的佛邑組織〔註118〕。依照謝啓昆的記載，西魏時期的富平同名縣址，共有二處。一屬北雍州，在今日陝西。另一屬寧州西北地郡，在今日的甘肅〔註119〕。幸好大村西崖附載了題記，說明造像出土於陝西富平縣〔註120〕，可知應屬北雍州無疑。題名部分雖有殘泐，但題記還算完整：

> 大魏大統五年歲次巳未二月乙酉朔二十五日巳酉，威烈將軍富平令
> 頻陽縣開國男曹續生息延慶直□都□。夫至道空□，非言無以申其
> 宗；眞容絕相，非刑像何以表其算。是以現治富平令曹並邑子三十
> 四人等，各減割家珍，造像四區。上爲帝主永隆，□王□長壽，下
> 及邑子□□。

佛邑的起造者曹續生，官居富平縣令。在當時的行政體系下，屬於宇文泰心腹——北雍州刺史于謹——的下屬〔註121〕。至於曹續生推動富平佛邑的原因，則可能與大統四年（AD.538）間，幾乎動搖國本的長安東魏降卒叛變事件有所關連：

> 大軍之東伐也，關中留守兵少。而前後所虜東魏士卒，皆散在民間，
> 乃謀爲亂。及李虎等至長安，計無所出，乃與公卿輔魏太子出次渭
> 北。關中大震恐，百姓相剽劫。於是沙苑所俘軍人趙青雀、雍州民
> 于伏德等遂反。青雀據長安子城，伏德保咸陽。〔註122〕

〔註118〕王昶，《金石萃編》，卷三十二，頁13～14。

〔註119〕謝啓昆，《西魏書》，卷八〈地域考〉，頁48、56。北雍州的富平，即爲今日的陝西富平縣。而西北地郡的富平，則在甘肅省寧縣西北方。參見譚其驤主編，〈西魏〉，《中國歷史地圖集》第四冊（台北：曉園，1991年），頁63～64。

〔註120〕參見大村西崖，《支那美術史，雕塑篇》（東京：國書刊行會，1917年），頁289。

〔註121〕「謹從魏帝西遷。仍從太祖征潼關，破迴洛城。授使持節、車騎大將軍、儀同三司、北雍州刺史，進爵藍田縣公，邑一千户。大統元年……其年夏陽人王遊浪聚據楊氏壁謀逆，謹討擒之。是歲，大軍東伐……爲前鋒……稽胡帥夏州刺史劉平叛，謹率衆討之。除大都督、恆并燕肆雲五州諸軍事、大將軍、恆州刺史」。《周書》，卷十五〈于謹傳〉，頁246。透過引文可以得知，于謹初任北雍州的時間，大約與從征潼關同時。而潼關戰役的時間，據〈文帝紀上〉，頁13，大約在永熙三年八月左右。至於劉平叛變，于謹由北雍州轉任恆州的時間，根據〈文帝紀下〉，頁27，則爲大統七年。而佛邑造記時間爲大統五年。因此，曹續生時爲于謹部屬無疑。

〔註122〕《周書》，卷二〈文帝紀下〉，頁26。

可見長安民變肇起，魏太子及李虎等人逃難的地區，即爲渭河北岸。而渭北州郡，除了雍州所轄的咸陽、延壽等地，就是長安正北的北雍州〔註123〕。不過，當時另一起的于伏德民變，已使咸陽等地遭劫，斷無居守之理。因此，魏太子等人出行地點，應該就在富平鄰近。戰禍所及，「百姓相剽劫」的亂象，無疑的也影響到了富平，不但造成民心驚恐，更瓦解了鄉里之間的信任。

　　事平之後，爲了防止關中民變再起，復以防範東魏的突襲。地方令長所進行的工作，就是多備戌兵，加強守禦。如平定民變的宇文導：

　　　　復以導爲大都督……行華州刺史。導治兵訓卒，得守捍之方。及大

　　軍不利，東魏軍追至稠桑，知關中有備，乃退。〔註124〕

另一方面，在軍事部署的同時，如何平撫亂後的人心、建立官民之間的溝通管道、甚至重拾鄉里的向心力量，或許就是富平邑義在關中民變平定大約五個月後〔註125〕，應運而生的原因。畢竟，義邑以其宗教上的感染力量，對於解決以上的問題，是在在有所助益的。

　　渡過了悲情的時光，佛邑造訖的時間——大統五年，則是西魏少有的戰事稍歇，軍民休養的和平年份。而宇文泰也利用這養精蓄銳的時機，在鄰近的華陰，舉行了軍事大閱〔註126〕。據學者指出，當時宇文泰「在各地舉行大閱，肯定是在募集新部隊」。大統五年的華陰大閱，其目的則是「大量的從華州當地的農民中徵募士兵」〔註127〕。當然，以現有資料的限制，本文無從推論華陰大閱的徵兵範圍，是否也及於北雍州。但以西魏初年的形勢，州郡令長多具有徵調鄉兵的職掌，加以曹續生之子曹延慶亦具官銜，其合理的組成似乎爲：直（值）□（帥或子）都□（督）。這使佛邑可能也及於軍事層面的考量，完成曹續生在關中內亂後，重振人心以及軍事部署的雙重任務。

〔註123〕參見譚其驤主編，〈西魏〉，《中國歷史地圖集》第四冊（台北：曉圓，1991年），頁63～64。

〔註124〕《周書》，卷十〈邵惠公顥附子導傳〉，頁155。

〔註125〕據《周書》，卷二〈文帝紀下〉，頁26，關中民變應平定在大統四年十月左右。距離佛邑完成時間：大統五年二月，只有五個多月。而佛像的雕塑與佛邑的組織是需要時間的，或許在亂事初定，曹續生即著手於邑義的興建工作。

〔註126〕《周書》，卷二〈文帝紀下〉，頁27。而華陰則位於北雍州隔鄰的東雍州（尋改華州）境內。參見《西魏書》，卷八〈地域考三下〉，頁65。

〔註127〕濱口重國，〈西魏時期的二十四軍與儀同府〉，《日本學者研究中國史論著選譯》（四）（北京：中華書局，1993年），頁226～227、229。

　　至於佛邑的參與人士，由於碑文的殘泐，已無法補錄題記所述的「富平令曹並邑子三十四人等」。目前存留，除曹氏父子外，只有九人：

表 3-2.5：曹續生造像中的題名紀錄

俗　姓	維那韓□
	邑□王法壽、□（疑為邑）子渠□貴
僧　侶	比丘李□晃、比丘焦法玉
	沙彌焦法清、沙彌焦法顯、沙彌焦雙洛、沙彌上官法標

　　由於截泐了其他的邑眾，本文雖已無法了解當時縣曹屬吏的參與情形，但特別的是，此處出現了僧侶六人，這是在具官方色彩的義邑中，少見的僧侶團體。可能是前述關中佛法傳布所及，以致於他們的人數較多。在分類上，則有比丘兩人與沙彌四人。這兩者的分界，是受到了後秦佛陀耶舍於長安所譯《四分律》影響。此經開示男性出家為比丘者，應受具足戒，凡二百五十條〔註 128〕。而沙彌則多為僅受十戒的出家男童〔註 129〕，一般少年出家者，先歷沙彌而受戒為比丘的情形普遍，可見是當時的一般狀況。〔註 130〕

　　此外，雖然高僧道安大力倡導僧人一律姓釋的制度，獲得了廣泛的迴響〔註 131〕。不過，由題記看來，佛邑的僧侶仍從俗姓。而這類俗姓，則和當時僧人的依師為姓習慣有關。雖然「並非魏晉沙門的定規」〔註 132〕，但在史料記載上，至少也顯示了這是當時的普遍情況：

　　　　初，魏晉沙門依師為姓，故姓各不同。〔註 133〕

因此，比丘焦法玉與三位焦姓沙彌之間，應該就屬師徒關係。而焦氏世為富平大姓〔註 134〕，由當地另一處西魏時期的〈焦延昌造像記〉〔註 135〕，可知富平的焦姓，出自北魏的"領民酋長制"，尤其是焦延昌父祖的經歷：

〔註 128〕參見佛陀耶舍，《四分律》（大藏經 1428），頁 567～1015。

〔註 129〕參見陳義孝，《佛學常見詞彙》（台北：文津，1990 年），頁 180。

〔註 130〕如釋慧思：「俗姓李，武津人也。少以弘恕慈育知名……嘗夢梵僧勸令出俗……所投之寺，非是練若。數感神僧訓令齋戒……及稟具足，道志彌隆」。道宣，《續高僧傳》，卷十七〈慧思傳〉，頁 562。

〔註 131〕郭朋，《中國佛教思想史》（福州：福建人民出版社，1994 年），頁 360～361。

〔註 132〕譚世保，《漢唐佛史探真》（廣東：中山大學，1991 年），頁 323。

〔註 133〕僧祐，《出三藏記集》（大藏經 2145），卷十五〈道安傳〉，頁 108。

〔註 134〕參見馬長壽，《碑銘所見前秦至隋初的關中部族》，頁 47。

〔註 135〕王昶，《金石萃編》，卷三十二，頁 18～20。

> 祖父故曹烏勾雷平眞將軍、第一領民酋長；父拔拔西夏朔方郡功
> 曹。

而“領民酋長”，則是擁有地方“采邑”裡「某種程度的自治權」的實力人物〔註136〕，可見具有地方強族的性質。焦姓僧侶仍具俗姓，或許就在展現這種優越地位。此外，北雍州轄區，豪強桀踞，素稱難治。以致到任的官員，都必須設法拉攏他們。如于謹後任的韓襃：

> 出爲北雍州刺史……州帶北山，多有盜賊。襃密訪之，倂豪右所爲
> 也。而陽不之知，厚加禮遇……諸盜咸悉首盡……倂原其罪，許以
> 自新，由是群盜屛息。〔註137〕

是以，治理本地的首要條件，就是強化與鄉里豪右的關係。只要能夠施以感化，獲得他們的支持，那麼「州境安寧、百性感戴」也是很自然的事了，想必這就是佛邑中，諸多焦姓參與的原因了。

三、普屯康與新豐邑義

除了北雍州與河南邊區外，和軍政首長有關的義邑，也有位於關中內地者〔註138〕。如北周天和五年（AD.570）的〈普屯康造像記〉：〔註139〕

> 周國天和五季歲庚寅正月乙酉三日丁亥新豐令普屯康去天二年十
> 月。中親相境遇見古碑圖始形杳主意，仰念恩隆盛立。時即告都督
> 孫祥率鄉人共崇勝福。恭請邑師僧震三人□別管會東西六千他步，

〔註136〕參見康樂先生，《從西郊到南郊——國家祭典與北魏政治》（台北：稻禾出版社，1995年），頁99～104。

〔註137〕《周書》，卷三十七〈韓襃傳〉，頁661。

〔註138〕本文以爲關中地區的界限，以甘芳蘭的定義最爲妥當：「由終南山（南界）、隴山（西界）、龍門山（北界）……到華山（東界）」。參見甘芳蘭，《漢隋之間關中區域的發展與變遷》（台中：東海史研所碩士論文，1985年）。南界終南山，爲靜藹等僧侶於毀佛時，逃離關中的根據地。由於法難「初於建德三年五月，行虐關中」。加以事起倉促，必須逃抵尚不納入初行滅教——關中的山區：「乃攜門人……入終南山」。可見終南山爲北周的關中天然界線無疑。參見《續高僧傳》，卷二十三〈靜藹傳〉，頁626。至於西界隴山。當時既有關隴二地之稱，可見隴山亦爲天然界線。而東界華山，則有掌控渭河入黃河合流處的潼關天險。向來是東西魏相爭的戰略目標：「關隴恃遠，將有逆圖……神武自晉陽西討，遣……大都督竇泰入自潼關」。亦可見其分界意義。參見《北齊書》，卷二〈神武紀下〉，頁14～19。北界龍門山就少有提及。既如文言，爲農牧天然分界，亦當是關中生活型態的界分。

〔註139〕參見《魯迅輯校石刻手稿》（二十五），頁985。

南北半旬。汎逕三郡，遠近雲馳。□□□□，率割珍賄。修莊嚴剋佛像而成。（殘缺七字）目更處□炎，神郊要衝。東盼□□高逢，西瞻□昊璃臺。南望玉山開□，北睹莨渭秦川。□豪傑延□三百四十他人，攜接□身，敦崇邑契。復敬造碑像四佛，勸化四方。仰願善緣來慕□者藉使常永□趣□離□別。伏惟皇帝、國祚延康，民豐萬世。諸邑等爵祿，光寵日益。子孫繁興，承基□代。慈氏成佛，咸登初會，同證菩提。

像主、大都邑主普屯康的官職全銜爲「中軍將軍師都督新豐縣令」。其中，中軍將軍爲從八命戎號，距大將軍尚有兩級〔註140〕。一般說來，最遲於大統十六年（AD.550），西魏的軍事制度已正式成立〔註141〕。這支由八柱國——十二大將軍——二十四開府的統御系統所組成的兵力，即爲西魏的國家軍隊。雖然，北周以後封爵漸濫，但中軍將軍，仍屬軍方實職官員無疑。"師"都督則爲"帥"都督之錯體〔註142〕。戎秩正七命，介於大都督與都督之間，可說是軍方的中層將領。不過，普屯康的帥都督官職，在佛邑造訖的三個月後，就被武帝所廢除〔註143〕。至於他所兼領的新豐縣令一職，可能與其負責統帥新豐地區的軍隊有很大的關係。這和白實的情況非常相似。〔註144〕

新豐位於長安城郊，乃京兆郡屬的八縣之一〔註145〕。由於位處國都的東方，加上地屬當時的交通要道〔註146〕，題記也留下了其地爲「神郊要衝」的形容，屏障京師的作用顯明。這樣的地理環境，至少在兩種層面上，相互影

〔註140〕 參見《北周六典》，頁597。
〔註141〕 對此年代的考證，學界逐漸形成定論，可以陳寅恪之推論爲代表，參見陳寅恪，〈隋唐制度淵源略論稿〉，《陳寅恪先生論文集》（臺北：三人行出版社，1974年），頁117～122。
〔註142〕 歷來學者多以"師"作"帥"。參見毛漢光，〈西魏府兵史論〉，《中國中古政治史論》，頁212。
〔註143〕 「（天和五年）夏四月甲寅……省帥都督官」。參見《周書》，卷五〈武帝紀上〉，頁77。
〔註144〕 白實曾任河北太守，其職務與徵調當地鄉兵有密切關係。參見本章：78。
〔註145〕 新豐縣自西魏至隋代，皆屬京兆郡無疑。參見謝啓昆，《西魏書》，卷七〈地域考〉，頁46。或《隋書》，卷二十九〈地理志上〉，頁808。雖然，新豐有二地。據《續高僧傳》，卷二十五〈智曠傳〉，頁658。記有「荊州新豐」地名。但以魯迅題篇前有「正書在陝西」紀錄，當以陝西新豐爲是。
〔註146〕 新豐位於兩京驛道（長安至洛陽）的渭（河）南道上。屬於當時重要東西往來的必經要地。參見嚴耕望，《唐代交通圖考》，卷一〈京都關內區〉，頁25～26。

響了佛邑的興建:第一,由於鄰近當時的佛教中心——長安,使得新豐長久以來,一直是個佛教事業頗爲發達的地區,並誕育了不少高僧。據《續高僧傳》的記載,楊堅的好友——周代高僧靈藏就出身於新豐〔註147〕,而隋唐的佛教大師——空藏,也是本地人〔註148〕。此外,長安城內的名僧大德眾多〔註149〕,加以西域沙門的東來〔註150〕,也吸引了不少心向佛法的人們,前往求道〔註151〕。而新豐作爲東西通衢,在吸納佛法的薰沐上,可說是佔盡地利。第二,以長安爲中心的關中地區,除了遊化僧、官僧與個別高僧之外,還有傳道於民間的靜藹、僧圓兩大僧團。其中,最富盛名的靜藹教團,應該就在附近〔註152〕,這種佛法傳布的影響,當然也及於新豐地區。

而宗教上憾人心靈的事件,似乎也成爲普屯康造邑的動機。甚至是不可解的神秘事件,即使連政權高層,都抱持著相信並虔敬的立場:

> 盧光……嘗從太祖狩於檀臺山。時獵圍既合,太祖遙指山上謂群公
> 等曰:「公等有所見不」?咸曰:「無所見」。光獨曰:「見一桑門」。
> 太祖曰:「是也」。即解圍而還。令光於桑門立處造浮圖,掘基一丈,
> 得瓦缽、錫仗各一。太祖稱歎,因立寺焉。〔註153〕

因此,在高僧雲集,教理廣佈的影響下,本邑也出現了具官方色彩的義邑中,難得一見的邑師僧團。共有邑師比丘僧震、法粲、法明、智敬、普□、法祥,以及唯一不具邑師職銜的比丘僧熾等七位。由題記看來,僧震應該是新豐邑師的首腦,是以請他率領另兩位邑師,四方沐化:「恭請邑師僧震三人□別管會東西六千他步,南北半旬。汎逕三郡,遠近雲馳」。至於法祥,則可能是遊化四方的高僧:

> 釋法祥,同州人。童稚出家,清貧寡欲。周勤訪道,栖止無定。
> 〔註154〕

〔註147〕 參照《續高僧傳》,卷二十一〈靈藏傳〉,頁610。

〔註148〕 參照《續高僧傳》,卷二十八〈空藏傳〉,頁689。

〔註149〕 本文整理西魏北周時期高僧,共計五十二位。其中常居於長安者,即達十六位。參見附錄四。

〔註150〕 《續高僧傳》中所見,當時來華滯留北周的外國僧侶共有五人,其中四人就居於長安城。

〔註151〕 如前述之靜藹或如齊僧道判,皆因求道情猛,而定居於北周。有關道判之事蹟,參見《續高僧傳》,卷十二〈道判傳〉,頁516~517。

〔註152〕 參見前章表2-2.4,頁31。

〔註153〕 《周書》,卷三十五〈盧光傳〉,頁808。

〔註154〕 參見《續高僧傳》,卷十三〈法祥傳〉,頁523。

雖然佛邑法祥的出身，僅是猜測。但以其「周勤訪道，栖止無定」的活動，以及普屯康的禮敬態度來看，新豐的邑師團體，不但地位崇高，相信在佛學義理上，也頗有教養，否則佛邑是難以吸引如此眾多官員參與的。〔註155〕

而佛邑的組織結構，似乎就是北周府兵制度，在地方上的一個顯影。從題記中，我們可以瞭解佛邑的組成，乃是由帥都督普屯康命令下屬都督孫祥組織地方豪傑而成。特別的是"豪傑"的意指，縱觀諸邑眾姓名，除化主夫人楊買女為唯一的女子，其餘盡皆男性。而官員的領導階層部分，則載有像主以下二十人，其中加將軍戎號或都督者十五人，且無一為縣屬僚吏。另一方面，題文記有「諸邑等爵祿，光寵日益」的祈願。可見佛邑的所有邑眾，都具有爵祿光寵的機會。可見此邑的組成，亦與軍事團體，有著密切的關連。因此，毫無官銜的邑職或邑子，也不能單純的以普通平民來看待。

根據谷霽光的推論，當時府兵的具體組成辦法，就是透過地方豪右的人際網路，招募鄉兵而來，並給予這些領軍鄉豪們一定的官職，如都督、帥都督等，以納入正規軍隊的統轄〔註156〕。不過，他們的身分和戰區前線的義眾不同。主要的差別在於義眾守衛鄉里，仍然屬於地方上的武力，而府兵則遇事遠征，是國家的正規軍隊。〔註157〕

此外，自宇文泰於大統九年（AD.543）「廣募關隴豪右，以增軍旅」以來〔註158〕，新豐所屬的京兆郡，就因其鄰近國都，而成為府兵招募的主要地區。如京兆馮翊：

> 郭彥……遂居馮翊。為大統十二年，選當州首望領鄉兵，除帥都督。〔註159〕

又如京兆杜陵：

> 韋瑱，京兆杜陵人也……以望族，兼領鄉兵，加帥都督。〔註160〕

可見，以帥都督兼領鄉兵，都須具備當地鄉望的身分。因此，新豐的帥都督普屯康亦當如此，以合乎當時體制。雖然，題記列名的邑眾姓氏，並無普

〔註155〕當時的邑師地位崇高。在題名組成上，也多位居首位。參見林保堯，《法華造像研究》，頁85。

〔註156〕參見谷霽光，《府兵制度考釋》（台北：弘文館，1982年），頁25～27。

〔註157〕參見《北周六典》，卷五〈夏官府〉，頁328。

〔註158〕《周書》，卷二〈文帝紀下〉，頁28。

〔註159〕《周書》，卷三十九〈韋瑱傳〉，頁694。

〔註160〕《周書》，卷三十七〈郭彥傳〉，頁666。

屯。但根據武成二年（AD.560），出土於新豐隔鄰渭南縣的〈邑子五十人等造像記〉〔註161〕，就紀錄了普屯氏六人，其中的普屯白停更擔任了當地的都督〔註162〕。可見至少在京兆郡內，普屯氏具有鄉豪的條件。

　　另一方面，學者亦曾指出普屯爲鮮卑姓氏〔註163〕。雖然在賜姓、復姓的政策推衍下，已無從了解普屯氏的胡漢血統。不過，無論鮮卑或者賜姓鮮卑的漢人，都是宇文泰賜姓政策下，本朝軍隊的主要骨幹〔註164〕，而當時的高級軍事將領也確有普屯氏的任職。如《北齊書》：

　　　　周柱國枹罕公普屯威、柱國韋孝寬等，步騎萬餘，來逼平隴。
　　　　〔註165〕

從上所述，可以了解普屯氏在當時以鄉豪，或者賜姓功臣身分，統掌府兵的情形。因此，本邑所指的"豪傑"，就是那些軍人出身，而在西魏以後被納入府兵系統的人物。另一方面，府兵除其縣籍，不編戶貫的兵民分離性質〔註166〕，也使得佛邑之中，完全沒有新豐縣衙主簿、諸曹的參與，更可輔證"豪傑"的意指。至於佛邑的官員領導階層：

〔註161〕題記未見著錄，保存於陝西省文物保管委員會。今參照馬長壽，《碑銘所見前秦至隋初的關中部族》（北京：中華書局，1985年），頁55～68。出土地渭南縣則爲隋代所置。「後周郡及二縣並廢入焉」，屬於當時的京兆郡。參見《隋書》，卷二十九〈地理志上〉，頁809。
〔註162〕馬長壽先生統計普屯氏五人。其中三人的依據爲「都像主都督白停男普屯富、白停男世子（普屯）興集、次子（普屯）三歡」。而未計普屯白停，可見是漏掉了。因此，普屯氏合計六人。
〔註163〕普屯屬鮮卑姓氏乃是馬長壽先生的推論。參見氏著，《碑銘所見前秦至隋初的關中部族》，頁61～62。不過，馬長壽因於《魏書》〈官氏志〉中未記普屯氏，且相關資料不多，而認爲普屯可能即爲普氏的說法。本文或許可對此補充。根據辛威的經歷：「（大統十三年）……賜姓普屯氏」。參見《周書》，卷二十七〈辛威傳〉，頁447。可見在宇文泰對功臣的賜姓種類中：「魏氏之初，統國三十六，大姓九十九，後多絕滅。至是，以諸將功高者爲三十六國後，次功者爲九十九姓後」。參見《周書》，卷一〈文帝紀上〉，頁12。可見普屯亦爲其一。因此普屯不但爲鮮卑姓氏，且爲複姓無疑。
〔註164〕賜姓部份，學界論述已多。其原始資料，可以參照上註。而當時的軍隊，似乎也有著刻意鮮卑化的導向。如軍中號令，亦在北周武帝親自傳著《鮮卑號令》的推動之下，使用了鮮卑語言：「軍容號令，皆以夷語。後染華俗，多不能通，故錄其本言，相傳教習」。參見《隋書》，卷三十二〈經籍志一〉，頁947。
〔註165〕參見《北齊書》，卷十七〈斛律光傳〉，頁224。而此普屯威即指辛威。
〔註166〕參見，《北周六典》，卷五〈夏官府〉，頁329。

表 3-2.6：新豐邑義的官員階層

種類	性質	名　稱／姓　名
邑職	管理	大都邑主：中軍將軍帥都督新豐縣令普屯康 邑主：殿中將軍部從事屯皇郡守孫□、平東將軍右光祿都督丹川郡守永陽縣開國子□□暉、中堅將軍槃和郡守張神覆、假伏□將軍□□令孫轉、征東將軍右金紫光祿都督張賢、□□令孫□□、前將軍左銀青光祿都督假蒲州刺史孫□、鎮遠將軍范婆羅
	募款	化主：殿中將軍呂榮攜
	捐資	邑越□：京兆郡守□□孫
邑職	不明	邑正：都督張□和、中正：□□司馬孫延暉
邑　子		假興固縣令曹伯顛、假洛□郡守業伏賢、曠野將軍劉子玉、曠野將軍□□、前將軍左□□光祿都督陽永和、□□□都督滕顯族、□□寇將軍程嘆舍、都督徐廣

在佛邑的邑職系統中，具有較高地位的邑主共有八人。居首的為三位郡守，其中丹川郡屬淅州〔註167〕，鄰近南陽，處於關中以南地區。雖然其郡守的姓氏已經殘泐，不過就佛邑的人身、地緣關係推論，此人很可能出身本地，而率其所屬（或即將）遠戍異鄉。這在當日是常見的情形。如章孝寬在河東戰事失利時，曾上書議論汾北地區，應廣置城戍以鎮守：〔註168〕

> 若棄崤東，來圖汾北，我之疆界，必見侵擾。今宜於華谷及長秋速
> 築城，以杜賊志。

而掌握軍國大權的晉國公宇文護，則回應道：

> 韋公子孫雖多，數不滿百。汾北築城，遣誰固守？

可見當時的統兵主帥攜結鄉族部曲，率軍遠戍的情形。

此外，屯皇、槃和二郡無考。許多題記，都存有地名無據的困難。魯迅以為這和當時的戰事頻仍有關：「于時功伐既廣，朝甫設版，夕或淪陷」〔註169〕。因此在地點失佚的情況下，仍不可遽起質疑，甚至推翻題記的史料價值。是以，這兩郡太守遠戍的情形，應該和丹川郡守是一樣的。另一方面，邑主還包括有二位縣令、二位都督以及一位軍事將領。在姓氏的比重

〔註167〕丹川郡為西魏所置。參見《西魏書》，卷八〈地域考〉，頁74。北周則併入淅州。參見《隋書》，卷三十〈地理志中〉，頁841。

〔註168〕參見《周書》，卷三十一〈章孝寬傳〉，頁539。

〔註169〕〈張始孫造像記後附論〉，《魯迅輯校石刻手稿》（二十三），頁575。

上，孫氏四位最高，佔二分之一的比例。張氏則以兩人居次。配合當地未具官銜的邑子姓氏比例，可見孫、張爲大姓無疑〔註170〕。而孫氏多居要職，尤爲其中著姓。因此，佛邑的主導者普屯康，爲了強化軍事上的統轄關係，並利用孫氏在地方上的影響力，便在建邑的策略上，「告都督孫祥率鄉人，共崇勝福」。

至於邑越□，依照未具官銜的邑眾職稱，則可補爲邑越主。其邑職意義，學界或於未見其銜，多未論及。本文則以爲，邑越主應指邑中的檀越主。理由有二。第一，本邑有化主十六人來推動勸化募款的工作，甚至爲此設置都化主一名，以統合勸募行動。而據題記：「遠近雲馳。□□□□，率割珍賄。修莊嚴剋佛像而成」。可見成效頗鉅。不過，在捐資系統中，本邑只出現了佈施香火的香火主四人，而未見襄贊佛像的像主名號。因此，這幾位邑越主，應該就是指布施造像經費的人士。第二，邑越主之一的京兆郡守，就是普屯康的直屬上司。面對新豐佛邑的修建，而捐贈一筆款項，不但人情練達。即使今日的類似事件，也例證極多。

邑正與中正兩職，則學界至今仍不明白其實際意義。雖然山崎宏認爲邑正即爲邑中正。不過，至少在本邑中，邑正與中正分列兩職，可見兩者並不一樣。〔註171〕

至於在領導階層中具銜的四位假官，則可能和北周武帝在保定年間時，板授官詔有關：〔註172〕

（保定元年）……先經兵戎官，年六十巳上；及民七十巳上，節授板授官。

到了保定三年（AD.563）時，又降詔：

又賜高年板職各有差。

〔註170〕表3-2.7：新豐佛邑中未具官銜的邑子姓氏

邑子	張25、趙19、范11、吳9、郭7、孫6、呂6、王5、鍾5、馬4、劉4、黨4、嚴3、楊3、田2、成3、徐3、洪2
	程1、婁1、滕1、業1、周1、茹1、勝1、來1、韓1、朱1、介1、司馬1（另有42人不知姓氏）

〔註171〕參見劉淑芬，〈五至六世紀華北鄉村的佛教信仰〉，《史語所集刊》六十三卷三期（1993），頁525。

〔註172〕參見《周書》，卷五〈武帝紀下〉，頁64、68～69。

因而，本篇題記可謂是北周武帝當年推行尊老政策的實際執行案例〔註173〕。
而假官之中，孫氏二人：「假伏□將軍□□令孫轉、前將軍左銀青光祿都督假
蒲州刺使孫□」。除板授官外，都帶有原職。可見應爲年六十以上，早經兵戎
的老兵。當地鄉人以其年高位重，因此擔任邑中的邑主。而孫姓佔半數，也
更加印證其氏族於新豐的地位。另二名擔任邑子的假官：「假興固縣令曹伯
顛、假洛□郡守業伏賢」，則疑爲當地老人。

平民階層方面，未具官銜的邑眾，也分擔了邑中的各式職務：

表3-2.8：新豐佛邑中未具官銜的邑職

類　　別	邑　職	姓　　　名　　　官　　　銜
管理系統	都邑長	□□生
	邑　　長	□、孫、□他
	邑　　主	王、范、鍾、奚、鍾、趙、侯、樊、呂、蘭、孫、齊、鍾、成、張
	唯　　那	張2、嚴1
	都典錄	呂長壽
	典　　錄	嚴法熾
	典　　坐	趙1、□1
捐資系統	邑越主	成光熾、趙神護
	邑　　越	郭達
	香　　火	趙1、劉1、司馬1、張1
勸募系統	都化主	張永和
	化　　主	吳1、孫2、鄭1、王2、趙2、張1、楊3、李1、□1

上列邑職之中，比較特別的是，出現了都邑長與邑長的職務。觀其語意，
應該與都邑主、邑主同爲邑中的管理職務。但以前人多未論及，且題名的排
列亦無合理的順序，可以觀察邑長與邑主的關係、地位高低以及實際情形等。
本文無法進一步的探究。

〔註173〕除了板授官職以外。武帝也在朝廷實施三老制：「（保定三年）……以太傅、
　　　　燕國公于謹爲三老而問道焉」。並於民間實施授老職：「（建德三年）……尊年
　　　　尚齒，列代弘規……可頒授老職，使榮霑邑里」。參見《周書》，卷五〈武帝
　　　　紀下〉，頁68、83。

　　至於姓氏比例，則新豐佛邑的諸氏族，可能出於信仰程度，或是鄉里勢力的消長。他們對於參與佛邑的熱衷程度，也存在著差異。根據對新豐佛邑的邑職與邑子的姓氏統計〔註174〕，可略知當地氏族的參與情況：

表 3-2.9：新豐佛邑諸氏族的參與情況〔註175〕

氏　族	張	趙	范	吳	郭	孫	呂
邑　職	10.6%	12.7%	2.1%	2.1%	2.1%	8.5%	4.2%
邑　子	14.2%	10.8%	6.3%	5.1%	4%	3.4%	3.4%
氏　族	王	鍾	馬	劉	黨	嚴	楊
邑　職	6.3%	6.3%	0	2.1%	0	4.2%	6.3%
邑　子	2.9%	2.9%	2.3%	2.3%	2.3%	1.7%	1.7%

　　透過上表可知，孫、呂、王、鍾、嚴、楊六姓對佛邑的積極參與，最爲顯著。不但擔任著諸多邑職，分擔了邑中的日常工作，在比例上，也遠遠超出了僅只具名爲邑子的“會員”屬性，同屬佛邑中較具影響力的氏族。尤其是著姓孫氏，不但在前述的領導階層中，扮演了重要角色，也在佛邑的邑職分配裏，顯露出這種地位的優越性。可見佛邑的組織與運作，是和當地勢力的消長，有著密切關係的。此外，在新豐邑義中，人數最多的張姓與趙姓，則在邑子與邑職的比重中，表現出平均的一面。可見此二姓，雖非鄉望，但以其人多勢眾，仍然可在邑中爭取合理的地位。至於邑子人數上，分佔三、四、五位的范、吳、郭三姓，則在邑職與日後的管理參與上，顯示出退縮及弱勢的一面。

　　至於普屯康造邑的目的，相信和他統帥當地府兵有一定的關連。透過以

〔註174〕表 3-2.10：新豐佛邑的邑子與邑職姓氏

邑子 175	張 25、趙 19、范 11、吳 9、郭 7、孫 6、呂 6、王 5、鍾 5、馬 4、劉 4、黨 4、嚴 3、楊 3、田 2、成 3、徐 3、洪 2
	程 1、妻 1、滕 1、業 1、周 1、茹 1、謄 1、來 1、韓 1、朱 1、介 1、司馬 1（另有 42 人不知姓氏）
管理系統 都邑長 47	趙 6、張 5、孫 4、楊 3、王 3、呂 2、嚴 2、成 2、鍾 3 范 1、奐 1、侯 1、樊 1、蘭 1、齊 1、吳 1、鄭 1、李 1、劉 1、司馬 1、□ 5、郭 1

〔註175〕表 3-2.9 乃藉由邑子與邑職姓氏計算統計而來。

上的分析可以得知，普屯康所招集的邑眾，實際上，並非一般的平民，而是經過篩選的"豪傑"——府兵。為了加強軍事上的統屬關係，他一方面運用孫氏鄉豪，聯絡與掌握當地將士。另一方面，則藉由大都邑主——邑主——邑子的佛教組織，轉化了帥都督——都督——府兵的軍事歸屬。使彼此之間，形成一個更為緊密的團體。

　　由於府兵為國家的正規軍隊，因此佛邑的功能，除了增強軍事部署的上下聯結，當然還需要完成效忠皇帝的使命。其祈願文記載：

　　　　伏惟皇帝、國祚延康，民豐萬世。諸邑等爵祿，光寵日益。

也就是說效忠皇帝而國家長存，才能達到民豐萬世的期望。而諸邑眾的爵祿有了政權的保障，也才能因聖眷垂顧而顯耀。可見當時官員利用佛邑凝聚國家認同的面向，是沒有內地、戰場之分的。

第四章 官方色彩的佛教義邑（下）

第一節 佛邑組織與軍事團體

除了宗族與地方勢力，軍事團體亦是佛邑組織的鏈結要素。在三則有關軍人結邑的資料中，我們可以發現，當時的統軍將帥，不但以宗教組織凝聚將士，親率部屬爲國祈福。如此行爲亦擴及各軍種。無論是地方義軍，僑郡的北鎮軍，甚至城防戍軍，皆造佛邑以強化軍民之間的關連。可謂是當時較爲特殊的風氣。其中，又以大統六年的高涼義邑較早：〔註1〕

一、巨始光與地方義軍

……清信士佛弟子建義大都督巢山監軍鎮遠將軍前平陽令高涼令安平縣開國侯巨始光自惟□因浮□，樹業凋微。生於季葉，長逢兵亂。王道時屯，群飛未戢。妖氛充斥，忠良異路。值龍變虎爭之秋，列土立功之會。常思納肝之誠，又慕孫賓之節。契闊戎行，夷險備經。艱危之中，恒發私願。遂心存至道，追慕玄津。福祐無違，精誠克立。蒞宰向周，缺期月之化；綏民撫政，乏童稚之惠。乃藉本宿心，兼規古則。輒率文武鄉豪長秀，並竭丹誠，敬造石像一區……維大魏大統六年歲次庚申七月丙子朔十五日庚寅，合縣文武邑義等仰爲皇帝陛下、大丞相，七世所生父母、存亡眷屬，爲一切眾生敬造。

〔註1〕 〈巨始光造像記〉，《魯迅輯校石刻手稿》（二十三），頁529。

佛邑主導者巨始光的官銜爲「建義大都督巢山監軍鎮遠將軍前平陽令高涼令安平縣開國侯」。戎散不計，其勳號爲大都督，同於前記白實。實授縣令，當爲兼領。依照前述白實鎮軍的模式，相信此一縣職，應與其出任監軍有關。當孝武入關之際，河洛豪右有不少人舉眾立義，不但爲孝武帝隨扈斷後；西魏建國以後，也擔任著擾亂敵陣，收集情報的敵後工作。而高涼地當其衝，魏分東西以後，本區先屬高歡統領。至少要到大統三年，才在宇文泰的東征，以及河東鄉豪的支持下，歸附於西魏〔註2〕。另一方面，由於戰火連綿，攻伐迭起。立義郡縣多由義軍酋帥直接治理〔註3〕，而巨始光即應在其中。此

圖 4-1.1：〈巨始光造像記〉之一

（引自周錚，〈西魏巨始光造像碑考釋〉，《歷史博物館刊》第十一期，1985 年，頁 91）

〔註 2〕 「李弼……從平弘農，與齊神武戰於沙苑……又與賀拔勝攻剋河東，略定汾、絳」。參見《周書》，卷十五〈李弼傳〉，頁 240。而其事即發生於大統三年。參見《周書》，卷二〈文帝紀下〉，頁 24。
〔註 3〕 如河東義眾領袖楊檦，兼授領地郡事二十餘年。參見《周書》，卷三十四〈楊檦傳〉，頁 590～593。

圖 4-1.2：〈巨始光造像記〉之二

（引自周錚，〈西魏巨始光造像碑考釋〉，《歷史博物館刊》第十一期，1985 年，頁 92）

外，大都督銜前冠以 "義" 字，似乎也為當時立義統帥的獨特稱謂。〔註4〕

　　由此，根據建義大都督的勳號判斷，巨始光的身分應該就是當地的義軍統帥。而高涼坐落龍門郡東〔註5〕，縣城西方即為王思政修築鎮守的玉壁城

〔註4〕 如《周書》所載另一建義酋豪陳忻的官號：「大統元年，授持節、伏波將軍、羽林監、立義大都督，賜爵霸城縣男」。參見《周書》，卷四十三〈陳忻傳〉，頁 778。

〔註5〕 謝啟昆，《西魏書》，卷八〈地域考三下〉，頁 69。

〔註6〕。位處西魏國境的東緣，不但是屏障政權的前鋒，也是東西魏疆土交會的要地。由於控扼天險，經常成為兩魏政權在河東地區爭奪的焦點。就在義邑完成後二年，本區即爆發了規模龐大的第一次玉壁之戰〔註7〕。如何平撫戰時散亂的人心，相信是巨始光興建佛邑的考量之一。

在其主導之下，高涼以及鄰近地區的官員，也紛紛參與了造邑的活動：

表 4-1.1：巨始光造像記的官員階層

僧	侶	邑師：高涼三藏辯賢
邑職	管理	唯那：高涼令伊帛子
具銜	封爵	使持節通直散□騎□侍驃騎大將軍建州刺史□平太守當郡大都督華陰縣開國侯楊檦、鎮遠將軍員外散騎侍郎建義都督前高涼□安丘縣開國子楊清、□□縣開國男□光副
	散爵	齊州廣宗縣男巨敬保、齊州耶城縣男□阿景
	都督	巢山建義都督張舍族、巢山建義都督張□達

以上官員題名中，居首的是擔任邑師的僧侶——高涼三藏比丘辯賢。一般說來，當時似乎存有以"三藏"尊稱各級僧官的習慣，僧傳之中頗不乏此類記載。如北周沙門僧晃，即為北周武帝親授綿州"三藏"：

> 釋僧晃……武帝下敕，延於明德殿，言議開闡，彌遂聖心。乃授本
> 州三藏。〔註8〕

又如化度蜀郡的高僧亡名，亦為周帝授為夏州"三藏"：

> 亡名……禮供殊倫，聲聞臺省。後齊王續部，伏敬日增。任滿還雍，
> 遂勒歸謁。帝勞遺既深，處為夏州三藏。〔註9〕

甚至早於北魏，已出現此種稱號。如奉敕創翻十地，並與宣武皇帝親對筆受的菩提流支，也為時人呼作"三藏"：

> 先時，流支奉敕，創翻十地。宣武皇帝命章一日，親對筆受，然後

〔註6〕《周書》，卷十八〈王思政〉，頁295。

〔註7〕第一次在西魏大統八年（AD.542）：「興和……四年九月，神武西征。十月己亥，圍西魏儀同三司王思政於玉壁城，欲以致敵，西師不敢出」，參見《北齊書》，卷二〈神武紀下〉，頁21。而引文中的興和四年即為大統八年。此外，《周書》，卷十八〈王思政傳〉，頁 295，記載亦同。第二次則在大統十二年（AD.546）。參見《周書》，卷三十一〈韋孝寬傳〉，頁536～538。

〔註8〕《續高僧傳》，卷二十九〈僧晃傳〉，頁694。

〔註9〕《續高僧傳》，卷七〈亡名傳〉，頁481。

方付沙門僧辯等……帝又敕親信士李廓，撰眾經錄……廓又云：「三
藏法師流支，房內經綸梵本，可有萬甲」。〔註10〕

因此，高涼三藏辯賢應該就是當地的官方僧侶。

另一方面，根據塚本善隆的推論，自北魏以來，僧侶便如同宗教信仰與
社會結合的紐帶，在經歷了僧眾的教化運動之後，遂發展成為以僧侶為中心
的信徒集團（包括了義邑的組成），而邑師就是這種信徒團體的教化指導者
〔註11〕。學者林保堯也認為，邑師不但在邑中的地位崇高，更「是中央統合
地方佛教，且與地方佛教互相連繫建立全國共為一體佛教機構的重要開路者」
〔註12〕。而官僧更可謂是國家政權在功利思想下，工具層面的產物。如此的
組合，不但突顯了宇文泰「興隆釋教」，承續北魏以來的政教風格；更可知在
國家獎掖的影響下，河東佛教已有規模的開展。此外，其地廣沐玄宗的原因，
尚可能和交通位置與亂世情結有關〔註13〕。如題記所載：

契闊戎行，夷險備經。艱危之中，恒發私願。遂心存至道，追慕玄
津。

可見久處戰陣，歷經險夷的人心，對於宗教薰沐的期盼。而本地位處古代的
交通要道，鄰近長安與洛陽兩大傳教中心〔註14〕。因此在佛法的傳布上，可
說是十分便捷。

至於使持節通直散騎□侍驃騎大將軍建州刺史□平太守當郡大都督華陰
縣開國侯楊檦。則史載其人：

楊檦字顯進，正平高涼人也。……少豪俠有志氣……率其宗人收船
馬渚……從魏孝武入關……授通直散騎常侍……率義徒更為經
略……轉正平郡守……朝廷嘉其權以全軍，即授建州刺使。〔註15〕

〔註10〕《續高僧傳》，卷一〈菩提流支傳〉，頁428。
〔註11〕塚本善隆，《塚本善隆著作集》（二）（東京：大東出版社，1974年），頁491
　　　　～498。
〔註12〕林保堯，《法華造像研究》（台北：藝術家，1993年），頁85。
〔註13〕而當時的造邑動機中，感嘆亂世無常，也的確是時人共有的情結。題記有謂：
　　　　「生於季葉，長逢兵亂。王道時屯，群飛未戢。妖熒充斥，忠良異路」。
〔註14〕陝西自古與東方的交流主要依靠二條路線：一是兩京驛道，由長安順著渭河
　　　　谷地，連接黃河以達洛陽。另一條則斜向東北，延汾水以抵龍城（太原）。高
　　　　涼即位於汾水驛道上。參見嚴耕望，《唐代交通圖考》（台北：中研院史語所，
　　　　1985年），卷一，頁17、129。
〔註15〕《周書》，卷三十四〈楊檦傳〉，頁590～592。透過其官職遷轉，也可將題記
　　　　的闕泐，補為"常"、"正"兩字。

楊檦出生於高涼，其宗族也多在此地〔註16〕，這種深厚的地緣關係，應該是他參與佛邑的原因之一〔註17〕。其他的官員，除了封爵〔註18〕，還包括了三位都督。由其勳號"建義"，可知爲當地的義軍主帥。除楊清爲巨始光的前任外，都屬於巢山軍鎮的將官。雖然巢山無考，但當地有稷山，北魏以來皆爲戍兵防守要地〔註19〕，或許巢山即處其中。而高涼令伊帛子，則因爲沒有證據顯示西魏時期的縣令可以同時由兩人擔任（時巨始光、伊帛子同爲高涼縣令），因此也有學者提出巨始光可能離職在即，而伊帛子則將接任的看法〔註20〕。特別的是，除了伊帛子擔任邑中的唯那，其他的義帥都僅以具銜的方式參與，可見並未深入佛邑的事務。至於他們參與的原因，或許和當時的戰場情勢有關。

　　本區的立義督帥，由於位居前線，各領所部，各懷心思，彼此之間存在著極大的不信任感。這種心結，在戰時的表現尤爲明顯。例如本邑的官員階層之一，統領汾曲、澮水流域、涑水源頭等地義眾的楊檦〔註21〕，其戰場經歷中，就透露了這種情形：

　　　　檦以無軍無援，且腹背受敵，謀欲拔還。恐義徒背叛，遂僞爲太祖
　　　　書，遣人若從外送來者，云已遣軍四道赴援。因令人漏泄，使所在

〔註16〕根據邑子、族正的姓氏統計，可見楊氏的比例最高，實爲當地的大姓：

表4-1.2：巨始光造像記中諸邑子的姓氏結構

邑子族正	楊4、張3、王2、行2、秦1、田1、竹1、樊1、何1、吳1、尹1、薛1、耿1、崔1、山1、皇1、宵1、郝1、呂1、力1、趙1、不知姓5
邑　　子	楊16、王7、張7、尹4、任2、李2、薛2、徐1、蘭1、趙1、陳1、行1、舍1、力1、賈、不知姓63

〔註17〕楊檦曾於大統十四年，自行造像祈福，可見爲虔誠的佛教徒。參見王睿等，〈山西垣曲縣宋村發現西魏造像基座〉，《文物》第七期（1994），頁84～86。這或許也是他參與佛邑的另一個理由。

〔註18〕三位封爵，由於有爵無職，且姓名殘缺，本文難以考校。可能也是北魏內亂時，捐輸授秩的結果。但以題名與諸都督並列上層，且皆位於巨始光全家題名之後，他們在身分上應同屬官員（至少當地邑眾的共識如此）。

〔註19〕《稷山縣志》載有北魏稷山鎮將薛鳳賢。參見周錚，〈西魏巨始光造像碑考釋〉，《中國歷史博物館館刊》第十一期（1985），頁93。

〔註20〕參見周錚，〈西魏巨始光造像碑考釋〉，《中國歷史博物館館刊》第十一期（1985），頁92。

〔註21〕有關楊檦的勢力範圍，參見毛漢光，〈北朝東西政權之河東爭奪戰〉，《中國中古政治史論》（台北：聯經出版社，1991年），頁152。

知之。又分土人義首，令領所部四出抄掠，擬供軍費。櫟分遣訖，
遂於夜中拔還邵郡。〔註22〕

而楊櫟所質疑的義徒，恐怕巨始光等人也在其中。

由於楊櫟時任建州刺使，統兵於外。多次征伐，深入東魏國境：

太祖以櫟有謀略……乃表行建州事。時建州遠在敵境三百餘里。
〔註23〕

為了避免腹背受敵的危險，對楊櫟而言，統領高涼的巨始光，是一個必須充
分掌握的重要人物。因為高涼，不但是楊櫟崛起的源頭，也是其軍事經略的
根據地——邵郡——的後衛地區〔註24〕。是以，參與佛邑的舉動，不但可以

〔註22〕《周書》，卷三十四〈楊櫟傳〉，頁592。
〔註23〕參見《周書》，卷三十四〈楊櫟傳〉，頁591。
〔註24〕楊櫟多次出入國境作戰，當大軍不利時，其所退還的地區均為邵郡：
表4-1.3：邙山之戰以前，楊櫟的戰場經略

序	出兵目標	原　　　　　因	鎮守或退還地
01	邵　郡	與當地豪右王覆憐相知，陰謀舉事。遂拔邵郡。	櫟以因覆憐成事，表其為邵郡守。率義徒，更為經略
02	正平等地	遣諜人誘說正平等城，以為內應，因而攻拔。	正平。表正平郡守
03	東雍州	東雍州刺史馬恭懼櫟威聲，棄城遁走。	移據東雍州
04	建　州	以委邊任。時州遠在敵境三百餘里。而東魏以侯景攻陷正平。因而腹背受敵。	遂於夜中，拔還邵郡
05	正　平	時東魏以正平為東雍州，遣薛榮祖鎮之。櫟率步騎二千襲克。	正平
06	邵　郡	邵郡民以郡東叛，郡守郭武安脫身走免。櫟又率兵攻復。	邵郡
07	南　絳	收邵郡後，回師正平。以軍襲之。	（無）

由上表可知楊櫟當時的根據地為邵郡無疑：每遇出征，必先鞏固邵郡。如他
第一次遠征時，便以與其相知的王覆憐鎮守後方。而邵郡民變時，則迅速的
回軍平亂。而正平則屬前進基地。是以正平失守後，楊櫟必須連夜回軍，鞏
固後方，以圖再起。至於以上諸地與高涼的地理位置，除參照附圖外，簡述
其由西而東的方位為：龍門→玉璧→高涼→邵郡→正平→建州。其中邵
郡與高涼的方位，翻閱嚴耕望，〈唐代長安太原道驛程圖〉，《唐代交通圖考》，
卷一，頁128夾頁、毛漢光，〈河東地區地理圖〉，《中國中古政治史論》，頁
130夾頁、譚其驤主編，〈北魏司、豫、荊、洛等州〉、〈西魏〉，《中國歷史地
圖集》第四冊（台北：曉園，1991年），頁46～47、63～64、謝啟昆，《西魏

拉近與巨始光的關係，更具有實質上的意義——以相同的宗教信仰，化解相互設防的心態，從而達成彼此信賴，共同歸屬於國家政權的領導目標。因為佛邑所展現的共同信仰、祈願，就是拉近雙方關係，增強彼此認同的不二法門。

而題記的祈願對象，也在政治因素的影響之下，除了常見的皇帝國主，加入了政權核心人物——宇文泰：

　　合縣文武邑義等仰爲皇帝陛下、大丞相……敬造。〔註25〕

這種認同對象的具體化，使我們可以體認出，宗教因其信仰，爲當時義軍各領，扮演著膠著劑角色，以致提升爲國家認同的政教合一象徵面向。

不過，義軍領袖畢竟屬於國家政權在地方上的領導階層，想助渡他們虔誠的信仰，隨便找來的遊化僧人，是不具說服力的。因此，爲了凝聚義帥，在選擇僧侶的層次上，必須安排一位熟知經典，能以義理傳布地方的高僧。特別在身份上，甚至兼具著同屬官僚的條件，以增強對宗教信仰的接受程度。相信這就是僧官高涼三藏辯賢，出任邑師的主要原因。另一方面，這位邑師基於爲國導俗的才學，也的確使佛邑無論在願文的內容，或者教理的發揮上，都不致於出現，相對於當時民間對佛教認識不深，或者佛像與義理張冠李戴的現象。學者劉淑芬也認爲，本處佛邑所立石碑上的圖像與題記及經典的詮釋，是如此的貼切，以致於成爲顯示僧侶傳教方法上的最佳例證。〔註26〕

至於上述諸義帥，在佛邑中僅只具銜，而不擔任邑職的原因，推想應是戰區的環境使然。以楊檦而言，治所不定。在戰雲密佈的狀態下，勢不可能參與邑內的日常工作。即便受職，以本邑的職屬而言，也只有邑子與像主兩種較爲適合。不過楊檦官位高於巨始光，擔任邑子，而屈居像主巨始光之下，可能行不通。另一方面，佛邑畢竟爲巨始光所主導興建，楊檦也不可能奪佔像主之職。或許可以稍釋當時義帥具銜無職的原因。

　　　書》，卷八〈地域考三下〉，頁 69 等均無考。但以其戰事的推演，及高涼郡西魏改稱龍門郡而觀，其地理位置應偏向西方的龍門無疑。而大統十六年，邵郡升格邵州，兼轄龍門，可知高涼與邵郡爲鄰。是當時楊檦根據地的後衛地區。

〔註25〕「永熙三年……太祖乃進軍討瑾，虜其卒七千，還長安，進位丞相」，可見此處的丞相即指宇文泰。參見《周書》，卷一〈文帝紀上〉，頁 13。

〔註26〕參見劉淑芬，〈五至六世紀華北鄉村的佛教信仰〉，《史語所集刊》六十三卷三期（1993），頁 519～520。

　　從上所論，可知本邑的官方階層，主要為當地的義軍領袖。雖然在形式上與前述固城佛邑的領導結構產生重疊，但邑眾的組成，卻反映了區域性的差異。白實由河北轉調南陽，或許是缺乏與當地直接的人身關係，因此在掌握鄉兵的職守上，最重要的便是控制鄉里以及"十州武義"的領袖。而巨始光身為義軍統帥，除了需要與其他的豪強加強關係；更重要的就是直接掌握鄉民，以鞏固其軍權根本。也因此在高涼義邑中，納入了平民階層的參與。

　　至於高涼義邑的邑職組織，則條列如下：

表 4-1.4：巨始光造像記中的邑眾組織

類　別	邑　職	姓　　　　　　名
捐資邑職	像　主	建義都督巢山監軍鎮遠將軍前平陽□高涼令安平縣開國侯巨始光。 光父被□板授建興太守巨天祖、光母景伏姜、光亡弟巨斛愁、光亡妻郭□□、妻上官阿□、妻□□奴、妻蘭仙妃、息巨令雋、息巨銀妃、息巨洪妃（以上巨始光全家）
	當陽佛像主	左相當陽佛主：楊志寬；右相當陽佛主：楊仕弟伯通、業仁 當陽大像主：衛加、□像、張通、李名仁、周仕俱、楊阿山、張遷恭、楊山□當陽大佛主：宋長、楊乾來、馬君姿見存母李、息文通、文永、文德、文恩、文逍、通男、開□、永遷、迎男
管理邑職	邑　主	都邑主楊崙、邑主楊頵、邑主裴勒義、邑主皇大朗、邑主蘇遵買
	唯　那	都唯那薛荷、唯那高涼令伊帛子、唯那邑正洛陽縣西曹張俱、唯那楊法智、唯那兵曹府楊碩、唯那□輝和、唯那（泐）、唯那（泐）
	典　錄	典錄任化、典錄（泐）
法會邑職	齋　主	齋主力法、副齋主王遵平

　　據表可知，佛邑的起造者巨始光，在邑中所擔任的職位為像主。而像主的意涵，根據學界普遍的共識，主要指的是認捐造像經費的人〔註27〕。至於巨始光捐資造像的原因，則有兩種可能。第一，身為造邑活動的主導者，他有必要以身作則，助緣建像，以號召信徒的襄贊。而本邑中，由於缺乏勸化主、化主等邑眾的推動，也使得巨始光的舉措，更形重要。事實上，這個動作，也的確吸引不少人響應了募款活動。如贊助佛邑的當陽佛像主，即達二

〔註27〕幾位學者的看法都相當一致。如塚本善隆，《塚本善隆著作集》（二）（東京：大東出版社，1974 年），頁 498～499。或劉淑芬，〈五至六世紀華北鄉村的佛教信仰〉，《史語所集刊》六十三卷三期（1993），頁 525，或林保堯，《法華造像研究》（台北：藝術家，1993 年），頁 85～86。其中劉文並推論當陽大像主等的意義亦同於像主，指的是認捐當陽佛像的人。

十餘位，可爲一證。第二，巨始光的經濟環境應該不錯，因而認捐佛像的義
舉不爲困難。由其合家題名中，可以看出其父巨天祖爲板授（假）建興太守，
這官號應當也是北魏內亂時，輸粟而來的〔註 28〕。可見其家富裕，早在上一
代已然如此。

　　除了像主、當陽佛像主以外，大部分擔任邑中管理職務的邑主、維那、
典錄〔註 29〕等人，多爲當地的居民。根據邑職的高下，我們可以列舉出當地
佛邑的六位平民領導者：鄉里之中最孚聲望的都邑主楊崙。較孚聲望的邑主
楊頵、邑主裴勒義、邑主皇大朗、邑主蘇遵買；以及總理佛邑諸事的都唯那
薛荷。

　　擔任都邑主以及邑主的楊姓人士，應該爲高涼出身的義帥楊檦族人。由
於楊氏三代的經歷：

　　　　楊檦……祖貴、父猛，並爲縣令……檦父猛先爲邵郡白水令。

　　　〔註 30〕

也連帶使得他們在高涼的地位較高。

　　至於邑主裴勒義則無足夠的證據，顯示其與當日世族，郡望聞喜的河東
裴氏有關。不過，高涼原屬正平，而此地確爲河東裴氏的分房定居地之一。
根據毛漢光先生的論述，裴氏定著五房中，中眷裴氏的雙虎支，即居處本區
〔註 31〕。而雙虎支中，較爲著名的裴邃，早在宇文泰初取河東時，已投效西
魏。其統領鄉人，受職正平郡守，還在楊檦之前：

　　　　裴邃，性方嚴，爲州里所推挹……大統三年，東魏來寇，邃乃糾合
　　　　鄉人，分據顯要以自固。時東魏以正平爲東雍州，遣其將司馬恭鎮
　　　　之。每遣間人，扇動百姓。邃密遣都督韓僧明入城，喻其將士，即
　　　　有五百餘人，許爲內應……因是東雍遂內屬。及李弼掠地東境，邃
　　　　爲之鄉導，多所降下。太祖嘉之……除正平郡守。尋卒官。〔註 32〕

而裴邃亡故後，當地仍有裴氏宗族的散居。根據裴邃之子裴文舉傳記，有關

〔註 28〕參見康樂先生，〈民爵與民望〉，《從西郊到南郊》（台北：稻禾出版社，1995
　　　　年），頁 222。
〔註 29〕邑主、唯那，前已論及。至於典錄，則指負責邑日常雜事的的人。參見劉
　　　　淑芬，〈五至六世紀華北鄉村的佛教信仰〉，《史語所集刊》六十三卷三期
　　　　（1993），頁 524。
〔註 30〕參見《周書》，卷三十四〈楊檦傳〉，頁 590～591。
〔註 31〕毛漢光，〈北朝東西政權之河東爭奪戰〉，《中國中古政治史論》，頁 138～142。
〔註 32〕參見《周書》，卷三十七〈裴文舉傳〉，頁 668。

裴氏家族的記載：

> 裴文舉……大統十年起爲奉朝請……少喪父，其兄又在山東……與
> 弟璣又相訓養，友愛甚篤。璣又早亡……初文舉叔父季和爲曲沃令，
> 卒於聞喜川，而叔母韋氏卒於正平縣。屬東西相隔，韋氏墳壟在齊
> 境。及文舉在本州，每加賞募。齊人感其孝義，潛相要結，以韋氏
> 柩西歸，竟得合葬。〔註33〕

另一方面，河東裴氏與本區的關係也非常緊密，從裴文舉的經歷中，我們可
以得知。北周以後，雙虎支再度從楊檦手中，接掌了這一帶的控制權：

> 保定三年……遷之往正平也，以廉約自守，每行春省俗，單車而已。
> 及文舉臨州，一遵其法，百姓美而化之。總管韋孝寬特相欽重，每
> 與談論，不覺膝前於席。〔註34〕

由裴文舉承繼父業的經歷，以及鎮守玉壁的韋孝寬對其敬重的情形，可見裴
氏在當地的勢力根深蒂固，實爲地方領袖之首。〔註35〕

此外，都唯那薛荷。雖不明瞭其與河東世族，郡望汾陰的薛氏，是否有
直接的關聯〔註36〕。不過宇文泰極力爭取當地的薛姓宗族，則是不爭的事
實：

〔註33〕同註32，頁669。

〔註34〕同註32。

〔註35〕本文以爲，楊檦的崛起，應當來自於裴氏政治權力的讓渡。由於裴邃早亡，
所遺留的三子：長子在東魏，而次子文舉與幼子裴璣又過於年幼，因而統率
鄉豪義眾的大權，落到了楊檦的手中。在經歷了裴璣亡故，而文舉長成以後，
本地的控制權自然應該歸還於裴氏。事實上，裴文舉在保定三年（AD.563），
重新掌握了楊檦的前進基地——正平——以後，楊氏的影響力似乎就下降
了。隔年，即在朝廷的詔令下，率眾東行，深入敵境。在孤軍無援的情況下，
因而投降北齊。參見《周書》，卷三十四〈楊檦傳〉，頁593。此外，裴氏東眷
的道護支也有宗族定居於正平。如其要角裴果，並曾短暫的擔任過二年左右
的正平郡守：「後隨開府楊忠平隨郡、安陸，以功加大都督，除正平郡守。正
平，果本郡也……又從大將軍尉遲迥伐蜀」。參見《周書》，卷三十六〈裴果
傳〉，頁647～648。上述楊忠平隨、安等地，事在大統十七年（AD.551）。參
見《周書》，卷十九〈楊忠傳〉，頁316。而尉遲迥平蜀則在西魏廢帝二年
（AD.553）。參見《周書》，卷十三〈尉遲迥傳〉，頁350。可見裴果任職的時
間。

〔註36〕當地的薛氏居民應當不少，除題記載名以外，在西魏恭帝元年（AD.554）的
〈薛山俱等造像記〉中，也出現了「正平郡功曹薛通尚」、「高涼縣功曹薛盛」
等人的紀錄。可見正平、高涼等地薛氏宗族的勢力。參見《魯迅輯校石刻手
稿》（二十三），頁563。

> 丞相泰進攻蒲版，略定汾、絳，凡薛氏預開城之謀者，皆賜五等
> 爵。〔註37〕

另一方面，河東薛氏由於宗族龐大，其世系至今未能全部明瞭，且前人學者論及已多，不於此處贅述。值得探究的，反倒是河東世族與佛教傳布的關係。自從宇文泰運用世族在各地的影響力，使「四方競爲大乘之學」以來，佛教信仰的風潮便已逐漸成形。而河東，不但是關隴政權推行佛教政策的主要地區，更是西魏組織各地世族的宣佛團體中，人數與地位最爲重要的區域〔註38〕。而宇文泰之所以重視河東，則多少和本區作爲國境屏障，並因其形勢而關係帝國存亡的特性有關。爲了確實掌控河東，他一方面釋放了治權與軍權予當地的鄉豪義帥，另一方面則利用世族與僧官來推動普遍的佛教信仰。最後，透過掌握河東的高僧團體，完成了世族、鄉豪、白衣、僧侶等身分階層，在宗教信仰上的連結。當宗教附屬於國家政權之後，不但可以使共同的信仰，轉化爲對國家的認同。這股力量，更具有平靖地方，導正時俗的影響。如前述北周綿州僧統僧晃：

> 匡御本邑，而剛決方正，賞罰嚴平。綿益欽風，貴賤攸奉。前後州
> 主十有餘人，皆受戒香，斷惡行善。〔註39〕

而本節所論的高涼義邑，就是這種時代背景下的產物。亦可見宇文泰面對河東位居戰線，動盪不安的情勢，以佛教信仰來統合當地人民的面向。

除了素有名望的邑主系統、管理職責的唯那系統以外，佛邑的上層結構還包括與法會有關的齋主系統。劉淑芬認爲齋主，主要是和提供齋會所需有關〔註40〕。可見佛邑的活動，除造像立碑外，還必須舉行宗教的儀式，以完成邑眾「爲皇帝陛下、大丞相，七世所生父母、存亡眷屬，爲一切眾生」祈福求願的目的。

齋主力法則爲當地大姓力氏的代表〔註41〕。他們在高涼，也具有一定的

〔註37〕 司馬光，《資治通鑑》（上海：上海古籍，1997 年），卷一五七〈梁紀十三〉，頁 1416。

〔註38〕 河東世族於此團體，不但以學師的身份居首，而且兩姓三人，在區域人數的分布上，比例最高。見本文第二章，頁 16～17。

〔註39〕 參見道宣，《續高僧傳》，卷八〈僧晃傳〉，頁 694。

〔註40〕 參見劉淑芬，〈五至六世紀華北鄉村的佛教信仰〉，《史語所集刊》六十三卷三期（1993），頁 525。

〔註41〕 另一篇出土於聞喜的題記：錄於《聞喜縣志》，卷二十〈新增金石〉的大統五年（AD.539）〈力儁造像記〉，收入《石刻史料新編》第三輯，冊三十一，頁

影響力量。特別是在高凉縣屬吏諸曹的姓氏分布中，佔有重要的地位：

表 4-1.5：巨始光造像記中的高凉縣屬吏諸曹

官　銜	姓　　　　　　　　　　　名
縣主簿	力誓才、行阿纂、趙始成、仇基雋、吳僧和
縣功曹	力士恭、力阿範、楊莫顯、甯元略、衛王遵、甯業族、雷集歡、行敬賢、呂買奴、甯仲和、□慶集、巨□□
縣錄事	翟安勝、茹敬族、王貴族、王元和、仇元敬
縣曹椽	西曹椽竹長、兵曹椽李乔、金曹椽劉寧、祖曹椽張訛、兵曹椽王亮、金曹椽梅勝、兵曹椽李、兵曹椽傅祿、西曹椽費遵、租曹椽任岳、兵曹椽秦穆、兵曹椽費蘭、金曹椽□□、金曹椽□□、戶曹椽□□、□曹椽馬遵和
殘　缺	□曹□王買、戶□□□□、□□□□歡、金曹□□□
其　他	邑正洛陽縣西曹張俱、唯那兵曹府楊碩、兵曹陽成雋

　　可見力氏在縣屬官吏中，共出仕三位。所擔任的職位，也屬於較高階層的主簿與功曹，其中主簿的官秩，更同於縣令〔註 42〕。可見力氏在鄉里間的地位頗高。此外，當時的主司亦有權力自選辟僚。如西魏的薛端：

　　　　太祖嘉之，故賜名端，欲令名質相副。自居選曹，先盡賢能。〔註 43〕

而所選的僚屬，又多為當地的世族鄉豪。如另一位河東薛氏薛寊：

　　　　年未弱冠，為州主簿、郡功曹。起家奉朝請。〔註 44〕

也可輔證力氏在地方上，的確有其勢力。

　　除了縣屬佐僚擔任邑子邑職者：功曹十二人、主簿五人、錄事五人、其餘列曹十六人等，共約四十人；尚有當地各姓族正〔註 45〕、邑子近百人。是為題記所稱的「文武鄉豪長秀」，也代表了河東地區義眾組成的象徵。

　　大統八年（AD.542），本縣境內即爆發了東、西魏為了爭奪河東控制權的

　　　　427。就載有不少的力氏族人，可證力氏散居於河東地區的情形。

〔註 42〕 《北周六典》，頁 633。

〔註 43〕 《周書》，卷三十七〈薛端傳〉，頁 621。

〔註 44〕 《周書》，卷三十八〈薛寊傳〉，頁 685。

〔註 45〕 西魏、北周之鄉里制度多已不存。但觀北齊以「百家為族黨」。隋代則「五家為保，保五為閭，閭四為族，皆有正」。參見馬端臨，《文獻通考》（台北：台灣商務印書館，1987 年），卷十二〈職役〉，頁 127。可見族應為百家，而族正則為百家之長。

玉壁之戰。此役之所以解圍，史書歸功於玉壁鎮將王思政的守禦有方。不過，就防守的觀點而言，僅只軍事上的部署是不夠的。前線所需的還有當地官民的心理建設，也就是「家」、「國」的認同。尤其在戰禍頻傳的邊地，官民同心，才能防制叛降，鞏固邊防。因此，巨始光的高涼義邑不但與地理環境有著深刻的關聯，和白實的固城義邑也存有異曲同工之妙，都有著加強地方控制，鞏固國家認同的作用。

二、正寧佛邑與北鎮軍人

甘肅正寧縣羅川鄉於 1984 年出土的保定元年（AD.561）〈合邑造像記〉中〔註46〕，記載了一處北周時期和北鎮軍人有關的義邑：

> 保定元年正月十五日。合邑生一百三十人等共同尊心，爲法界眾生，廣發洪願。造人中釋迦石像一區。願使黃帝比（陛）下，明中日月。
> 法界眾生，□治此福，公得團蒲，果保成佛。

佛邑位於當日的顯州境內〔註47〕，是宇文泰於大統中期時設置的六僑州之一。根據毛漢光先生的推論，本州之建置，與當時茹茹的進逼有關。由於茹茹屢侵夏州，甚至南下威脅長安，以致朝廷須在隴東的「涇水上游雜胡與洛水上游稽胡的……勢力空隙之區」〔註48〕，設州防堵。可見其地的軍事作用。

題記方面，至少在行文中，也表現出兩大特點：第一，與一般常見的邑子、邑眾等不同，佛邑成員，在此出現了"邑生"的稱謂。而改"子、眾"等爲"生"，則可能和題記的第二特色有關——簡短六十七字的願文之中，法界眾生的辭彙即出現兩次。可見造像者重視的程度。因此，這邑"生"或許就蘊藏了法界眾"生"的意涵。而芸芸眾生，不但是當地善信，發願造像的心理基礎，也是弘揚功德的主要對象。這和絕大多數的北朝造像迴願對象，不重視眾生，甚至在祈願排次上，聊勝於無，算不上"倫理普遍主義"的情

〔註46〕未著明，〈甘肅正寧縣出土北周佛像〉，《考古與文物》第四期（1985），頁109～112。

〔註47〕正寧在北魏豳州的陽周縣東方。參見譚其驤主編，〈北魏雍、秦、豳、夏等州〉，《中國歷史地圖集》第四冊（台北：曉圓，1991年），頁54～55。而豳州入西魏後，則改爲寧州。參見《西魏書》，卷八〈地域考〉，頁56。至大統中，僑治陽周爲顯州：「羅川，舊曰陽周，西魏置顯州，後周廢」。參見《隋書》，卷二十九〈地理志上〉，頁810。

〔註48〕毛漢光，〈西魏府兵史論〉，《中國中古政治史論》，頁166。

況相反〔註49〕，充分展現出關懷人群的菩薩行思想。不過，這一思想在本地的擴張，恐怕也是政權高層刻意運行的結果，和北朝隴東地區的佛教發展，有著深刻的關連。

佛邑所在的隴東〔註50〕，向來以眾多的石窟造像聞名。不但有著數量驚人的慶陽、涇川南北石窟寺群〔註51〕，近年來，更以涇水上游的固原與東側的子午嶺為中心，出土了眾多的佛教文物遺跡〔註52〕。弔詭的是，這些石窟、造像，竟然都和北魏宣武帝時，一場鎮壓與屠殺佛教信徒起義的事件有關。

由於寺院經濟的流弊，以及僧侶地主對下層僧侶的殘酷迫害〔註53〕。北魏末年，陸續興起了多次的僧侶起義事件〔註54〕。其中，永平二年（AD.509）

〔註49〕 "倫理普遍主義"指當時佛教信徒「在為國、家祈願的同時，開始關心廣大眾生的命運」的轉折。不過，這在當時只是個"苗頭"而已。參見侯旭東，《五、六世紀北方民眾佛教信仰》（北京：中國社科出版社，1998年），頁220～223。

〔註50〕 隴東地區的範圍，主要依照鐮田茂雄的劃分：西以隴山，東至子午嶺（陝甘邊境），南抵陝西關中平原，北達今日寧夏地域。參見氏著，〈隴東石窟の歷史的意義——その佛教史的考察〉，《佛教與中國文化國際學術會議論文集》下輯（台北，1995年），頁651。

〔註51〕 參見合編，《隴東石窟》（北京：文物出版社，1987年）。

〔註52〕 固原今在寧夏。其鄰近出土文物的介紹如〈固原縣新集公社出土一批北魏佛教造像〉，《考古與文物》第六期（1984）、〈固原縣的石窟造像〉，《文物參考資料》第四期（1956）、〈固原出土的佛雕造像〉，《固原師專學報》第一期（1992）等，都有許多的記載。子午嶺地區，近年則有〈甘肅子午嶺區造像塔調查記〉，《文物資料叢刊》第五期（1980）的出土文物介紹。

〔註53〕 施光明，〈論大乘起義——北魏僧侶起義性質再探〉，《固原師專學報》第二期（1988），頁65。

〔註54〕 表4-1.6：北魏末年的僧侶內亂事件

時　　間	事　　件	出　　　　　處
延興三年	沙門慧隱謀反	《魏書》，卷七〈高祖紀上〉，頁140
太和五年	沙門僧法秀平城起義	《魏書》，卷七〈高祖紀上〉，頁150
太和十四年	沙門僧司馬惠卿起義	《魏書》，卷七〈高祖紀下〉，頁166
永平二年	涇州沙門劉慧汪起事	《魏書》，卷八〈世宗紀〉，頁207
永平三年	秦州沙門劉光秀起事	《魏書》，卷八〈世宗紀〉，頁209
延昌三年	幽州沙門劉僧紹起義	《魏書》，卷八〈世宗紀〉，頁215
延昌四年	冀州沙門僧法慶起義	《魏書》，卷九〈肅宗紀〉，頁222
熙平二年	大乘餘眾瀛州亂事	《魏書》，卷九〈肅宗紀〉，頁225

的沙門劉慧汪等暴動，就起事於本區：

> 二年春正月……涇州沙門劉慧汪聚眾反。詔華州刺史奚康生討之。
> 〔註55〕

雖然，佛教僧侶的起義，原先的對象並非政權，而是對佛教展開的「屠滅寺舍、斬戮僧尼、焚燒經像」等報復行動〔註56〕。不過，在北朝嚴密的政教控管之下，這樣的舉動，無疑威脅了政權基礎，造成地方的不安。因此，奚康生便被指派前往平亂。或許是出於鎮壓中的過度殺戮，這位主帥在面對生靈塗炭的慘劇後，似乎也心存懺悔，並轉而興塔造像，積累善果：

> 康生久爲將，及臨州尹，多所殺戮。而乃信向佛道，數捨其居宅以
> 立寺塔。〔註57〕

除了捨宅以立寺塔外，造像興福也是奚康生贖罪的一種方式。日本學者鎌田茂雄，更依據石刻史料〈南石窟寺碑〉，舉證隴東由北魏至唐代的造像風潮，根本就是由奚康生所帶動〔註58〕。或許正基於這種歷史傳承，正寧佛邑很自然的流露出對眾生悲憫的意味。邑中的諸多將領，對於戰陣中的屠戮，似乎都有著與奚康生同樣的贖罪心理，因而表現出對眾生的高度關懷。

由於佛邑的參與人數多達一百三十人，爲了完整刊刻成員的姓名，單面的石碑恐怕是不夠，因此便將其分列四面。雖然，最重要的都邑主姓名無存。但在組織結構上，我們仍可以觀察出佛邑的具體組成。首先，在官員階層方面：

表 4-1.7：正寧義邑的官員階層

南面	邑職	管理邑職	都邑主：使持節驃騎將軍儀同三司（泐）、南面邑主：建中（或爲"忠"）將軍滅紫別將郭永、都唯那：都督□守縣平州刺史賈延、南面唯那：驃騎將軍都督地連昌、南面典錄：寧遠將軍統軍庫延豐
		捐資募款	都像主：前將軍右銀青光祿、都香火主：車騎將軍師（帥）都督紇奚愼、南面化主：輕車將軍別將宇文元達、南面齋主：寧遠將軍儀同司馬孫□□
		不明	都邑渭：也丘目歸（泐）師（帥）都督眞定縣开（開）國公豆盧相

〔註55〕《魏書》，卷八〈世宗紀〉，頁207。
〔註56〕《魏書》，卷十九〈京兆王遙傳〉，頁445。
〔註57〕《魏書》，卷七十三〈奚康生傳〉，頁1633。
〔註58〕鎌田茂雄，〈隴東石窟の歷史的意義——その佛教史的考察〉，《佛教與中國文化國際學術會議論文集》下輯（台北，1995年），頁655～567。

西面	邑　生	驃騎將軍都督趙和、建中（或爲“忠”）將軍統軍賈洪遵
北面	邑　生	寧遠將軍平興縣開國子曹（泐）、師（帥）都督（泐） 疑爲官員：都（泐）、督悅光宗（泐）、橫舒（疑爲“野”）將（泐）、 軍開苟仁（泐）
東面	邑　職	東面邑主：都督豆盧子光
	邑　生	開府司馬荔非穆

由上表的官員姓氏，我們可以推論，佛邑處於一個族群混雜的地區。其中的鮮卑姓氏，也印證了西魏僑置六州，以收容「三州六鎮鮮卑流寓於秦隴之餘眾」的舉措〔註59〕。這樣的安排，主要是爲了保持軍事主力——北鎮軍人——鮮卑化的武裝力量。唐長孺先生曾論道，無論「高歡和宇文泰政權都以北鎮群眾爲其軍事基礎……統治者有意把他們搜括出來，使之充當軍士」〔註60〕。可見邑中的鮮卑（或者鮮卑化）邑眾之由來。

此外，官員中亦出現了荔非、地連等少數羌姓。可見當時羌族的定居地，除了馬長壽所推論的渭河北岸，也及於隴東地區。他們現身於此的原因，除一部分爲定居住民，如姚薇元於《北朝胡姓考》中曾述：「寧州荔非氏，西羌族也」，可見羌姓中荔非氏出自隴東的情形〔註61〕。其他羌民，則可能與軍事調遣有關〔註62〕。自宇文泰於渭北羌族聚居地——白水，舉行軍事大閱，大肆募集兵員以來〔註63〕，許多的羌人，應該就加入了軍隊。而尉遲綱自武成

〔註59〕《北周六典》，卷五〈夏官府〉，頁339。

〔註60〕參見唐長孺，〈拓跋族的漢化過程〉，《魏晉南北朝史論叢續編》（台北：帛書，1985年），頁165～166。

〔註61〕最早於符秦時的〈鄧太尉祠碑〉中，已見他們的記載。參見姚薇元，《北朝胡姓考》（台北：華世，1977年），頁333。

〔註62〕除了羌民中的荔非氏，因有記載可見是當地居民。其他的羌姓則不一定世居當地，如以地連昌任職都督，統領鄉兵的情形推論，若他們定居於此，族人出任鄉豪的象徵——都督，就該具有地方上的影響力。這種優勢地位，也理應在佛邑中表現無疑。相反的是，邑中的居民邑職，並無地連氏的出現。可見其鄉豪的地位，或許緣於渭北，而非正寧。或因隨軍遠戍，而於此停留。另一方面，隴東地區的羌族相關造像資料過少，使我們無從得知羌民入居的分布情況。或許這也正是馬長壽先生無以推論西魏北周時期隴東羌族的原因之一。因此，僅以本邑孤證來推論羌族入居隴東的普遍情形，恐怕仍嫌不足。

〔註63〕在西魏時期，宇文泰至少舉行過八次象徵募兵儀式的軍閱裡。接連大統十年與十一年（AD.544～545），白水都是重要的募兵地點。或許這就是佛邑中部份羌族從軍的緣始。參見《周書》，卷二〈文帝紀下〉，頁29～30。

元年由長安遷掌隴東軍事，或許部份的羌族即隨軍而來〔註64〕。至於官員的組成，除了已殘泐的都邑主爲驃騎將軍儀同三司，層級最高之外〔註65〕，其他則有代表府兵軍系的帥都督三人、都督六人，以及地方軍隊的別將二人與其他戎號將軍七人。除都督賈延兼有刺史身份，佛邑缺乏了行政體系等地方官吏的參與。可見佛邑的形成，仍以軍旅爲主體。

另一方面，根據四方銜名的官員分布，我們可以推論，南面的官員乃是佛邑的核心。除了都邑主、都像主，還出現了都唯那、都邑渭與都香火主，涵括了佛邑中，十種最高邑職的半數：

表 4-1.8：正寧佛邑的十種主要邑職

性質	職稱	人物	身份	南面	西面	北面	東面
管理	都邑主	使持節驃騎將軍儀同三司	官員	建中將軍滅紫別將郭永	王迴洛	衛相和	都督豆盧子光
	都唯那	都督□守縣平州刺史賈延	官員	驃騎將軍都督地連昌	江文洛	牛照世	吐難慶安
	都典錄	孫阿妃	平民	寧遠將軍統軍庫延豐	豆盧寄受	段元顯	劉道洛
	都典坐	王僧姬	平民	容公主	牛慶彌	馬思和	牛安和
捐資募款	都像主	前將軍右銀青光祿	官員	無			
	都化主	牛文龍	平民	輕車將軍別將宇文元達	成小生	袁阿顯	成安慶
	都齋主	程顯標	平民	寧遠將軍儀同司馬孫□□	房阿羅總	唐黃頭	段阿亥女
	都香火主	車騎將軍都督師都督紇奚慎	官員	支嬰□	付清黑	程顯榮	徐貴安
不明	都邑渭	師都督眞定縣开國公豆盧相	官員	孫慶遵	白慶妃	呼延永興	阿六丸伏姬
	都邑政	劉子皮	平民	吐谷渾阿□	紇奚康和	段子祭	黃甫羅妃

〔註64〕尉遲綱總管本區軍事的時間，在武成元年至保定二年間（AD.559～562）：「武成元年，進封吳國公，邑萬戶，除涇州總管、五州十一防諸軍事、涇州刺史……（保定）二年，出爲陝州總管」。至於五州的範圍，以地緣關係，及楊忠的經歷：「乃拜總管涇、豳、靈、雲、鹽、顯六州諸軍事、涇州刺史」，可見顯州亦在其中。因此，保定元年（AD.561）的佛邑中所有官員，應該都受到了尉遲綱的節制與調度。

〔註65〕都邑主驃騎將軍的官秩爲正八命。參見《北周六典》，頁594。

官民平均分配邑職，雖然展現了義邑由官民合建的象徵，不過邑中官員所佔據的，始終是最重要的位置。除了都邑主、都像主，作為佛邑主導者，地位超然，都唯那更是實際管理佛邑的最高領袖。相對的，民眾所擔任的高級邑職，多僅是輔助管理與捐資募款的工作〔註 66〕。可見官方於邑中的主導地位。其他三面，除東面有都督豆盧子光出任邑主之外，官員的參與多為邑生的形態。尤其西、北兩面，官方的角色與分布較微，是平民階層的主要集中區域。至於民眾的四方分布，則如下表：

表 4-1.9：正寧佛邑的平民階層（以下數字表人數）

邑 師 僧 尼			邑師：比丘僧靜、比丘顯和、岳法顯
南面	邑職	管理	都典錄孫阿妃、都典坐王僧姬、南面典坐容公主
		募捐	都齋主程顯標、都化主牛文龍、佛堂主安法嵩、南面香火主支嬰□
		不明	都邑政劉子皮、南面邑渭孫慶遵、南面邑政吐谷渾阿□
	邑 生		范、□、□（彌）姐、郭、劉、黃
西面	邑職	管理	西面邑主王迴洛、西面唯那江文洛、西面典錄豆盧寄受、西面典坐牛慶彌
		募捐	西面化主成小生（都督妙客？）、西面香火主付清黑、西面齋主房阿羅總
		不明	西面邑謂白慶妃、西面邑正紇奚康和
	邑 生		月、劉、梁、董、宇文(2)、朱、吐浴渾、徐(2)、李(2)、雷(4)、紇奚、成(2)、王(5)、程、衛、皇甫、趙(3)、毛、賈、□(2)、傅、張、金
北面	邑職	管理	□□（北面）邑主衛相和、北面唯那牛照世、北面典坐馬思和、北面典錄段元顯
		募捐	北面香火主程顯榮、北面齋主唐黃頭
		不明	「北」面花（化）主袁阿顯、「北」面邑謂呼延永興、□□正段子祭
	邑 生		雷(6)、李(4)、劉(3)、魏(2)、韓(2)、吐難(2)、賈(2)、晶、華、張、曹、辛、孟、楊、丁、容、柳、趙、豆虎、徐、牛、梁、尉遲
東面	邑職	管理	東面維那吐難慶安、東面典錄劉道洛、東面典坐牛安和
		募捐	東面香火主徐貴安、東面齋主段阿亥女
		不明	（東）面花（化）主成安慶、（東）面邑渭阿六丸伏姬、東面邑政黃甫羅妃
	邑 生		侯莫陳(2)、紇悉、步、可頻、成、地連(2)、趙、豆盧、六道女（？）、孫、尹、粟、李、傅

〔註 66〕據表可知，除了職屬不明的邑渭、邑政外，平民階層所擔任的邑職，多集中在輔助管理佛邑的典錄、典坐以及捐資募款的化主、齋主等方面。在佛邑中的影響力，仍是遠不及官員的。

　　據表可知，平民邑職中的孫、王、程、牛、劉等五姓，由於在佛邑裡擔任了重要邑職，使得他們在邑中的地位以及影響力量較高。而這五姓對於爭取邑職的熱忱也頗為積極〔註67〕，尤其牛氏，總數五人中，就有四位任職，比例高達80%。而牛文龍所擔任的都化主，更是宣揚建邑理念與籌募造像款項的關鍵角色。可見其在鄉里，必然頗孚眾望。

　　由此，則都邑主的建邑目的，已昭然若揭。一方面，這位驃騎將軍應該是個虔誠的佛教徒，在義理的薰陶下，連絡他的部屬與當地軍民，著手邑義的建立。另一方面，則借重了佛邑凝聚人心的功能，整合了當地族群。除了消泯種族之間的界限，並且將世居當地的群眾，與遷徙至此的北鎮軍人、遠戍本地的羌族軍人、甚至邊地移民的吐谷渾等合而為一，在某種程度上推動了關隴團體的凝聚。

　　佛邑更有助於持續的化解奚康生事件以來，隴東所積累的佛教起事信徒慘遭屠殺的怨仇。在當時孝道觀念的推展下〔註68〕，或許有些人仍藏有某種程度的復仇心態〔註69〕，這種思想或行為往往對統治基礎產生了傷害。而排解這類心結的方法除了時間，無非是奚康生所導引的造像風潮。透過宗教傳揚的贖罪與寬容，使彼此的心靈得到平靜和安祥，甚至昇華為合力造邑的舉動。不但共同的為眾生祈福，也因邑生同屬法界，等於祝禱相互成佛。因而由心靈層面，搭建了溝通的橋樑，化解了族群間的心防。並且推及現世的國主帝王，能夠「明中日月」。等於宣誓了對國家政權的效忠。這對統治者掌握當地軍民，起了莫大的貢獻。

三、枎枎榮與城防鎮軍

接續河東地區，自西魏以來的發展。到了天和六年（AD.571），則出現了另一處佛教義邑：〈枎枎榮造像記〉〔註70〕。不同於前述題記，所使用的“十州武義”、“鄉豪長秀”、“地方豪傑”等詞彙，而很清楚的顯示，本邑的組織乃是由“軍人”和眾民連結而成。與軍事團體的密切結合，可謂是當時佛教義邑的特色之一：

> 大周天和六年歲次辛卯六月丁丑朔十四日庚寅夫累因成果，累果明因。修道崇法，法普道弘。是故，十二種智，永有依攸。十八妙門，刑相無盡。名言□際，四衢通達。七彌經始，鹿苑功因。此力願茲崇果，龍頭城主開府義門公仰識妙門，展心於法，遂放軍主趙和一十人□，四方慕化。眾民及城內軍人等敬造石□一區。上為皇帝陛下及法界眾生。藉□之善，祇同澤彼。十增修願，同沾斯慶。□□體圓，等成正覺。

根據山西《聞喜縣志》的記載，佛邑位於縣城東方五十五里的龍頭堡，西距裴氏要角——裴鴻——的愛里村墓地僅只有五里〔註71〕，性質上屬於北周在涑水上游的軍事據點，也是屏障汾水南岸通往涑水流域，道路交通的重鎮〔註72〕。緣於此一形勢，龍頭城，當北周明帝之世，也曾因前方戰線失利，而短暫地作為絳州的州治〔註73〕。可見其地除了軍事用途，亦具有政治上的象徵意義。為了明瞭佛邑的作用，首先探究主導者官銜的虛實：

> □□□□騎大將軍開□儀同三司大都□□□中大夫勳州諸軍事勳州刺史龍□□主義門郡開國公。

根據題記所述，枎枎榮為當時的龍頭城主，不過城主可能僅為俗稱〔註74〕，

〔註70〕 參見《聞喜縣志》，卷二十下〈新增金石〉，頁7～8，收入《石刻史料新編》第三輯，冊三十一，頁428。

〔註71〕 參見《聞喜縣志》，卷二十下〈新增金石〉，頁8～9，收入《石刻史料新編》第三輯，冊三十一，頁429。

〔註72〕 參見嚴耕望，〈京都關內區〉，《唐代交通圖考》，頁104～105。

〔註73〕 「後周明帝改東雍州為絳州，徙聞喜縣龍頭城」。見《直隸絳州志》，卷一〈沿革〉，轉引自毛漢光，〈北朝東西政權之河東爭奪戰〉，《中國中古政治史論》，頁160，註90。

〔註74〕 如高歡在進攻北周軍事要地——玉璧城時，就對鎮將韋孝寬，使用過這樣的

正確的官職，依據《北周六典》，是屬於「都督數州軍事」的——總管——以下的「防主」〔註75〕。另一方面，他應該也具有勳州刺史兼任勳州大都"督"的身份，以致兼領了「勳州諸軍事」的官號〔註76〕。較爲清楚的是，這些新式官銜，都是北周軍事由西魏的都督制，轉向總管制以後的產物。至於銜首的□□□□騎大將軍開□儀同三司，根據當時定制的戎號組合，可以補爲"使持節"，"驃"騎或"車"騎大將軍，是屬於正九命品秩，軍方的高級將領。而儀同三司銜前，冠以開"府"，也是北周普遍的情形。這種官銜組成的例證極多，此處不一列明。此外，□□中大夫銜前，殘泐的二字，比較合理的組成，可能是至今仍未能明瞭其實際職掌的"軍正"、"折衝"等諸中大夫。〔註77〕

由此可將枺枺榮的官銜補正爲：使持節驃（或車）騎大將軍，開府儀同三司，大都督，軍正（或折衝等）中大夫，勳州諸軍事，勳州刺史，龍頭防主，義門郡開國公。而韋孝寬即爲枺枺榮的前任。根據對《周書》〈韋孝寬傳〉的勾校，可以統合他在武帝保定年間的官銜爲：使持節驃騎大將軍，開府儀同三司，大都督，麟趾殿學士，（勳州諸軍事），勳州刺史，玉璧（防主），建忠郡公〔註78〕。這和枺枺榮的職稱，除了兼銜與封爵，幾乎一模一樣。不過，韋孝寬出掌勳州，是在保定年間，而枺枺榮則在其後的天和年間，可見兩人督署的前後差距。

勳州原爲北魏舊治的南汾州〔註79〕，其固有轄區，約在汾河河谷南段以北〔註80〕。屬於軍事前進基地——正平——北方的周、齊勢力交錯地帶。其地之

稱謂：「韋城主受彼榮祿，或復可爾」。參見《周書》，卷三十一〈韋孝寬傳〉，頁537。

〔註75〕 參見《北周六典》，頁629～630。另一方面，北周明帝在武成元年時（AD.559），「初改都督諸州軍事爲總管」。參見《周書》，卷四〈明帝紀〉，頁56。

〔註76〕 周制：以當州刺史兼任當州大都督者，加「當州諸軍事」職銜。參見張焯，〈北朝的總管制——兼論周隋府兵軍府的建置〉，《北朝研究》第三期（1990），頁93。

〔註77〕 分別參考《北周六典》，頁593（大將軍）、頁503～515（諸中大夫）。

〔註78〕 見《周書》，卷三十一〈韋孝寬傳〉，頁536～538。其中（勳州諸軍事）乃據其書註5補入，（防主）則同註4。

〔註79〕 參見《西魏書》，卷八〈地域考〉，頁68。

〔註80〕 北魏南汾州所轄定陽、北鄉等郡，參見《魏書》，卷一六○〈地形志上〉，頁2489～2491。皆在正平以北的汾北地區。參見：譚其驤主編，〈北魏司、豫、荊、洛等州〉、〈西魏〉，《中國歷史地圖集》第四冊（台北：曉圓，1991年），頁46～47、63～64。

改建，主要是爲了褒揚韋孝寬久鎮玉璧，擊退北齊軍事進犯的功勳：〔註81〕

保定初，以孝寬立勳玉璧，遂於玉璧置勳州，仍授勳州刺史。

〔註82〕

而韋孝寬之掌控本區軍事，則持續到了武帝建德五年〔註83〕。如果他在天和年間，沒有晉升總管的話，是不可能卸任勳州刺史的職銜予枌枌榮的。從而也證明了題記是僞造的。因此本文須根據韋孝寬的官職遷轉，對此疑問進行瞭解：

（天和）四年，進位柱國……天和五年，進爵鄖國公，增邑通前一萬戶。（建德）五年，帝東伐，過幸玉璧……乃敕孝寬爲行軍總管……及帝凱還，復幸玉璧……乃詔孝寬隨駕還京。拜大司空，出爲延州總管。〔註84〕

據此記述，可見韋孝寬明載升任總管的時間在建德五年（AD.576）。不過，他在天和年間，授封柱國、鄖國公時，已經具備了擔任總管的資格。尤其是國公的封爵，似乎是當時的總管，除了諸王以外的勳臣，所必要兼備的封號。如涇州總管尉遲綱：

武成元年，進封吳國公，邑萬戶，除涇州總管、五州十一防諸軍事。〔註85〕

又如雍州總管梁士彥：

及齊平，封郕國公，位上柱國、雍州總管。〔註86〕

可見最遲於天和五年（AD.570），韋孝寬應當已晉升爲本區的總管。至於其總管的名號，《隋書》中，則留下了線索：

王長述，京兆霸城人也……周授禪，又增邑……出爲晉州刺史，轉

<hr>

〔註81〕尤其是大統十二年（AD.546），高歡親征來襲的第二次玉璧之戰。這場東西魏在爭奪河東時，最激烈的戰役，便是由韋孝寬的堅守而解圍。「齊神武圍玉璧，大都督韋孝寬力戰拒守，齊神武攻圍六旬不能下，其士卒死者什二三」。參見《周書》，卷二，〈文帝紀下〉，頁30。

〔註82〕見《周書》，卷三十一〈韋孝寬傳〉，頁538。

〔註83〕從大統五年到建德五年的三十七年間（AD.539～576），除了在廢帝二年至恭帝三年（AD.553～556），短暫的離開過玉璧，韋孝寬都駐守於此。

〔註84〕見《周書》，卷三十一〈韋孝寬傳〉，頁539～542。而〈武帝紀〉也只留下了天和年間，「（五年）三月辛卯，進封柱國韋孝寬爲鄖國公」的簡單記載。參見《周書》，卷五〈武帝紀〉，頁77。

〔註85〕見《周書》，卷二十〈尉遲綱傳〉，頁340。

〔註86〕見《周書》，卷二十〈梁士彥傳〉，頁547。

玉璧總管長史。出拜廣州刺史……後歷襄、仁二州總管。〔註87〕

由此可知，王長述曾在北周建祚以後，擔任過玉璧總管長史。而這段期間，始終鎮守玉璧的將領就是韋孝寬。可見此處的玉璧總管確為韋無疑。至於總管設置的時間，根據《元和郡縣圖志》的記載，則在周初〔註88〕。從而可證，韋孝寬在北周初年時，早已擢昇為玉璧總管。因此，枌枌榮的勳州刺史官職不但非偽，更突顯出他作為韋孝寬直轄下屬的事實。

此外，枌枌榮不在汾河北岸的勳州治地督鎮，反而出現於龍頭城堡的原因，則和當時北齊丞相斛律明月（即斛律光）的經略有關：

（斛律）光又率步騎五萬於玉璧築華谷、龍門二城……乃進圍定陽，仍築南汾城，置州以逼之，夷夏萬餘戶並來內附。（武平）二年，率眾築平隴、衛壁、統戎等鎮戍十有三所。周……柱國韋孝寬等，步騎五萬，來逼平隴，與光戰於汾水之北，光大破之，俘斬千計……復令率步騎五萬出平陽道，攻姚襄、白亭城戍，皆克之，獲其城主儀同、大都督等九人，捕虜數千人。〔註89〕

可見天和六年時，在斛律明月的攻勢下，北周已喪失汾河北岸的地區。韋孝寬敗歸玉璧，枌枌榮自然也得南下，而鎮守於汾河南岸地區的重鎮——龍頭。

另一方面，龍頭佛邑的興造，也和北周汾州全失，刺史楊敷被俘的時間，同為本年六月〔註90〕。在這種全軍敗退，帝國動搖的背景下，枌枌榮等人營建邑義的動機，似乎和馬長壽先生對於造像立碑出於「生活安定」的解釋〔註91〕，相差甚遠，也絕非宗教上的單純理由，相信有其環境因素與政治層面的考量。

尤其在當時風雨飄搖的情勢下，許多河東軍鎮都出現了防主叛逃、軍民合謀降齊的事件：

〔註87〕見《隋書》，卷五十四〈王長述傳〉，頁1361。

〔註88〕《元和郡縣圖志》，卷十二〈絳州稷山〉，留下了「周初於此置玉璧總管」的紀錄。轉引自嚴耕望，〈京都關內區〉，《唐代交通圖考》，頁105。

〔註89〕見《北齊書》，卷十七〈斛律光傳〉，頁224。而北齊武平二年即為北周的天和六年。

〔註90〕佛邑興造日期在天和六年的六月，與北齊「段韶攻周汾州，剋之，獲刺史楊敷」同時。參見《北齊書》，卷八〈後主紀〉，頁104。

〔註91〕參見馬長壽，《碑銘所見前秦至隋初的關中部族》（北京：中華書局，1985年），頁54。

　　　　時有主帥許盆，孝寬扤以心膂，令守一戍。盆乃以城東入。〔註92〕

甚至還有殺害防主而降敵的情形：

　　　　齊將獨孤永業來寇，盜殺孔城防主能奔達，以城應之。〔註93〕

面對這種敗退的局勢，除非能夠牢牢掌握當地的軍民，否則任何人擔任軍鎮防主，都將坐立難安。枎枎榮自然也不例外。

　　在周齊爭奪的戰況下，龍頭城更具有重要的戰略意義。本城不但位於汾水南岸與涑水流域的驛道聯結線，也是屏障涑水源頭的堡壘。其東方就是西魏楊檦曾經遠征攻奪的建州，無論北向、東向，都面臨了敵軍的威迫。能夠阻擋北齊軍隊的進攻，毛漢光認為是「涑水及汾水以南等河東地方勢力支持北周政權，齊軍如從此路推進，除了面臨北周正規軍之對抗外，還將遭遇地方勢力之掣肘」的緣故〔註94〕。而本城所處即是河東裴氏大本營的聞喜縣境。不過，聞喜縣城，畢竟西拒龍頭五十五里。倏然遇警，在孤處山林的形勢下，枎枎榮賴以倚仗的還是城內軍民。掌握了他們，也等於鞏固了自己的政治資本。非但可以防杜叛降，相對地亦擁有了兩國之間的選擇空間。

　　而題記之中，就突顯了這種情形。龍頭佛邑的組成是由「軍主趙和一十人□，四方慕化」而來的。可見枎枎榮是透過麾下的軍主，與當地「眾民及城內軍人等」產生聯結的。藉由各軍主對各軍將士的宣導，不但布達迅速，也加強了彼此的關係，使本軍不僅是單純的軍事組織，更成為一個整合的宗教團體。這使龍頭鎮軍形成一個互動密切的關係網。最後，當佛像完成，則運用宗教的儀式，宣誓為「皇帝陛下」祈願，完成對北周政權的認同。

　　至於佛邑的組織結構，題名記存留下來的，只有佛邑的官方領導階層：

表 4-1.10：龍頭佛邑的組織結構

類別	屬性	職　謂　／　姓　名
枎枎榮全家		□□□□騎大將軍開□儀同三司大都□□□中大夫勳州諸軍事勳州刺史龍□□主義門郡開國公枎枎榮、夫人□寧郡君賀拔、弟八□公子凱、公世子道績、弟二息道綸、弟三息道琳、弟四息道緘、弟五息道縱
邑職	管理	都邑主：□□將軍右中郎將龍頭防長史□昌
		都唯那：龍門郡功曹勳州主簿開府義門公府司錄薛祭

〔註92〕見《周書》，卷三十一〈韋孝寬傳〉，頁532。
〔註93〕見《周書》，卷十二〈齊煬王憲傳〉，頁188。
〔註94〕毛漢光，〈北朝東西政權之河東爭奪戰〉，《中國中古政治史論》，頁159。

邑職	募款	化主：□軍將軍大中開府長史都□尹則	
	捐資	像主：□騎將軍右光祿大都督衛才	
	法會	開明齋主：掃難將軍龍頭防倉曹王信	
具 衛		□□將軍□員外郎大都督端氏縣令□□史始興、□□將軍右光祿大都督澄城縣開國子□□□姜穆、□□郭和	

除了枑枑榮全家居首，佛邑的組織結構，可說是十分單純而簡單。僅僅五位邑職，就包括了管理系統——都邑主、都唯那；募款、捐資系統——化主、像主；法會系統——開光明主、齋主。實在是具體而微，動用最少人力的一種模式。這五位邑職，也分別代表了枑枑榮的不同系統僚佐：第一，擔任都邑主以及開明齋主的龍頭防屬吏。依照當時兵敗撤退的情勢，龍頭防為枑枑榮南下駐防的軍鎮。原有的軍鎮僚屬，理論上，或許即具有"地主"的身分。因此，便由龍頭防的幕僚領袖——長史，來擔任都邑主的榮譽邑職。而法會儀式，除了軍人以外，也需要動員該城民眾的參與。因此，以龍頭防的曹吏來主持，殊為允當。

第二，將軍府的府署官員。論者曾以為，當時的刺史大多身兼將軍的職務，也毫「無例外地均依自己的將軍稱號而開府」〔註95〕。以致幕僚群中，出現了兩種主要的系統：將軍府所轄的府官以及刺史所轄的州官。兩者間的競爭，由於州官多為本地出身，久任地方；而府官為刺史心腹，多隨遷轉的情況之下，造成府官的地位較具優越性。於是枑枑榮的府官屬吏，便出任了都唯那以及化主的邑職。

都唯那，實際上是管理佛邑的最高領導者。為了延伸府官的職權，理論上應由府官排頭的長史出任。安排司錄蔡祭擔任此職，或許是因為他同時兼有勳州主簿（州官）與開府司錄（府官）的州府官職，具有府州合作的象徵性意義。另外長史尹則，則擔任了化主的邑職。由於化主負責募款，當然也及於款項的運用掌理。在造邑活動的宣導上，由最高幕僚來號召，除了具有公信力，也突顯了府官主導的事實。

第三，則是枑枑榮的直屬武官。在這種心腹——幕僚——至上的環境裏，他們唯一可參與的，只有捐款以擔任像主的途徑。不過，像主具有提昇個人

〔註95〕濱口重國，〈所謂隋的廢止鄉官〉，收入《日本學者研究中國史論著選譯》（四），頁315～333。

地位的作用〔註 96〕，因此在兩位大都督之中，不具有開國封爵的衛才，似乎也比較積極的爭取。

　　或許是由於久歷風霜的殘泐，碑文的署名，只僅能見於此。缺乏邑子，以及其他僚佐、軍官、民眾、僧侶的記載，使本文無法繼續追溯下去。不過，透過以上的分析，我們已可進一步的瞭解。龍頭佛邑的興建，也是當時環境背景下的產物。為了提振兵敗撤退的士氣，也為了防制軍士的叛降，枊枊榮有必要通過興建佛邑的舉動，來完成整合軍隊、加強團結，甚至提高軍民對他的愛戴程度〔註 97〕，從而穩固陣腳，配合北周的軍事反攻。

第二節　佛教組織與民族融合

　　除了馬長壽、劉淑芬等學者，侯旭東論及北朝造像的影響時亦言：「在很多地區，基于共同的信仰，不同姓族的信徒可以逾越民族畛域，組成社邑，共同從事造像供養活動。在這種共同活動的作用下，民族界線與差異自然會逐步弱化，走上相互融合之路。在這個意義上說佛教是促進民族融合的功臣並不過份」〔註 98〕。而西魏北周時期二處由羌族主導組織的佛邑，除任安保等人大體呼應了上述的說法。黨氏諸人，則以題記殘留名錄過少，難以具體舉證，殊為可惜。

一、任安保與北雍州義邑

　　陝西藥王山博物館的《任安保等六十人造像記》〔註 99〕，記錄了一座西魏時期由官民共同主導的義邑。由於 1987～1991 年間，陝西省對造像文物的大肆整理與發掘，使得這則原藏耀縣（北雍州）鄉墻村寺廟井邊的碑銘，終於重見天日，受到了世人的注意。而佛邑當年（大統十二年）位於渭河以

〔註96〕劉淑芬，〈五至六世紀華北鄉村的佛教信仰〉，《史語所集刊》六十三卷三期（1993），頁 537～538。

〔註97〕同註 96，頁 539。此外，龍頭城民甚至會主動為愛戴的城主興建佛邑。這是有先例的。如保定二年（AD.562）的〈檀泉寺造像記〉：「……因絳州刺史龍頭城開府儀同三司豐利公弟子宇文貞。奉律□隅，撫茲蕃岳，伽藍共崇……敬造等身……像一區」。參見胡聘之，《山右石刻叢編》，卷二，頁 24～27。

〔註98〕侯旭東，《五、六世紀北方民眾佛教信仰》（北京：中國社科出版社，1998 年），頁 270。

〔註99〕陝西省文物普查隊，〈耀縣新發現的一批造像碑〉，《考古與文物》第二期（1994），頁 46。

圖 4-2.1：〈任安保造像記〉（陽、右、陰、左）

（引自陝西省文物普查隊，〈耀縣新發現的一批造像碑〉，
《考古與文物》第二期，1994年，頁47）

北的胡漢雜處地區。這一帶的羌民為數眾多，並在佛邑中，扮演了重要的角
色：

> （上泐）宗光乎遠著敬諾聖（上泐）。感表以像主荔非郎虎京（上泐）
> □哥壽、邑主任安保六十人（上泐），未睹真容，述即相率（上泐）
> 皇帝陛下、大丞相王（上泐）□石像一區，□盡□書之像契，金剛
> 之影現於雙林，釋迦耀影于淨級，□邑□仰願，周祚永隆、兵鉀休
> 息等，罪結雲除，業障冰散，生生（上泐）樂，一切群生，減同福
> 慶。（上泐）年歲丙寅三月朔癸卯二十三訖日現。

雖然，曾有學者指出，自東漢安、順二帝，西羌入居關中以來，到了北朝，
逐漸產生漢羌兩族同村而居的現象。是出於時間日久，而彼此相安無事的理
由〔註100〕。不過，這段融合的過程，卻絕非想像中的平淡與容易。至少在西

───────────────

〔註100〕參見馬長壽，《碑銘所見前秦至隋初的關中部族》，頁80。

魏期間，我們仍可找到不少關中地區的羌民起兵叛亂的事蹟。如王德在北雍
州刺史的任期上，就對化解羌族的反抗活動，做出了努力：

> 大統元年，拜衛將軍……北雍州刺史。其後常從太祖征伐，累有戰
> 功……先是河、渭間種羌屢叛，以德有威名，爲夷民所附。〔註101〕

發生這種情形的原因，本文推測有二：

第一，由於羌民的種族意識甚高，向來保持族內婚的嫁娶制度〔註102〕。
而內婚制，不但助長了羌族自身“種族共同體”的形塑，相對也使羌人“種
族”意識較高。諷刺的是，東漢以後因西羌侵擾，漢人爲求自保所形成的豪
族依附團體〔註103〕，在羌民逐漸定居以後，這模式一樣適用於羌族。當年的
入侵者，在北朝時竟也成了防衛者。有北朝著名的羌族文學——〈琅邪王歌
辭七〉爲證：

> 客行從主人，願得主人強。猛虎依深山，願得松柏長。

而學者指出，本詩的意境，就是在描寫「迫於戰爭的威脅，也出於求生的欲
望，流徙在外的羌民們，自然產生了依從“強主”的思想」〔註104〕。可見羌
民不但團結自保，也發展出與其他族群同樣的豪族共同體。這種族人聚居互
保，相互通婚的情形，確保了羌民的種族延續。

第二，入居關隴的羌族，不但刻意的避免了種族血緣的融合。甚至還與
仍居故土的西方諸羌，保持了某種因“種族歸屬感”而產生的認同〔註105〕。

〔註101〕參見《周書》，卷十七〈王德傳〉，頁286。

〔註102〕參見馬長壽，《碑銘所見前秦至隋初的關中部族》，頁 80～81。雖然馬長壽
所指出的羌族婚姻關係，多爲“異姓內婚”，不及於“同姓婚”的情形，可
能和北魏文明太后的〈禁同姓爲婚詔〉有關。參見康樂先生，《從西郊到南郊
——國家祭典與北魏政治》（台北：稻禾出版社，1995 年），頁 263～269。不
過，羌人的習俗中，根本沒有漢人的禮法觀念：「父子伯叔兄弟死後，即以其
繼母、世叔母、及嫂（姊妹）、〔弟婦〕等爲妻」。參見《周書》，卷四十九〈宕
昌羌〉，頁 892。因此，族內或同姓婚的情況，似乎是沒有鮮卑族在婚制與氏
族解體等問題上來的複雜。

〔註103〕如杜正勝先生，曾引《後漢書》，〈西羌傳〉等資料證實，以豪族爲首的塢堡，
就起於漢末的羌亂。參見杜正勝，《古代社會與國家》（台北：允晨文化，1992
年），頁 576～581。

〔註104〕同詩轉引。見李明主編，《羌族文學史》（四川：四川民族出版社，1994 年），
頁 597。

〔註105〕這是相當自然的情況。如北朝時的羌民，他們對原居地族群的歸屬感，亦來
自思鄉的愁緒。如〈琅邪王歌辭四〉：「琅邪復琅邪，琅邪大道王。鹿鳴思長
草，愁人思故鄉」。引文見李明主編，《羌族文學史》（四川：四川民族出版

而西羌與吐谷渾的連年入侵〔註106〕，也連帶使得關內羌民，成爲魏周政權的隱憂。這種相互認同的結果，終於激發了大統十六年（AD.550）的羌族民亂：〔註107〕

> 又有羌酋傍乞鐵忽因梁仚定反後，據有渠林川，擁種類數千家，與渭州民鄭五醜扇惑諸羌同反，憑險置柵者十餘所。太祖令貴與豆盧寧、史寧討之。〔註108〕

可見當時種族關係之緊張，已使國家政權面臨了腹背受敵的困境。

　雖是如此，羌人與關隴族群間的融合，卻仍持續的進行著。一方面，宇文泰刻意的將渭北羌民，編制爲國家的軍隊。藉以防止羌族叛亂，並獲得了兵員上的補充。這一舉動，或者以無意間，在更高的層次上，完成了以族群爲基礎，因著共同的威脅（東魏、南朝梁、陳等），所形成的“政治共同體”。而宇文泰對於羌族將領的任命，也連帶使得“政治共同體”之下的羌民，對於強敵環伺的威脅，同樣具有團結抵抗的規範與義務，形成了彼此連結的重要內化力量。這種三國鼎立的情勢與關隴軍事團體的建立，對於關隴地區的民族融合，反倒起了極其深遠的影響。另一方面，相同地緣的不同族群間，彼此潛移默化後的共同行動，更是促成融合的主要原因。除了政治控制的引導，透過對佛邑的研究，我們可以得知，上述的共同行動，主要就來自於宗教的感染力量。特別是佛教，對本邑的形成，起了莫大的助益。

　羌族對佛教的崇信，其來有自。早在羌族王朝——後秦——國主姚興的推動下〔註109〕，就已皈依了不少羌族清信〔註110〕。不過，根據史傳與石刻資

〔註106〕 社，1994年），頁596。

〔註106〕 早在魏末分裂之初，已有兩族聯手入侵的情形：「後見兩魏分隔，遂懷背誕。永熙末，仚定乃引吐谷渾寇金城」。參見《周書》，卷四十九〈宕昌羌〉，頁893。到了西魏，則以大統四、五年時最爲嚴重。而關隴政權對此威脅，也深感憂懼，並設法防備。如「（大統）四年，王師東討，朝議以西道空虛，慮羌、渾侵擾，乃授（李）賢使持節、河州總管……賢乃大營屯田，以省運漕；多設斥候，以備寇戎……五年……屬羌寇石門戍……羌復引吐谷渾數千騎，將入西疆。賢密知之，又遣兵伏其隘路，復大敗之」。參見《周書》，卷二十五〈李賢傳〉，頁417～418。

〔註107〕 此亂事的正確時間，記載於豆盧寧傳中：「（大統）十六年，拜大將軍。羌帥傍乞鐵忽及鄭五醜等反叛，寧帥眾討平之」。參見《周書》，卷十九〈豆盧寧傳〉，頁309。

〔註108〕 參見《周書》，卷十九〈宇文貴傳〉，頁313。

〔註109〕 姚興爲當日的奉佛國主。不但起用鳩摩羅什來主持並推動了譯經的事業。

料，至少在十六國時期，羌民的奉佛者，仍多集中於貴族、官僚階級〔註111〕。大概要到北魏以後，其平民階層的佛教信仰，才普遍了起來。迨至西魏晚期以至北周，羌族的奉佛發展趨勢，逐漸到達高峰〔註112〕。論其原因，則羌族定居地鄰近傳教中心——長安、前述宇文泰對佛教信仰的提倡，以及關隴僧團周行鄉里的傳教活動〔註113〕，應該都對其產生了助力。

此外，碑文出土於寺廟遺址井邊，雖然我們已無從得知，此佛寺與義邑的關連〔註114〕。不過，建邑並及興造義井，以發揚社會公益的功能，卻是不少佛教義邑的共通特色〔註115〕。這種基於彼此共同福祉的行動，以及佛教思想對"習俗"（如造像興德）同化的施展空間〔註116〕，在在促使當地部族，邁向了民族融合的道路。可見北朝的政教體制下，佛教信仰的風行，對渭北羌民的同化過程，實有其貢獻。

佛邑的官員階層，則顯示了本地對於從軍任職的應募，多集中於羌族的現象。也突顯了兩次的白水大閱，對於掌握羌民的意義：

如：「子興（姚興）襲位，復遣敦請……方得迎什（鳩摩羅什）入關……仍請入西明閣及逍遙園，譯出眾經」。參見慧皎，湯用彤校注，《高僧傳》（北京：中華書局，1997年），卷二〈鳩摩羅什〉，頁51～52。並且引佛教「以輔暗政」，推行了政教合一的政策。參見僧祐，《弘明集》（大藏經 2102），卷十一〈姚主與僧䂮等書〉，頁74。

〔註110〕如姚興之弟姚嵩就留下了許多的佛教文字。由其〈謝賜皇后所遺珠佛像表〉、〈上述佛義表〉等文，可知其精通義理，奉佛至深。參見嚴可均輯校，《全晉文》，卷一五三，頁2345～2346，收入《全上古三代秦漢三國六朝文》（北京：中華書局，1995年）。

〔註111〕顯示該時期羌族信仰狀況的資料，如前秦〈鄧太尉祠碑〉、〈廣武將軍□產碑〉等，多未見平民階層的參與。參見馬長壽，《碑銘所見前秦至隋初的關中部族》，頁12～38。

〔註112〕羌族的造像活動，據目前出土資料：十六國時期二則、北魏時期七則。參見馬長壽，《碑銘所見前秦至隋初的關中部族》，頁39～40。而西魏時期四則、北周時期十三則，參見表4-2.3，頁134。可見其發展的脈絡。

〔註113〕這種事例頗多，如先後依附僧團及靜藹的高僧普圓，即周行鄉里，時往村聚。見《續高僧傳》，卷二十七〈普圓傳〉，頁680。

〔註114〕由於此寺廟為遺址，故無從得知其建寺年代。參見《考古與文物》第二期（1994），頁45。

〔註115〕參見顏尚文，〈北朝佛教社區共同體的法華邑組織與活動——以東魏李氏合邑造像碑為例〉，《佛學研究中心學報》第一期（1996），頁184。

〔註116〕參見韋伯著，康樂、簡惠美譯，《經濟行動與社會團體》（台北：遠流出版社，1999年），頁319。

表 4-2.1：任安保造像中的官員階層

邑職	像主：(泐) 郡□□永寧令□州府主簿荔非郎虎
邑子	前郡功曹史督護三原、□吳二縣令都督荔非忤虎、歷□保(泐)令郡□彭城縣開國□男劉顯、(泐)員外散騎侍郎都督荔非伯達、(泐)將軍左員外常□□郡功曹荔非顯標、尚書刑部令史雷篆
具銜	中律殿中將軍假伏拔將軍陽安令荔非待郎

　　據表可知，除劉顯以外，佛邑的官員階層多爲羌姓，而荔非尤爲其中之大者。不但出任多位州郡屬吏以及統掌鄉兵的都督和戎號將軍等，在整體的姓氏分布上，也以同姓人數最多（二十一人）而居冠，可見具有鄉豪之實力。荔非郎虎則爲他們的代表人物，不但在邑中，擔任了象徵領導地位的像主，在官員層級上，也以州府主簿的經歷，凌駕了其他的郡屬功曹。至於唯一以具銜方式參與佛邑的荔非待郎，則官號存疑。一方面，魏制並無伏拔（或以其殘泐，疑爲“波”）將軍，而「中律」或以殘泐，不知其義。另一方面，此人具有鄉里間尊貴的民爵封號，或許他就是當地荔非宗族的長老。此外，由羌民除任武職，亦居州郡的現象看來，宇文泰應該不只視其爲軍隊的補充兵源，當時也給予部份的鄉里治權，相對提高了羌姓於關內的地位。
　　至於平民階層的參與方面：

表 4-2.2：任安保造像中的平民階層

邑師、僧尼			邑師：比丘(1)
			比丘：(1)、沙彌：(2)
平民	邑職	管理	邑主：任(1)
			都維那：李(1)、維那：田(1)、秦(1)、彭(1)
			典坐：荔非(1)、劉(1)、典錄：秦(1)、治律：荔非(1)
		捐資募款	化主：劉(1)
			香火：荔非(1)
		不明	邑日：成(1)
	邑子		荔非(13)、雷(3)、李(2)、劉(2)、任(2)、張(1)、王(1)、路(1)、馬(1)、姚(1)、彭(1)、鉗耳(1)

　　根據上表，除僧侶以外，可以整理出具有羌姓的羌民二十人〔註117〕，以及其他姓氏的二十一人兩類。雖然雙方的人數比重在伯仲之間，不過十二位邑職裡，羌姓僅佔四分之一。可見其他的族群，在佛邑中是比較具有管理與控制權力的。而任安保，應該就是他們的領袖。由於邑主具有主導佛邑的象徵地位，和前述的像主對照，可見本邑具官方色彩的特性。這和當時羌族的相關造像中，常見的民間佛邑不同。其原因或許就出於前述政教體制，於當地施行未久的影響。由於佛邑造訖的前兩年，宇文泰才大舉的募羌族爲軍。促使這批政權新貴，有意識的爭取他們過去的鄰人——現在的州郡屬民——之支持與認同。另一方面。既然族群之間，已成爲相同的"政治共同體"。那麼，當地的居民，也有必要對這些羌人，表達善意。相信這就是佛邑中，以羌人爲主的官員階層，和以它姓爲主的平民階層，取得了平等、和諧地位的主要原因。雖然，這無補於預防四年後羌民的再次叛變，但至少有了一個努力的開端。而且邊境羌亂並未擴及渭北，相信也有義邑的"同化"之功。

二、黨氏羌族與白水義邑

　　在民族雜處的關隴地區，北周建德元年（AD.572），也出現了羌族主導的佛邑——〈黨仲茂等八十人等造像記〉：〔註118〕

> 慧心獨悟之智。自登彼坼之果。龍□□□之□。永沉苦繁之際。佛弟子邑主都督黨仲茂、邑師比邱智盛，合邑子八十人等。思五濁之多果。慕達之金錢。深躬無常，同遵正覺。共造石像壹區。高七尺五寸。莊嚴種好，無像滿庭。慈悲道俗，咸變圍中。永勝□於囊劫。獲妙果於當今。在村處中置立。南臨白水、北背馬蘭、東俠洛水、西望堯山。地居爽塏。眾所歸仰，藉此微功，願皇帝陛下與日月齊輝，群公百僚與天壤同□，義等合邑，七世父母，長居妙樂，見在眷屬，迴向上道。竊惟竹素是播演之宗，金石是記善之原。非刊非□，何以宣言？建德元年歲次壬辰四月朔八日庚辰建立。

佛邑的地點，依題記所稱，應在白水郡與洛水之間：〔註119〕

〔註117〕當時常見的羌族姓氏，約計有雷、昨和、屈南、罕井、黨、荔非、彌姐、地連、鉗耳、同埲等。參見馬長壽，《碑銘所見前秦至隋初的關中部族》，頁70。

〔註118〕毛鳳枝，《關中石刻文字新編》，卷一，頁18～19。

〔註119〕西魏白水地名有二處，一爲關中的白水郡，一爲襄州的白水縣。洛水亦有兩條，一爲關內洛水，一爲關南洛水。但以題文內容而論，堯山屬北雍州蒲城

今在村處中置立。南臨白水，北背馬蘭，東俠洛水，西望堯山。

據馬長壽先生的考證：「馬蘭山在銅川縣東北五十里，白水在白水縣南，洛水在白水縣東，堯山在蒲城縣北。然則此碑當在銅川、白水之間」〔註120〕。另一方面，此地在渭河以北，向來是羌族的聚居之處。由現存石刻資料來看，當地羌民對佛教信仰的興趣是很濃厚的，除了馬長壽整理的北周時期九種羌族經幢以外，累積至今，也陸續出土了另外七篇的碑銘〔註121〕。雖然在

縣，與白水郡位置較為符合，且文出毛鳳枝的《關中金石文字新編》，因此屬於襄州北南陽郡的白水縣可能性較低。

〔註120〕參見馬長壽，《碑銘所見前秦至隋初的關中部族》，頁74。

〔註121〕表4-2.3：西魏、北周時期的羌族造像活動

序	名　稱	年　代	屬　性	地　點	出　　　處
01	黨屈蜀題記	大統四年 6/06	個人造像	洛陽 龍門山	《八瓊室金石補正》，卷十六，頁22～23
02	邑子二十七人造像記	大統十年 6/08	民間義邑	陝西咸寧	《金石續編》，卷二，頁20～21
03	任安保等造像	大統十二年 3/23	官民義邑	陝西耀縣	《考古與文物》第二期，1994年，頁46
04	荔非天狙造像	西魏不紀年	個人造像	不詳	端方，《匋齋藏石記》，卷十，頁3～4
05	雷文伯造像記	保定元年 7/29	合族造像	陝西耀縣	馬長壽書，頁69
06	同玉帝龍歡等造像記	保定二年 ?/??	民間義邑	陝西耀縣	同上
07	荔非興度造像記	保定二年 ?/??	合族造像	陝西耀縣	《考古與文物》第二期，1994年，頁48～49
08	鉗耳世標造像記	保定二年 2/08	民間義邑	陝西耀縣	《考古與文物》第二期，1994年，頁50～51
09	同（玉帝）氏造像	保定四年 6/09	民間義邑	長安	馬長壽書，頁69
10	聖母寺四面象碑	保定四年 9/08	民間義邑	陝西蒲城	同上
11	昨合拔祖等造象記	天和元年 7/23	民官義邑	秦中	同上
12	黨景粲造像記	天和五年 5/15	個人造像	不詳	《魯迅輯校石刻手稿》（二十五），頁993
13	雷明香為亡夫造像記	天和六年 7/15	合家造像	陝西耀縣	馬長壽書，頁69

本文所收錄西魏北周時期的造像（一百八十一則）比重不高，僅佔 8.8%（7/181），但若以單一種族及侷限的區域而論，則反映了當地羌族佛教發達的事實。

　　一般說來，大部份的羌民造像活動，都呈現出諸姓合作的情況。如本邑的黨氏姓族，就在北魏與隋代，參加了不少其他異姓羌族主導的佛邑的建造〔註122〕。不過，西魏北周時期的黨氏，則多以獨力方式造像，和其他的羌民互動較少關聯〔註123〕。雖然，黨氏主導的造像中，或許也有其他羌姓的參與，但以題名殘泐，原來應有的「合邑子八十人等」，現存題名只剩比丘一人、黨氏九人以及郭氏一人而已〔註124〕，已無法進一步的推斷。

　　至於黨氏的性質，則屬鄉豪無疑。不但主導者官拜都督，至少還有一位黨定昌位居縣主簿。除了都督已如前述，早在西魏以後，就形同鄉豪的代名詞；縣主簿等縣職，相信亦為判別當地著姓的指標之一。或許出於建邑有利

14	黨仲茂八十人等造像記	建德元年 4/08	官造義邑	白水	《關中金石文字新編》卷一，頁18～19
15	建崇寺造像記	建德三年 2/28	合家造像	不詳	《北圖藏拓》八冊，頁164～165
16	郭羌四面造像銘	北周不紀年	合家造像	渭北	馬長壽書，頁69
17	荔非明達	北周不紀年	合族造像	渭北	同上

雖然馬長壽先生以為另有〈焦延昌造像記〉，見王昶，《金石萃編》，卷三十二，頁20。應屬羌族造像。見馬長壽，《碑銘所見前秦至隋初的關中部族》，頁40。不過，此題記中的三種姓氏，除張氏無可辨其種族，焦姓如記中所述為鮮卑，呼延則為匈奴姓氏。參見姚薇元，《北朝胡姓考》（台北：華世，1977 年），頁288。因此以此記歸入羌族造像，恐怕有點勉強。

〔註122〕如北魏的〈夫蒙文慶造像〉、隋代的〈鉗耳神猛造像〉等都有黨氏族人的出現。參照馬長壽，《碑銘所見前秦至隋初的關中部族》，頁80。

〔註123〕除了本篇題記，西魏北周時期的十餘種羌族造像，僅有〈聖母寺四面像碑〉發現七位黨姓的參與，其餘的佛邑都未見蹤跡。

〔註124〕表 4-2.4：白水佛邑的組織結構

僧	侶	邑師比邱（丘）智盛
官員	管理	邑主都督黨仲茂
	捐貲	檀越主曠野將軍殿中司馬黨□□
	邑子	縣主簿黨定昌
平民	邑　子	黨顯暉、黨子儒、黨慶和、黨□□、黨景亮、郭明仁、黨□□

個人聲譽的提昇，又或許提昇個人聲譽有助於統馭鄉里，當時這類的建邑案例極多〔註125〕。以具官方色彩的佛教義邑來說，比例上接近半數（6／12），

〔註125〕表4-2.5：都督、地方署吏主導的佛教造像活動

序	名稱	年代	主導官職	屬性	出處
01	白實造像記	大統三年 4/08	大都督	佛教義邑	《魯迅輯校石刻手搞》（二十三），頁515
02	蘇方成題刻	大統六年 4/28	立義都督	個人造像	《八瓊室金石補正》，卷十六，頁23～4
03	韓道義題記	大統六年 7/15	縣員外郎	個人造像	《八瓊室金石補正》，卷十六，頁24
04	巨始光造像記	大統六年 7/15	建義大都督	佛教義邑	《魯迅輯校石刻手稿》（二十三），頁529
05	任安保造像記	大統十二年 3/23	州主簿	佛教義邑	《考古與文物》第二期，1994年，頁46
06	石佛鎮造像	西魏不紀年	主簿都督	個人造像	張維，《隴右金石錄》，頁40
07	宇文仲造像記	武成元年 9/16	大都督	個人造像	大村西崖，《支那美術史雕塑篇》，頁364
08	合邑造像記	保定元年 1/15	帥都督	佛教邑義	《考古與文物》第四期，1985年，頁109～112
09	董道生造像記	保定二年 4/08	都督	夫妻造像	《北圖藏拓》八冊，頁106
10	祁令和造像記	保定二年 9/26	都督	個人造像	《北圖藏拓》八冊，頁107
11	魯恭姬造像記	天和二年 ?/??	郡功曹	合家造像	張維，《隴右金石錄》，頁41
12	普屯康造像記	天和五年 1/03	帥都督	佛教義邑	《魯迅輯校石刻手稿》（二十五），頁985
13	宇文達造像記	天和五年 6/17	都督	合家造像	王昶，《金石萃編》，卷三十七，頁20～21
14	黨仲茂造像記	建德元年 4/08	都督	佛教義邑	《關中金石文字新編》卷一，頁18～19
15	張祖造像記	建德元年 4/08	都督	合家造像	《魯迅輯校石刻手稿》（二十五），頁999
16	邵道生造像記	建德元年 6/20	都督	夫妻造像	《八瓊室金石補正》，卷二十三，頁21～22
17	郭思造像記	建德二年 4/15	都督、郡主簿	合家造像	大村西崖，《支那美術史雕塑篇》，頁375
18	建崇寺造像記	建德三年 2/28	都督	合家造像	《北圖藏拓》八冊，頁164～165

可見眾多的鄉豪，均意識到佛邑強化氏族與鄉里關係的功能。

　　比較特別的是，本邑倒是少數未在題記中強調「減割家財」、「雕飾華美」等詆佛字眼的佛邑，這種競相竭資的情形，似乎成爲當時的風尚，其例證極多，涵括了各種類型、時期與階層的造像活動〔註126〕。如：

大統二年〈毛遐造像記〉：

　　　　是以……自竭家珍，仰感聖恩，建崇石像一區。

恭帝元年〈薛山俱等造像記〉：

　　　　各竭精心，共造石像一區。

保定二年〈荔非興度造像記〉：

　　　　爲亡息胡仁造觀世音一區，比狀倫輝。

建德元年〈張祖造像記〉：

　　　　減割資財，敬造石像一軀，今得成就。

建德元年〈邵道生造像記〉：

　　　　減割家財，爲亡女造像一區。

建德三年〈建崇寺造像記〉：

　　　　是以竭家珍……造浮圖七級石銘。

北周不紀年〈郭羌四面造像銘〉：

　　　　名山採石，敬造四面佛像一區。

而本邑未見此類風潮的可能原因有二。第一，出身豪強或世族的官員，多半兼有地主的身分，錦衣玉食，生活富裕。如山南豪族李遷哲：

　　　　妾媵至有百數，男女六十九人。緣漢千餘里間，第宅相次。姬人之
　　　　有子者，分處其中，各有僮僕、侍婢、奄闍守之。遷哲每鳴笳導從，
　　　　往來其間。縱酒飲醼，盡生平之樂。子孫參見，或忘其年名者，披
　　　　簿以審之。子孫參見，或忘其年名者，披簿以審之。〔註127〕

即使那些較爲窮困的官員，在當權者收買人心的策略下，也都得到了良好的照顧。裴俠即是一例：

　　　　帝衿其貧苦，乃爲起宅，並賜良田十頃，奴隸、耕牛、糧粟，莫不

　　　本表統計造像主導者（邑、像主）具都督與州郡縣屬吏身分而成。不包括其
　　　他武職或高層官員。

〔註126〕以下出處，參照附錄〈西魏北周時期佛教造像活動〉。

〔註127〕《周書》，卷四十四〈李遷哲傳〉，頁793。

備足。〔註 128〕

甚至在制度層面上，官員們的生活也受到了國家的優待。以河北郡來說，為逞郡守一人口腹之欲而設置的漁戶獵夫，竟然高達三十人〔註 129〕，其他的廚伕童僕更是不計其數。而封爵之中，即使爵階最低的縣男，也有二百至三百戶左右的封邑〔註 130〕。雖然早期多屬虛封，但北周武帝實給食邑後，情況已為之改善。擁有如此優渥的環境，豪強們對於造像祈福之事，自然有能力「減割家財」，極盡「漏木鑄金」之能事。不過，以黨氏而言，這支宗族的境遇，似乎沒有他們的異姓族人來的好。不但在仕途發展上，沒有其他氏族顯達〔註 131〕；即使同族婚配，其對象也多止於平民。而財力上，至少在佛邑興造一事中，也表現出弱勢的一面。

第二個原因，則可能和北周武帝親政，奉行儉約政策有關。儉約，一直是武帝的基本個性。自他即位以來，便不斷的降詔，倡議持儉〔註 132〕，並且

〔註 128〕《周書》，卷三十五〈裴俠傳〉，頁 620。

〔註 129〕同註 128，頁 619。

〔註 130〕如鄭孝穆初授金鄉縣男，封邑二百戶。見《周書》，卷三十五〈鄭孝穆傳〉，頁 610。三百戶的縣男封邑，則有裴寬所授的夏陽縣男。見《周書》，卷三十四〈裴寬傳〉，頁 596。

〔註 131〕如馬長壽條列當時羌族上層官員如鉗耳慶時、昨和富進、罕井舉、雷標五等人，即缺黨氏。參見馬長壽，《碑銘所見前秦至隋初的關中部族》，頁 81。

〔註 132〕表 4-2.6：北周武帝施行儉約相關史事（依據《周書》〈武帝紀〉）

序號	時　　間	內　　容　　略　　要
01	保定二年	今巨寇未平，軍戎費廣……凡爾百司，安得不思省約
02	天和元年	道德交喪，禮義嗣興……宜依是日，省事停樂。庶知為君之難，為臣不易
03	天和六年	省披庭四夷樂、後宮羅綺工人五百餘人
04	建德元年	幸道會苑，以上善殿壯麗，遂焚之
05	建德二年	政在節財，禮唯寧儉。而頃者婚嫁競為奢靡……有司宜加宣勒
06	建德六年五月	往者，冢宰專任，制度有違……諸殿等，農隙之時，悉可毀撤
07	建德六年五月	并、鄴二所，華侈過度，誠復作之非我……諸堂殿壯麗，並宜除蕩
08	建德六年九月	初令民庶已上，唯聽……蒭、布等九種，於悉停斷
09	建德六年十一月	無容廣集子女，屯聚宮掖。弘贊後庭，事從約儉
10	宣政元年	朕生平居處，每存菲薄……喪事費用，須使儉而合禮

終身奉行不渝。即使臨終，依然遺詔「喪事費用，使儉而合理」〔註133〕，至今也得到了驗證。1994 年，咸陽市張鎮馬村東南，出土了埋葬他的孝陵，其陪葬物品多用陶器，玉僅八樣，金微少量〔註134〕，可見其奉儉之一斑。雖然在建德元年以前，這項政令的推行，受到了以豪奢聞名的政權掌控者——宇文護——的阻礙〔註135〕，但在佛邑造訖的月餘前，醞釀已久的宮廷政變爆發，形成了宇文護伏誅，武帝正式親政的局面：

> 護既入，如帝所戒，讀示太后。未訖……時衛王直先匿於戶內，乃
> 出斬之。〔註136〕

為了掌握政權，北周當局隨及對宇文護過去的政策與黨羽展開了清算。在這種政潮洶湧的情勢下，或許黨氏的佛邑也因而收斂，不敢在建材與雕琢上過肆鋪張。

佛邑完成後大約半年，武帝應該就召見了邑主黨仲茂：

> （建德元年）十一月……行幸羌橋，集京城以東諸軍都督以上，頒
> 賜有差。〔註137〕

這種召集將領的舉動，除了作為北周軍權讓渡的表徵。黨仲茂得以躋身其中，當然得歸功於他背後的宗族實力。透過佛邑組織展現出的氏族凝聚，可以幫助我們對當時的部族團體進行側面的了解。只不過，白水邑義殘餘題名過少，本文無可論述其詳盡的內容，唯一在姓名上貌似漢族的郭明仁，也以當時胡漢雜處，改漢姓與賜胡姓的影響猶存；且人數過少，冒然推論渭北民族利用本邑融合的層面，恐怕是不夠精確的。

〔註133〕《周書》，卷六〈武帝紀下〉，頁 106～107。

〔註134〕參見合著，〈北周武帝孝陵發掘簡報〉，《考古與文物》第二期（1997），頁 8
　　　　　～28。

〔註135〕如韋瓊曾至宇文護家中作客，勸其持儉，而護不悅事：「時晉公護，廣營第宅。
　　　　　嘗召瓊至宅，訪以政事。瓊仰視其堂，徐而嘆曰：『酣酒嗜音，峻宇雕牆，有
　　　　　一於此，未或弗亡。』護不悅。有識者以為知言」。參見《周書》，卷三十一
　　　　　〈韋瓊傳〉，頁 545。

〔註136〕時在建德元年（AD.572）三月間。見《周書》，卷十一〈晉蕩公護傳〉，頁 175
　　　　　～176。

〔註137〕見《周書》，卷五〈武帝紀上〉，頁 81。

第五章 官方色彩的佛邑綜論

　　透過對前述的十二處具有官方色彩佛邑的個別討論，可見佛邑的基本功能，雖然和其他的僧民義邑相去不遠，但其中也略有差別。在政治方面，本類佛邑多帶有明顯的"以教輔政"目的，是軍政令長對地方的教化手段之一。在傳教方面，官方色彩佛邑所宣揚的亦多爲正確的佛法觀念，和民間混淆甚至引導錯誤義理的情形，實有不同。在社會方面，佛邑也發揮了社會救濟以及整合族群的強大功能，尤其在帝國邊區，更凝聚了軍民的團結。這是本文對佛教義邑在功能方面"同中有異"的基礎理解。

　　此外，經歷了本文對官方色彩佛邑所進行的綜合考察，亦可證得義邑之成立基礎，功能性的現實考量，往往大過於單純的傳教活動，可謂是當時官員，以政治、軍事等目的，透過傳教的方式，進而達成整合社會的手段。此外，本文所略分的四類義邑，其相映的內涵與特色，亦將於各章節中逐次探討。

　　至於地理分布，則初步驗證了學者對於佛邑多處黃河水系的描述〔註1〕。但以所論義邑數量不多，或許此說仍有待更爲完整的探討。值得注意的是，由於官方色彩佛邑除鄉村外，多興造於前線塢堡以及通都大邑，導致時代背景與區域形勢，深刻影響了佛邑的籌建，並且產生依情勢緊張程度的不同，官員對義邑的掌控也跟著轉變的特色。

〔註 1〕見寧可，〈述社邑〉，《北京師範學院學報》第一期（1985），頁 13。

第一節　官方色彩的佛邑功能

一、佛教義邑的政治功能

　　古人論及北朝政教關係，多提出佛教有「敷導民俗」的功能〔註2〕。至於「敷導民俗」的內容爲何？當時周行鄉里，用曉道俗的普圓師徒，倒爲我們做了生動的描述。前已述及，普圓「樂行慈救，利益爲先」，而他的死，更存有助渡世人，教化鄉里的意義：

> 又有惡人，從圓乞頭，將斬與之，又不肯取。又復乞眼，即欲剜施。
> 便從索手，遂以繩繫腕著樹，齊肘斬而與之。心悶委地。村人明乃
> 聞知，因斯卒于郊南樊川。諸村哀其苦行，爭欲收葬。眾議不決，
> 乃分其屍爲數段，各修塔焉。〔註3〕

其徒普濟則居留邑落，講授道法：

> 時經邑落，還居林靜……節約儉退，利賊潛跡。言論所指，知足爲
> 先。談授正義，如行爲最。所以一坐說法，施積如山。〔註4〕

至於普安更在鄉里劃奸除惡，救濟貧苦，推行"不殺生"、"不血祀"的結邑活動〔註5〕。而諸僧的舉止，都爲當時的民間教化以至社會秩序的維持，做出了重大貢獻。這種行爲，自然受到政權的歡迎。如普濟「時以濟無貫，擢預公籍」，又如普安「頻敕入京，爲皇儲門師長公主營建靜法」。而教化活動的宗旨，無非就是藉慈悲之心，發揮"揚善"的理念。

　　爲了闡發"揚善"的宗旨，本期官方色彩的佛邑，處處可見相關的願文：

如〈毛遐造像記〉：

> 慈氏見化，蓮葉就應……仰感聖善，心往覺□。

如〈白實等中興寺造像記〉：

> 革回曠，善德美。

如〈巨始光造像記〉：

> 故葉公好龍，感至義而見眞，目連慕德，刻圖像而遵奉。

如〈任安保等造像記〉：

〔註2〕魏收，《魏書》，卷一一四〈釋老志〉，頁3030。
〔註3〕《續高僧傳》，卷二十七〈普圓傳〉，頁680。
〔註4〕《續高僧傳》，卷二十七〈普濟傳〉，頁681。
〔註5〕參見第二章，頁46。

罪結雲除，業障冰消，生生□樂。

如〈普屯康造像記〉：

勸化四方，仰願善緣。

雖然〈費氏造像記〉碑文多有殘泐，但亦留下了：

流布教化。

如〈枎枎榮造像記〉：

修道崇法，法普道弘。

如〈黨仲茂等八十人造像記〉：

生同泡沫，滅若□□……業淺福倚，道盛則肥，百年抵□，營營何

希？

如〈郭亂頤造像記〉：

感悟修樂……俞越苦津。

可見具官方色彩的佛邑，其碑文多蘊含“揚善”的用意。

　　反觀由僧民主導或組成的活動，雖亦有部份涉及“教化”理念，如天和元年（AD.566）以僧族領銜的佛邑，即發願爲「移風革俗」〔註6〕，但擁有此類意涵的民間造像比重並不高〔註7〕，且多專注爲己身、或病痛、或眷屬、或爲興佛等發願：

爲己身，如大統四年（AD.538）〈黨屈蜀造像記〉：〔註8〕

黨屈蜀爲己身造像一區，生生世世，值遇諸佛。

爲病痛，如大統四年〈魏文男造像記〉：

佛弟子魏文男爲己身病患，願造像一區。

爲眷屬，如大統六年（AD.540）〈吉長命造像記〉：

清信士佛弟子吉長命，爲父母合門大小，一切眾生，造石像一區。

爲興佛，如保定二年（AD.562）〈鉗耳世標等造像記〉：

願三寶隆輝，輝隆法界。

甚至因爲過分的重視亡故家人、而形成一股盲目的爲祖先“追福”之風氣：

　　如天和元年（AD.566）的〈董法相造像記〉：

〔註6〕見〈僧族造像碑〉，《北京圖書館藏中國歷代石刻拓本匯編》八冊，頁127。

〔註7〕在本期的造像活動中，蘊含“教化”理念的民間造像僅有三則：編號08、
76、104。參見本文附錄一。其中編號76的保定二年〈荔非興度造像記〉，更
是由官民合建的形態。可見民間造像的內涵，多未具“教化”的觀念。

〔註8〕諸舉證題記之出處，俱見本文附錄一。

董法相爲爲亡父母造像一區。

又如保定五年（AD.565）的〈秦國丞爲亡父母造像記〉：

秦國丞爲亡父母兄妻等，造石像一區。

再如大象元年（AD.579）的〈趙春和造像記〉：

佛弟子趙春和爲亡父見存□父遭難□，願造像一，今得成就。

這股"追福"之風，雖然助長了造像活動的蜂起，以及從中產生對"孝親"倫理的提倡，反映出民眾雋敬"孝義"的價值標準〔註9〕，但也如侯旭東所論，帶來了造像猥濫的流弊，使得當時的上層僧團不得不對此展開整頓〔註10〕。可見官員與僧民兩者之間，對於"教化"、"揚善"觀念的重視程度，仍有相當的差異。

另一方面，古人亦稱佛教有「以輔暗政」之功〔註11〕。透過本期任職北雍州的令長作爲，可知當時官員，確有藉佛教之力，強化與領地官民的關連。由於北雍州轄區「州帶北山，多有盜賊……併豪右所爲」〔註12〕，可知豪強桀踞，素爲難治。又以鄰近長安，形勢顯要，實爲帝國腹心之地。以致到任的官員，多於此推行懷柔政策，以感化地方勢力。不但毛遐如此，韓褒以至曹續生亦是如此。而佛邑的功用，也不僅止於教化官民，更重要的建立了由上而下的聯繫管道，透過邑中日常事務的運作，使彼此產生互動，因而建立和諧的關係。

這種由上而下的聯繫，亦影響於民間，形成由下而上的雙向關連。如河東地區恭帝元年（AD.554）由民間發起的義邑——〈薛山俱造像記〉，就納入了郡功曹薛通尙以及州主簿郭金安等官吏。而關中地界的佛邑如保定二年（AD.562）的〈楊忤女楊景祥等造像記〉，亦邀請了前後任郡守等參與。

甚至某些造像活動，更成爲帶有政治意味的儀式。如都督祁令和就曾因絳州刺史宇文眞「撫茲蕃越」等事功，而造等身佛像，將宣佛理念與官員事功，同時刻石紀念〔註13〕。這種政教之間的結合，在官方色彩的佛邑願文中，

〔註9〕 劉淑芬，〈五至六世紀華北鄉村的佛教信仰〉，《史語所集刊》六十三卷三期（1993），頁543。

〔註10〕 侯旭東，《五、六世紀北方民眾佛教信仰》（北京：中國社科出版社，1998年），頁273～279。

〔註11〕 如僧祐對姚興提倡佛法的論述。參見前章註109，頁130～131。

〔註12〕 《周書》，卷三十七〈韓褒傳〉，頁661。

〔註13〕 參見〈祁令和造像記〉，《北京圖書館藏中國歷代石刻拓本匯編》八冊，頁107。

表現的尤爲明顯：

如〈巨始光造像記〉，描述其人爲：

> 生於季葉，長逢兵亂，王道時屯，群飛未戢……值龍變虎爭之秋，
> 列土立功之會，常思納肝之誠，又慕孫賓之節，契闊戎行，夷險備
> 經。

而〈白實中興寺造像記〉中，宣揚白實事功的篇幅更大過於興佛：

> （白實）……體道群英，志超遠略。革回曠，善德美。今時才實文
> 武，器過瑚璉。名播六郡，振嚮三秦。自忝朝政，躍馬邊戎……逞
> 不世之奇功。懷謀略於匈衿……朝野流歌詠於時，口傳芳聲於史
> 籍。

如此的刊刻情形，是一般僧民主導造像所未見的。

除了在碑文中宣揚教化理念、官員事功，並透過造像活動以建立官民間雙向互動的關係，當時的官方色彩義邑，尚有其個別的政治、軍事等現實考量。譬如本文第三章所論述的兩類佛邑，甚至因應著地方局勢的變化。如毛遐號召鄉里，組織佛邑，大抵是出於勢力遭受奪抑的危機感，而取代毛遐的于謹，其下屬曹續生掌控當地，亦採取與地方豪強合作組織佛邑的模式。不同的是，毛遐本身即爲鄉豪，他所強化的是由宗族、鄉黨、部曲等建構而成的"豪強共同體"關係。曹續生則不然，或許是身爲中央派任的富平縣令，爲了使轄區政通人和，有必要建立與當地的溝通管道，因而組織佛邑，使縣曹屬吏與地方鄉豪相互連結。雖然佛邑之間各有不同，無法一概而論，但毛遐所代表的"強宗大姓"型義邑與曹續生所代表的"軍政首長"型義邑，卻也各有其類同的特色。

以前者而言，當時和"強宗大姓"有關的佛邑，多展現出以宗族爲本的特性。如費氏軍人攜結眷屬番上，他們組織佛邑的目的，除了建立與長安鄉人的關係，更重要的就是凝聚入京親族，並連絡遠方的宗族，在某種程度上，確保了氏族認同的延續。同樣的事例，也出現於京兆杜氏所主導的陽翟佛邑。從四面碑文的題名組合與刻意強調「本是雍州京兆人」的出身，可知他們於異鄉組織佛邑的目的，亦爲連絡分散四處的宗族及強化與當地居民的關係。這種透過義邑而聯繫宗族的模式，不但有益於彼此之間的認同，而此"共同體"的集體意識，甚至可更進一步的提昇至政權認同層次。譬如前述杜照賢等人，即使面臨著孤軍受圍的情勢，仍然堅持抵禦，充分展現了對國

家的忠誠信念，能夠支持他們的理由，想必就是題記中所展現的鄉黨、宗族關係的牽引。

以後者而言，和"軍政首長"有關的佛邑，則多展現出緊密連結領地豪強的組成模式。除了曹續生與北雍州地方勢力——北魏時期領民酋長的後裔焦氏的事例，白實在固城建邑的活動中，亦多得力於南陽郡豪強宗氏的贊助，至於普屯康於雍州新豐號召的興佛活動，更是透過當地強族薛氏以組織邑眾。特別的是，地方豪強多任職地方，他們和該區的軍事首長，原本在職守上就存有轄屬的關係，組織佛邑，無非是此種關係的擴張，使彼此之間的互動更為密切。

本文第四章所論及的兩類佛邑，除河西的洛川義邑因邑中官員層級過低，難以臆測其政治意圖，其他的義邑，亦多蘊含與政、軍情勢有關的意涵。特別是與"軍事團體"有關的義邑，如巨始光的造邑目的，是為了聯結各有心防的義軍領袖及前線的「鄉豪長秀」；杖枺榮的造邑目的，是面對戰場敗退局面，加強統屬軍人的關連；而正寧佛邑，不但承襲了隴東地區自北魏以來的造像風潮，更以此調和了原居住民與北鎮、羌族軍人等族群。至於此類邑義的性質，亦多屬政權底下的工具性產物。除了正寧義邑或許是受到了關隴傳法較廣的影響，於邑中安排僧侶出任邑師；龍頭佛邑則完全缺乏了僧侶的參與；至於巨始光的高涼義邑，所邀請的邑師乃頗具政教色彩的當地僧官，可見政治超越了宗教，實為當日政教體制下的顯影。

與"民族融合"有關的義邑，如〈任安保等六十人造像記〉，則見證了西魏提高羌族政軍地位的歷史發展。在國家政策的推動下，使得以荔非為首的羌姓官員，有意識的爭取他們過去的鄰人——現在的州郡屬民——的支持與認同。而佛邑的興造，一方面標示了"共同體"的成形，一方面也使當地部族，邁向了民族融合的道路。不過，無論是佛邑因應局勢發展所流露的現實性政、軍考量，或是主政者利用佛教「敷導民俗」、「以輔暗政」，都必須透過傳教的模式來完成。因此，官方色彩佛邑所展現的宗教功能以及特色，就成了有必要稍加探討的環節。

二、佛教義邑的傳教功能

一般而言，民間的造像活動，多存有信仰的"非系統性"。不識字的村民，在素質低劣的游化僧指導下，往往刊刻義理混淆，甚至佛道糾纏的碑銘。

雖然學者認為這種混淆，顯示出中土信徒的"創造性"，不過，相對的也突出了民間信仰層次低，「對義理理解，掌握不深，支解與歪曲了教義」的表現〔註14〕。這種曲解，甚至會造成不良的影響。比如彌勒經典明白開示，彌勒將於兜率天五十六億萬年後，下生人間。並於龍華樹下舉行三次法會，與會者盡得阿羅漢果〔註15〕。但除少數有識者，民眾多以為彌勒生平可見，於題記中留下了諸如「生值諸佛」、「彌勒現門」、「生生侍佛」、「面奉彌勒」、「願登龍首」等祈願〔註16〕。以至如魏末的"大乘起義"，便假「新佛出世」藉口叛亂〔註17〕。另一方面，根據教義，即使彌勒下生，無非助渡眾人。可是「新佛出世」的號召，竟在大乘起義的事件裡，成為對過去佛教「屠滅寺舍、斬戮僧尼、焚燒經像」的殘酷暴行。可見這種宗教的"創造性"，影響何其廣大。

官員對佛理的理解程度，就遠高於民間。比如白實等人，顯然皆認識到彌勒下生之遙不可期。例如題記曾云：「彼彥嗟雙林之已逝，慮三會之難邀」。而發生這種現象的原因，不外乎侯旭東述及官員本身所具備的二大特性：（一）除了少數武官"不解書計"，文職官吏多少都事文斷義，粗通書翰。這對正確義理的灌輸，自然有所幫助。（二）除部份州郡縣屬吏由地方長官辟除，任用本地人外，大部分官吏都由朝廷除授，在整個疆域內遷轉。活動範圍不受限於方隅，見聞自然較廣，非生活侷促於一地的普通民眾可比。〔註18〕

當時的官員，在傳布正確教理的同時，也多藉由刊刻經文與圖像而教化地方。如學者曾據〈巨始光造像記〉指出，碑文所刻載的圖像和經典關係之密切，實可作為當日傳法情狀的最佳引證。比如圖刻中的釋迦、多寶並坐場景，是描寫《妙法蓮華經》中的"法華變"；而文殊菩薩與維摩詰居士的並坐圖像，則表現了《維摩經》中，兩人的精彩哲辯；至於立佛之左有三小兒欲作攀登，右則置一跪狀小兒的幕龕，亦展現了《賢愚經》裡阿育王施土因

〔註14〕 侯旭東，《五、六世紀北方民眾佛教信仰》（北京：中國社科出版社，1998年），頁102。

〔註15〕 參見第三章註102，頁82。

〔註16〕 參見表2-2.8，頁40～41。

〔註17〕 參見本文第二章，頁40。

〔註18〕 侯旭東，《五、六世紀北方民眾佛教信仰》（北京：中國社科院，1998年），頁91。

緣的故事。這種圖像布教的方式，不但可獲致良好的成效。特別是「對那些大皆不識字，或識字不多的鄉村居民傳道佈教時，若伴以生動的圖像作爲說明」〔註19〕，更能收到宏大的效果。

當然，本期的僧民造像，亦多有刊刻經文的趨向〔註20〕。不過，在我們讚嘆〈巨始光造像記〉中驚人的教義理解與正確的圖像傳教之餘，似乎也應正視高涼佛邑裡，擔任教理指導的官方僧侶——高涼三藏比丘辯賢，與佛邑本身所具有的官方色彩。這種傳播正確義理的功能，對於當日的佛教發展，起著重要的推動力量。

三、佛教義邑的社會功能

在政治、軍事的考量下，透過傳教的模式，並利用佛教義邑的管道，不但可大收“以教輔政”之功，更高層次的意義，則是促成了社會團結的功效。而佛邑的社會功能，其主要範圍有二：一是社會的救濟，二是社會的整合。

在社會救濟方面，如同民間佛邑的修橋造路、植樹掘井等善行，官方色彩義邑也有著同樣的功德。除了毛遐造像碑出土於井邊，或許涉及了造像並及修井，以供取水的舉措；白實等人的造像活動中，以宗氏爲主的人士，合計佈施了一百八十五畝田地，相信多少也與賑濟鄉里的“義田”有關，而這些善行，甚至成爲當時部份義邑的組成原因之一。〔註21〕

前人學者對佛邑整合社會的功能，多有闡發。除前述馬長壽先生，較早提出佛邑有助“民族融合”的觀點。侯旭東論及義邑的影響時亦言：「佛教東來，深入民間……基于這種共同的信仰，村落內的信眾或相鄰村落的信眾結成社邑，共同從事佛教活動，強化了他們之間的聯繫。不同區域，不同背景的人們因共同的信仰，具有了相互聯繫的潛在的可能，利于整個社會共同精神生活的養成」〔註22〕。透過對前章實際案例的研究基礎，可知佛邑整合族

〔註19〕以上參見劉淑芬，〈五至六世紀華北鄉村的佛教信仰〉，《史語所集刊》六十三卷三期（1993），頁519～521。

〔註20〕如〈僧演造像記〉即刻《大般涅盤經》兩部。參見王昶，《金石萃編》，卷三十二，頁13。

〔註21〕劉淑芬，〈五至六世紀華北鄉村的佛教信仰〉，《史語所集刊》六十三卷三期（1993），頁525。

〔註22〕侯旭東，《五、六世紀北方民眾佛教信仰》（北京：中國社科出版社，1998年），頁271。

群的影響，亦不僅止於民族融合，或是扮演鄉里村邑間的“膠著劑”。甚至是甫經佔領的地區，當時的官員，也設法運用佛邑的力量，試圖凝聚原居民。

譬如侯景亂時，遠征陽翟的京兆杜氏，就於造邑的活動中，吸引了當地群眾的參與。這對消泯彼此之間原屬兩國的對立，改善來自西魏的杜氏宗族與原籍東魏的陽翟居民之間的關係，非但多有裨益，並有助於建立和諧的秩序。而共同的宗教信仰，也不僅對“鄰人關係”的凝聚，起著重要的作用，亦是將四面八方的杜姓宗族與當地的陽翟居民，進一步納入同一群體的行動。影響所及，除了促成邊地人們的情感凝聚，也使宗族之間的關係，不至於因距離而疏遠。

這種整合力量，亦行於當時的都邑。如首都長安，就曾因費氏軍人番上攜結宗族，而出現難得一見的佛邑。此間的費氏族人，不但透過義邑連結遠方的宗親，更以興佛祈福的活動，吸引了長安鄉人的參與。對於日後的族群互動，跨出了緊要的一步。

可見當時無論內地邊區的同化、鄉里都邑的整合，甚至民族之間的融合，佛邑始終扮演了重要角色。雖然民間義邑，可能也存有遍布疆土的特性，但許多碑文由於地點失佚，也不似具官方色彩的佛邑，存留大量官銜，可證興建地點。或許正是學者多由村落整合，藉以印證的原因。如劉淑芬亦云：「佛教有促進鄉村社會整合的作用，顯現在村落之內不同姓族的連結，村落與村落之間的聯繫，以及縮小社會差距三個方面」。〔註23〕

至於整合的功能傳輸，亦大抵仰賴於宗族以至部族的人際網絡。由於當時人民為避戰亂，多採以宗族為本的集團式流徙，形成了各地“聚族而居”的現象。如西魏的瓜州義首令狐整：

> 以國難未寧，常願舉宗效力，遂率鄉親二千餘人入朝，隨軍征討……宗人二百戶，並列屬籍。〔註24〕

這種“聚族而居”的宗（部）族，則是當時極為重要的一種社會組織。據學者所論，「其成員之間無論政治、軍事、經濟、法律上都有著密切聯繫，個人的榮辱興衰，皆不能離開宗族而獨立存在，“身”與“族”是不能分開的」

〔註23〕 劉淑芬，〈五至六世紀華北鄉村的佛教信仰〉，《史語所集刊》六十三卷三期（1993），頁 536。

〔註24〕 《周書》，卷三十六〈令狐整傳〉，頁 643。

〔註25〕，可見宗族力量之強大。

　　雖然，宗族亦有士、寒二門，外在的表現有顯有隱。加以五服的禮制使得同姓各家族之間，宗支關係漸遠，也難以得知彼此關連。不過，某種"大姓"效應，仍普遍存在於當日社會。學者曾根據敦煌文書，輔以正史紀傳指出：「同屬一姓，是同姓各家族發展的一個有利條件。同姓各家族的活動，反過來又進一步加強了所屬本姓的社會影響，給人以本姓人多勢大的感覺」〔註26〕。可見同姓者之間不但互有關連，共同影響本姓之社會力量，也易於遭時人視爲同族。而數個宗族、部族、姓族之間，因對佛教的崇敬，起而結邑的行爲，自然使佛邑具備了廣大的影響力，發揮了整合族群的力量。

　　佛邑之中，最能體現這種以宗（部）族爲本的族群整合，當推位處顯州的正寧義邑。特別是佛邑中單一氏族人數較多的二十五姓〔註27〕，由其邑職分配的比重，可以推論正寧佛邑的三個特點。第一，氏族對佛邑的指涉程度，並非顯現在人數的眾寡方面。比如人數最多的雷氏，就爭取不到任何的邑職。除非他們不是世居當地的族群，否則這種情形和其他的邑義是大不相同的〔註28〕。第二，除了豆盧、紇奚、孫氏三姓，官員階層對於提升他們同

〔註25〕 朱大渭等，《魏晉南北朝社會經濟史》（北京：中國社科出版社，1998 年），頁53～54。

〔註26〕 楊際平等，《五至十世紀敦煌的家庭與家族關係》（長沙：岳麓書社，1997 年），頁 174。

〔註27〕 表 5-1.1：正寧佛邑人數較多的二十五姓

姓氏	雷	李	劉	王	牛	趙	成	徐	程	段	孫	賈	吐難
邑職	0	0	2	2	4	0	2	1	2	3	2	0	1
參與	0%	0%	28%	28%	80%	0%	40%	25%	66%	100%	66%	0%	33%
邑生	10	7	5	5	1	5	3	3	2	0	1	3	2
總數	10	7	7	7	5	5	5	4	3	3	3	3	3
姓氏	魏	韓	張	梁	衛	黃	侯莫陳	宇文	地連	紇奚	吐谷渾	豆盧	
邑職	0	0	0	0	1	1	0	0	0	1	1	1	
參與	0%	0%	0%	0%	50%	50%	0%	0%	0%	50%	50%	50%	
邑生	2	2	2	2	1	1	2	2	2	1	1	1	
總數	2	2	2	2	2	2	2	2	2	2	2	2	

以上數字代表人數。參與欄則指諸姓人數與邑職的參與比重。

〔註28〕 如高涼義邑的楊氏，或如新豐佛邑的張姓與趙姓，都以氏族人數眾多，而參與了諸多邑職。

姓宗族在邑中地位的影響也不明顯〔註29〕。相對的，邑職參與度較高的牛、程、段、孫等姓，也毫無宗族居此任官的情形。可見氏族之中，官職的出仕與佛邑的掌控，兩者之間並不等同。第三，羌族不但在人數上是佛邑的少數族群〔註30〕，他們對邑中事物的影響，也是微乎其微的。除了地連昌或許因都督身分而擔任了唯那，其他的羌姓，都無法取得邑職。只能以邑生的身分，參與邑義的活動。

由於佛邑可謂是當地社會的縮影。因此，對於上述事實的合理推論為，本邑應該是由世居當地的鄉民與來自他方的族群所共同組成，以致於氏族和邑職的分配，出現了不平均的情形。有些氏族如牛氏，即使人數不多，但以久居當地，素孚聲望，因此在佛邑中扮演了重要的角色。有些氏族，則或隨軍遠戍，居處未久，缺乏了深遠的地緣關係，以致於他們和邑中的日常事務，存在隔閡，自然沒有出任邑職的條件。

而豆盧、紇奚、賈、孫等姓，比較符合鄉豪著姓的輪廓。至少如豆盧相、紇奚愼等人，不但官居帥都督，具有統領鄉兵的權責。甚至顯州，根本就是為安頓這些北鎮軍人而設置，因而以宗族為本，取得了鄰里的支持。而賈延，不但在邑中，擁有其氏族的根本，甚至以佛邑官員唯一具有行政官——刺史——的經歷，擔任了實際管理佛邑的最高職務——都唯那。這和荔非、郭氏等姓官員，缺乏同宗的邑眾，也沒有氏族參與的情況，是完全不同的。

羌族在邑中參與低落的原因，除了前述，或許也和他們的族人——濁水羌、宕昌羌的屢次侵擾有關。尤其是西魏大統七年（AD.541），宕昌羌酋梁仚定的入侵，更逼近隴東。朝廷除了調派當時鎮守隴右的獨孤信，率軍征討：

〔註29〕 表 5-1.2：正寧佛邑同姓官員與平民邑職對比

類　　　別	官　員　姓　氏
平民同姓邑眾完全沒有邑職	賈(2)、地連、宇文、趙
平民同姓邑眾只有部份邑職	豆盧(2)、紇奚、孫
完全沒有平民同姓的邑眾	郭、庫延、荔非

〔註30〕 雖然鮮卑與漢人的種族混融，使得姓氏不具嚴謹的胡漢分界。不過，羌民的"族內婚"習俗，見馬長壽，《碑銘所見前秦至隋初的關中部族》，頁80。反倒使他們成了邑中較可辨識的族群。包括了雷、地連、荔非、彌姐等十五人，僅佔佛邑人數的 10%。

　　（大統）七年，仚定又舉兵入寇。獨孤信時鎮隴右，詔信率眾便討
　　之。軍未至而仚定爲其下所殺。信進兵破其餘黨。〔註31〕

還以豆盧寧接掌隴西軍事〔註32〕，以穩固後方：

　　及梁仚定反，以寧爲軍司，監隴右諸軍事。〔註33〕

亂事雖然因仚定部眾的內鬨而平息。但此後邊疆羌族的反叛，仍是層出不窮，
直到北周保定四年（AD.564）以後，情勢才有所好轉。也因此，顯州邑眾或
許就對這些羌民，產生了防範心理，限制了其在邑中的發展。但無論如何，
至少他們也正視了羌族的存在，進而以佛邑作爲民族融合的開端。〔註34〕

　　佛邑的整合功能，除了有助於人們之間的認同與凝聚，當時的邊境地區，
因應局勢的變幻，甚至提昇了認同的層次，使官方色彩的佛邑多少帶有某種
“國家認同”的意味。而邊區之中，則以白實於南陽所興築的固城寺邑，最
能體現主導者對此認同的掌握。至少在造像背景與祈禱願文等方面，多透露
與此相關的訊息。

　　由於佛邑所在的南陽郡，地處黃河以南的三國交界，位於西魏疆土的東
南隅。自歸附以來，屢次遭遇東魏侯景的武裝威脅〔註35〕，雙方爭奪不休。
如何施以有效的防衛，便成了當地令長的重要職守。如《周書》〈權景宣傳〉
記載：

　　除南陽郡守。郡鄰敵境，舊制，發民守防三十五處，多廢農桑，而
　　姦宄猶作。景宣至，並除之，唯修起城樓，多備器械，盜寇斂跡，
　　民得肆業。〔註36〕

〔註31〕 《周書》，卷四十九〈宕昌羌〉，頁893。
〔註32〕 隴右即指隴西。如獨孤信的經歷：「尋除隴右十州大都督、秦州刺史」。見《周
　　　　書》，卷十六〈獨孤信傳〉，頁265。其中秦州及位於隴山西側。見譚其驤主編，
　　　　〈北周〉，《中國歷史地圖集》第四冊（台北：曉圓，1991年），頁67～68。
〔註33〕 《周書》，卷十九〈豆盧寧傳〉，頁309。
〔註34〕 除了馬長壽曾論及「具有各種部族成分的人們同邑而居，過著共同的經濟生
　　　　活，又以信仰相同，共同建立佛像，從此自然而然的引導各族人民走上了相
　　　　互融合的道路」。參見馬長壽，《碑銘所見前秦至隋初的關中部族》，頁80。劉
　　　　淑芬也認爲「在漢、胡人民，或是不同種姓的胡人雜居共處的村落裡。佛教
　　　　也是消泯民族界線，促進民族融合的功臣」。見劉淑芬，〈五至六世紀華北鄉
　　　　村的佛教信仰〉，《史語所集刊》六十三卷三期，頁538。可見海峽兩岸的學者，
　　　　對佛邑融合民族的功能，多有共識。
〔註35〕 第一次在西魏初年，事見《周書》，卷十六〈獨孤信傳〉，頁264。另一次在大
　　　　統六年，事見《周書》，卷十五〈李弼傳〉，頁240。
〔註36〕 《周書》，卷二十八〈權景宣傳〉，頁478。

可見至少在大統初年，南陽郡的施政準則，仍以軍政爲主。面對混亂的時局，如果能夠適時的掌握人心，凝聚向心力量，也可在戰時發揮廣大的作用。獨孤信在孝武西遷，荊州失陷後，圖謀復興，主要依恃的就是這股力量：

> 時荊州雖陷東魏，民心猶戀本朝。乃以信爲衛大將軍……以招懷之。東魏刺史辛纂勒兵出戰。士庶既懷信遺惠，信臨陣諭之，莫不解體。〔註37〕

既有前鑑，那麼白實官居本地，便應該著實的在這方面下點功夫。今據題記：

> 乃□物拔，攘寇敵催，竊盜斂跡。煎無遺乃□屬，慶其威德華夏，伏其才武，遠近慕義。志念道場心衫。

表示白實在施行政績上，是先完成了「攘寇敵催，竊盜斂跡」的目標，才轉向到興建寺邑，收攬人心的措施。事實上，這樣的舉動，主要的考量也是爲了鞏固政權。

由於白實自河東轉調固城，並興造佛邑的時間——大統三年（AD.537）四月，正值邊境多事，兩國征戰的間隔。如本年正月即發生了東魏主導的潼、洛戰爭：

> （大統）三年春正月，東魏寇龍門……又遣其將竇泰趣潼關，高敖曹圍洛州……太祖縱兵擊破之……斬泰，傳首長安。〔註38〕

又如本年八月，西魏反攻，傾全軍主力東伐：

> 八月丁丑，太祖率李弼、獨孤信……等十二將東伐……於是宜陽、邵郡皆來歸附，先是河南豪傑多聚兵應東魏，至是各率所部來降。齊神武懼，率眾十萬出壺口……又遣其將高敖曹以三萬人出河南。
>
> 〔註39〕

延至十月，高歡亦集結二十萬眾，會周師於沙苑：

> 十月壬辰，神武西討，自蒲津濟，眾二十萬，周文軍於沙苑。
>
> 〔註40〕

此即著名的沙苑之役，宇文泰於此取得了重大勝利：

> 至沙苑……齊神武聞太祖至，引軍來會……于謹等六軍與之合戰，

〔註37〕《周書》，卷十六〈獨孤信傳〉，頁264。
〔註38〕《周書》，卷二〈文帝紀下〉，頁22。
〔註39〕《周書》，卷二〈文帝紀下〉，頁23。
〔註40〕《北齊書》，卷二〈神武紀下〉，頁20。

李弼等率鐵騎橫擊之⋯⋯斬六千餘級，臨陣降者二萬餘人⋯⋯獻俘
長安，還軍渭南，於是所徵諸州兵始至⋯⋯遣左僕射、馮翊王元季
海爲行臺，與開府獨孤信率步騎二萬向洛陽，洛州刺史李顯趨荊
州。〔註41〕

可見當時征伐之廣。而上述戰役，亦危及荊州地區。面對宇文泰的攻勢，高
歡除了聚集軍隊西進，亦「遣其將高敖曹以三萬人出河南」，分散西軍的力量。
如此局面，西魏理當救援。但出於兵力有限，所徵諸軍尚未集結，不得不先
保障關內的安全，直到沙苑戰役，取得決定性的勝利，才「遣⋯⋯洛州刺史
李顯趨荊州」。導致荊州在戰火的威脅下，其防禦多得仰賴自身的力量——地
方義軍。而白實身爲義軍統帥，如何確保這些地方軍人對國家的忠誠，消泯
戰亂之中，義眾的叛降，想必是當時亟需進行的工作。

願文之中，就展現了這種情結。特別是題記所載的祈願對象，不同於其
他造像如爲「因緣眷屬」、「七世父母」、「法界眾生」等眾多，僅是很直接的
爲「國主大王」祈福。而結邑的目的，也出於白實「率固城上下村邑諸郡守、
都督戍主、十州武義等，爲國主大王□史造中興寺石像」。至於佛邑的組成，
不但缺乏民眾的參與，也沒有僧侶的祝禱，所連結的全是當地的文武官員。
這種身分上的拒斥，一方面顯示出固城義邑的政治色彩，一方面也突顯出地
方官員藉此凝聚國家認同的面向。

爲了建立國家意識，人們並透過法會儀式，使彼此在祝禱「業果來臻」
的同時，也宣示了對帝國的效忠。而固城寺邑擔任行禮的四位「開光明主」，
顯然亦經過挑選，使他們兼具地方政權的象徵。包括了當地的軍事首長、地
方望族、行政官員以及義軍領袖〔註42〕，配合佛像神聖的開光引靈儀式，導
引了眾人對國家的認同。如此的運作，對當地而言，相信並不僅只於推展宗
教傳布的儀式，而具有更深刻的政治意義。這種有益輔政的措施，在戰爭頻
仍的邊地，具有強化地方對中央認同的效益。

河東的情況亦然。以高涼義邑爲例，巨始光等人的祈願對象，除「皇帝

〔註41〕《周書》，卷二〈文帝紀下〉，頁24。

〔註42〕亂世之中，文不如武。是對此處缺乏當地儒者的最佳寫照。如位高權重的齊
王憲，曾在告誡姚最時，勸他努力習醫，以承繼其父，以醫術知名於當世的
姚僧垣的家業時，透露出輕視文人的心態：「爾博學高才，何如王褒、庾信？
王、庾名重兩國，吾視之蔑如。接待資給，非爾家比也。爾宜識此意，勿不
存心」。參見《周書》，卷四十七〈姚僧垣附子最傳〉，頁844。

陛下」以外，更加入了「大丞相」——宇文泰。可見這種發自造像祈願——祝禱對象——國家認同的連結模式，甚至轉化為對當權者的禮敬〔註43〕。至於高涼與固城的差別，僅在於佛邑的結構，反映出地區性組成的差異。由於巨始光身為當地義軍領袖，除了需要與其他的義首加強關係；更重要的就是直接掌握鄉民，以鞏固其軍權根本。也因此在高涼義邑中，納入了平民階層的參與。而白實由河北轉調南陽，或許是缺乏與當地直接的人身關係，因此

〔註43〕這種政教影響的痕跡，入周以後表現的尤為明顯，進而使宇文護在當時的造像活動中，成為主要的祝禱對象。並以長安及鄰近地區的造像題記，留存最多：

表 5-1.3：北周時期造像迴願宇文護的銘記

題　記	時　間	祈願對象引文	地點	出　　處
王妙暉等造像記	武成二年 2/08	願皇帝延祚，常登安樂。晉國公忠孝慶□無窮。又邑子亡者值佛聞法，見在眷屬，恆與善居。將來道侶，世世同修。使如來福業不墜 ＊地點據《寰宇訪碑錄》	咸陽	王昶，《金石萃編》，卷三十六，頁 1～5
邑子一百一十五人造像記	保定元年 9/09	仰為皇帝陛下，晉國公造石像一區……願國祚永隆……使諸邑子等罪結雲除……生遇佛終登常樂……一切同福慶	陝西耀縣	《考古與文物》第二期，1994 年，頁 48
張操造像記	保定二年	仰為皇帝陛下、晉國公、群像百辟及法界有形造無量壽佛一區……造釋迦像一區	不詳	《魯迅輯校石刻手稿》（二十五），頁 603
楊忤女楊景祥等造像記	保定二年 4/08	上為皇帝陛下、大冢宰、師徒下及伯仲兄弟、七世父母、見在眷屬，願生生世世，值佛聞法，不想捨離。法界眾生，一時成佛	陝西臨潼	《文博》第二期，1992 年，頁 72
田元族造像記	保定三年 6/01	為帝祚長延……晉國公永隆四方……解甲進榮，人修禮讓……七世父母，咸同福慶	陝西耀縣	《北京圖書館藏中國歷代石刻拓本匯編》八冊，頁 109
張永貴造像記	保定四年 8/08	為皇帝陛下、太師、國祚永康，為七世所生、見在眷屬，為淨土與諸菩友、法界蒼生，光悟死生	陝西耀縣	《北京圖書館藏中國歷代石刻拓本匯編》八冊，頁 113
顏那米等造石像記	天和四年 8/01	仰為皇帝陛下延祚無窮，復願大冢宰保國安民，福延萬世，採石名山，召匠方外。敬造像一區，為國祚永隆，三寶常續、師僧父母，咸隨此願，同獲斯善	陝西涇陽	王昶，《金石萃編》，卷三十七，頁 16～20

在掌握鄉兵的職守上，最重要的便是控制鄉里以及"十州武義"的領袖。

至於枝枝榮，則在全軍敗退，四面楚歌的處境下，透過當地軍民因著對堡主的愛戴而造像的習慣﹝註44﹞，從而以結邑興佛的舉措，加強官民之間的聯繫。藉著佛像開光點眼的宗教儀式，於祝禱之中，無形的強化了軍民對「皇帝陛下」的認同。可見具官方色彩的佛邑，實有凝聚國家認同的特色。

第二節 佛教義邑的地理分布

什麼樣的地區比較容易出現具官方色彩的義邑？它們的主導類型及分布等又有何種變化？交通路線是否影響或促成了佛邑的興建？區域的形勢又和義邑有何關連？這些問題都是本節所欲探討的主題。首先依據前章所論，官方佛邑的地理位置，製成下表：

表 5-2.1：具官方色彩的佛邑分布

序號	名　　　稱	時　　　　間	分　　　布
01	毛遐與北雍州義邑	大統元年 2/15	關中北雍州
02	白實與固城寺邑	大統三年 4/08	河南南陽郡鄰近
03	曹續生與富平義邑	大統五年 2/25	關中北雍州富平縣
04	巨始光與高涼義邑	大統六年 7/15	河東高涼
05	任安保與北雍州義邑	大統十二年 3/23	關中北雍州
06	京兆杜氏與陽翟義邑	大統十三年 11/15	河南陽翟
07	甘肅出土的正寧義邑	保定元年 1/15	隴東正寧
08	普屯康與新豐義邑	天和五年 1/03	關中京兆新豐縣
09	費氏宗族與長安義邑	天和六年 5/21	關中長安
10	枝枝榮與龍頭義邑	天和六年 6/14	河東龍頭堡
11	黨氏羌族與白水義邑	建德元年 4/08	關中白水郡鄰近
12	異姓氏族與洛川義邑	建德二年 7/15	陝北洛川

據表可知，具官方色彩的造邑活動，多分布於河東、河南、渭河南、北岸等四個區域﹝註45﹞。由於形態各有不同，本文依據潼關、藍田關等分界，

﹝註44﹞如保定二年〈檀泉寺造像記〉，參見第四章註97，頁127。
﹝註45﹞參見本文附圖，頁164～166。

歸類為關外的黃河東、南岸，以及關內的渭水南、北岸兩大地區。

一、河東、河南等關外地區

（一）關外地區的交通與形勢

　　河東今屬山西，以黃河天險與陝西為鄰。於其時，則為西魏、北周的東北邊境，設有建、邵、勳、汾等州〔註46〕。由於黃土高原的地形限制，居民多依河谷而居，其地之城市，大多位於北方的汾水與南方的涑水流域。作為關中之屏障，河東不但是東西兩國爭奪的目標，更由其交通、形勢，成為關係國家興亡的重地。〔註47〕

　　根據嚴耕望先生的考證，關中地區與東方的交流主要依靠二條路線。除了長安、洛陽間的兩京驛道，另一條則是長安接太原的汾、涑驛道〔註48〕。而汾水，不但是河東地區主要的交通孔道，更是關隴政權於東北的實質疆界〔註49〕。高氏政權於此，多採正面攻勢，不但在東魏時期展開了兩次的玉壁戰役，到了北齊，更以斛律明月的經略達到高峰。至於涑水，則亦為交通要道〔註50〕。其上游多山谷〔註51〕，不但作為國境的東面屏障，也是西魏北

〔註46〕　參見《西魏書》，卷八〈地域考〉，頁68～69。

〔註47〕　武帝之滅齊，就以河東為基地。參見毛漢光，〈北朝東西政權之河東爭奪戰〉，《中國中古政治史論》（台北：聯經出版社，1991年），頁166。

〔註48〕　嚴耕望，《唐代交通圖考》（台北：中研院史語所，1985年），卷一，頁18～25、129。雖然嚴耕望先生所論為唐代的交通情形，但驛道之形成與驛站之設置，卻非一朝一代可以竟功，如兩京驛道沿渭水南岸之杜化驛、東陽驛等皆為西魏時期即已設立。見同書，頁28～29。透過唐代交通的回溯，相信對探討當時的情況，必有所助益。不過，本文亦無意於推論北周時期各驛站之距離與遷徙等相關細節，僅就佛邑的分布，與唐代河東、關內等交通路線多位於黃河水系諸支流河谷的情況，相互之間，以為印證，藉此明瞭西魏北周時期的交通幹道與佛邑分布的關連。

〔註49〕　雖然在某些時期，關隴政權亦曾將其勢力擴及汾北地區，並設置郡縣。不過，汾河以北畢竟是稽胡與北齊屢次侵擾的地區，甚至北齊於斛律明月經略之時，亦在此設置郡縣、塢堡，在邊境上呈現出犬牙交錯的情勢。而宇文政權，每每阻擋其攻勢，都得依賴由汾河沿岸城鎮所形成的防禦網。可見其實質控制的邊界，大約就在汾河谷地。

〔註50〕　長安、太原間的驛道，自入河東後，即分為南北兩條。北向為汾河谷地，南向則為涑水河道。參見嚴耕望，《唐代交通圖考》（台北：中研院史語所，1985年），卷一，頁127～128。

〔註51〕　如紫金山、絳山、華谷等，參見圖5-2.1：西魏北周時期河東地區官方色彩佛邑的分布。

周楊檦進襲的據點。而汾、涑之間，則依靠正平至聞喜──十分接近於國境
──的交通支線連接。〔註52〕

　　河南則在形勢上與河東相對，屬於國境東南的突出地帶，位處三國之
交。宇文政權在此設置荊、淅、洛、襄等州〔註53〕，尤以荊州最爲兵家必爭
之地。早在西魏試圖控制本區以前，高歡即已察覺，並有意經略，以弭腹心
之禍：

　　　　荊州綰接蠻左，密邇畿服，關隴恃遠，將有逆圖。〔註54〕

而兩魏相爭，爲了牽制敵方，也多用兵於此。如大統三年（AD.537）的沙苑
之役，主戰場雖於沙苑、弘農等地，但如前述高歡、宇文泰亦分別遣軍趨荊，
以開拓第二戰場。主要原因即由於荊州──主要指南陽──地近兩京，可爲
東西交通樞紐。不但有驛道自南陽，延丹水河谷西北直線連接，由藍田入關
中，以接長安；亦可順此路線，由上洛轉向東北，即可順洛水谷地，直抵洛
陽〔註55〕。可見具有箝制兩京的重要地位。而南陽東北的魯關，更是經略敵
境潁、汝二水流域的必經之地〔註56〕。其目標往往是陽翟，以及潁水上游，
可由後背進襲洛陽的潁川。可見魯關──陽翟──潁川，是當時一條足可行
軍的交通要道。

（二）關外佛邑的分布特色

　　分布於關外的佛教義邑，至少在四個方面，表現了共同的特色。第一，
佛邑皆位於國境邊緣的交通路線上。例如河東的兩處佛邑──正平西方的高
涼以及聞喜東方的龍頭堡──都在接近國界的汾、涑驛道上，兩地之間並可
藉由交通支線，相互連絡。河南的二處佛邑，除了固城位於南陽境內，具有
國境東南邊緣的交通樞紐地位，陽翟則於南陽、潁川之間，是敵後道路的重
要據點。這種交通分佈的特色，除了因道路的往來，有助於佛教傳布的擴散
〔註57〕。或許也由於前線的邑義，位於敵我軍隊行軍、征戰所必經之處，不

〔註52〕嚴耕望，《唐代交通圖考》（台北：中研院史語所，1985年），卷一，頁104。
　　　　至於東西魏之國界，則大致爲正平（臨汾水）至建州（涑水上游）的連線。
　　　　而聞喜即位於建州西側。

〔註53〕參見《西魏書》，卷八〈地域考〉，頁70～74。

〔註54〕《北齊書》，卷二〈神武本紀〉，頁14。

〔註55〕嚴耕望，《唐代交通圖考》（台北：中研院史語所，1985年），卷三，頁801～
　　　　811。

〔註56〕如王思政自荊州進軍河南，亦取此地行軍。參見第三章，頁61。

〔註57〕參見顏尚文，〈後漢三國西晉時代佛教寺院之分布〉，《台灣師大歷史學報》第

但飽受戰亂之苦，特別需要宗教的撫慰；在疆界隨戰事變遷的情況下，掌握軍民的國家認同，也是官方主持佛邑的主要目的。

第二，佛邑的興造地點，皆非鄉村僻地，而位處塢堡與前線型城鎮之中〔註58〕。除龍頭堡、固城鎮本身即為軍方要塞，高涼則東連正平，西接玉壁，不但是前線經略的根據地，縣內及鄰近的稷山、巢山等軍鎮，更是保衛黃河天險的屯兵之所。而陽翟，根本就在敵後。自慕容紹宗淹洧水圍城以後：

> 又以紹宗為南道行臺……率軍圍擊，堰洧水以灌之。〔註59〕

此地已與國內阻絕：

> 太祖遣大將軍趙貴……監督東南諸州兵以援思政。高岳起堰，引洧
> 水以灌城……皆為陂澤，救兵不得至。〔註60〕

其地之西魏軍民，也是因河南戰場，分兵屯戍的部署，而暫時停留。

第三，佛邑的組成，皆以軍人為主。其差別僅在於高涼（大統三年）、固城（大統六年）佛邑為西魏初期邊境常見的地方軍——義眾，而陽翟（大統十三年）、龍頭（天和六年）佛邑則為西魏晚期以至北周正規化的府兵。由此也可印證關隴政權，其軍隊組織之變遷。而府兵制度，初以「廣募關隴豪右」推行關中，藉此石刻資料，不但可知其後逐漸推行邊地，也可見大統九年（AD.543）確為府兵推行的正確年份。〔註61〕

第四，佛邑的性質，不但具官方色彩，官員亦於邑中居重要地位，這與關內部份主導階層如像、邑主官民各半的義邑不同。由於本區直接承受來自東魏北齊的軍事壓力，甚至北方部族如稽胡，也多侵擾河東。以致境多兵燹，屢有叛降之事。因此，義邑的設置，官方涉入的程度較高。這種官員的參與與控制模式，可謂是關隴政權於政教合一下的產物。由此可見，區域內

十三期（1985），頁 36。

〔註58〕由於高涼、陽翟兩邑，其組成多為軍人。而谷霽光認為，「軍人城居是當時一種通例」。參見谷霽光，《府兵制度考釋》（台北：弘文館，1985 年），頁 58。可知其地應在城內，或者城外郊區。

〔註59〕《北齊書》，卷二十〈慕容紹宗傳〉，頁 274。

〔註60〕《周書》，卷二〈文帝本紀〉，頁 31。

〔註61〕本文所指乃大統九年，邙山之役失利後，「於是廣募關隴豪右，以增軍旅」的府兵推行年代。參見《周書》，卷二〈文帝本紀〉，頁 28。與陳寅恪先生由制度面，推論大統十六年發展成熟的西魏國家軍隊的時間不同，參見陳寅恪，〈隋唐制度淵源略論稿〉，《陳寅恪先生論文集》（台北：三人行出版社，1974 年），頁 117～122。

的形勢、交通以及政軍情勢的發展，在在影響了官方參與佛教組織的意願與層次。

二、渭北、渭南等關內地區

關內的佛邑分布，大致集中於渭、洛、涇水流域。由於南方的渭水，具有關內南北向水路交通「北上的涇水與南下的昆明池核心樞紐的地位」〔註62〕，以及關內對外東西向水陸交通的轉運地位〔註63〕。因而以此爲界，並依河川以及佛邑的地點，概分爲以長安爲中心的渭南京兆地區，以及渭北的渭河北岸：涇、洛二水流域。渭南共有兩處造訖於天和年間的長安，及鄰近的新豐義邑。而渭河北岸，則以北雍州爲中心，集中了三處佛邑〔註64〕。至於更北的涇、洛水系，則於洛水河道上，出現了白水以及洛川義邑。而涇水流域，則有隴東的正寧佛邑。

特別的是，本區具官方色彩的義邑，仍然具有位處交通路線的分布特色。嚴耕望先生曾論，長安、洛陽間的兩京驛道，乃是關內「由長安略延渭水南岸東行」的主要交通幹道。其路線，自出京城後，「東渡滻水……東行十四五里至漢新豐故縣……又東北三里至隋唐新豐縣」〔註65〕。其中，隋代新豐即爲北周新豐〔註66〕，而佛邑所雋刻的「神郊要衝」碑文，也印證了長安、新豐等地交通之發達。至於渭河水運，當日也仍具舟楫之利〔註67〕。如北周著名文人——王褒之〈四瀆祠碑銘〉：

〔註62〕 甘芳蘭，《漢隋之間關中區域的發展與變遷》（台中：東海大學史研所碩士論文，1985年），頁193。

〔註63〕 沿著渭河，共有關中對外連絡的兩條重要交通路線。其南岸爲兩京驛道，其北岸爲長安太原道。可見渭河對關內東西交通與對外聯絡之重要性。

〔註64〕 北雍州及其鄰近爲關內具官方色彩佛邑，分布最廣的地區。論其原因，則多少和1961年後，中共國務院將 "藥王山石刻" 列爲第一批的重點文物保護單位，加上陝西省文物普查隊對於發掘拓片的努力，耀縣成立了博物館，收藏了眾多的新出土的石刻碑文有關。參見陝西省文物普查隊，〈耀縣新發現的一批造像碑〉，《考古與文物》第二期（1994），頁45。而耀縣即屬當日的北雍州。如此舉措，一方面使本區出土的義邑題記數量增加，一方面也促使歷史顯影更加清晰。

〔註65〕 嚴耕望，《唐代交通圖考》，卷一，頁18、22～25。

〔註66〕 周隋之新豐地名，並無變遷。參見《隋書》，卷二十九〈地理志上〉，頁808。

〔註67〕 另一方面，北周文人庾信也留有對涇、渭河水暢通的描寫。如其〈終南山義谷銘〉中云：「據浮渭……溝渠交映……舟檝相通」。參見嚴可均輯校，《全後周文》，卷十二〈庾信〉，頁1～2。收入《全上古代秦漢三國六朝文》（北京：中華書局，1995年）。

河渭合流，桃花春水……河魚送迎，江妃來往，水開通跡。〔註68〕

可見當時的渭河及沿岸地區，仍然延續著漢初以來的東西向水陸交通要道的地位。〔註69〕

至於渭河北方的交通路線，則沿渭北河岸，有驛道——即前述長安通太原驛道的關內段——可通河東。其路線，自京師北渡渭水「……四十里至三原縣……又東四十里至富平縣……至同州」，引文中的隋唐富平，轄地未曾變遷，即屬當日的北雍州〔註70〕。由前述關中民亂，魏太子及李虎等人於倉皇之際，擁眾前來避難的路徑，也可見本地之道路連結的情形。

本區的東北，則有由同州北向，循洛水連接延州的交通管道〔註71〕。當日的白水、洛川等佛邑，即位此道上。而延州稽胡起事，朝廷遣軍叛亂，亦取洛水爲道：

柱國豆盧寧督諸軍與延州刺史高琳擊破之。〔註72〕

而豆盧寧時任同州刺史，擁眾於洛水下游〔註73〕。可見其依地緣，北向進擊的用意。

本區的西北，則以涇水爲聯絡長安以至軍事重鎮——原、靈等州——的主要交通路線〔註74〕。正寧雖非直接臨此河道，或可經由涇水支流的羅川相互連接〔註75〕。其西方的豳州，向來爲西北軍事的重要據點。如經常侵擾原

〔註68〕同註67，卷七〈王褒〉，頁5。
〔註69〕如張良曾言：「河渭漕挽天下，西給京師」。參見司馬遷，《史記》，卷五十五〈留侯世家〉（台北：鼎文書局，1975年，新校本），頁2044。
〔註70〕隋之富平即爲北雍州富平，參見《隋書》，卷二十九〈地理志上〉，頁809。而隋唐之富平，亦無遷移、更名之記錄。參見歐陽修，《新唐書》（鼎文書局新校本），卷三十七〈地理志一〉，頁962。
〔註71〕嚴耕望先生記其路線爲：「同州……坊州……又東北略循洛水六十里至鄜州……延州」。見氏著，《唐代交通圖考》，卷一，頁232～236。比對譚其驤主編，〈唐京畿道、關內道〉，《中國歷史地圖集》第五冊（台北：曉圓，1991年），頁40～41。可知上述路線皆循洛水。
〔註72〕《周書》，卷四十九〈異域志上〉，頁896。
〔註73〕「武成初，出爲同州刺史。復督諸軍討稽胡」。見《周書》，卷十九〈豆盧寧傳〉，頁310。
〔註74〕嚴耕望先生敘其路線爲「由長安北渡渭水，至涇陽縣……至邠州……至寧州」。而寧州即爲隋代之北地郡。參見《新唐書》，卷三十七〈地理志一〉，頁969。而隋代之北地郡則爲北周之寧、顯等州《隋書》，卷二十九〈地理志上〉，頁810。
〔註75〕正寧當日屬陽周縣，原屬豳州，其後則分陽周置顯州。已如前述。而隋後改爲羅川。《隋書》，卷二十九〈地理志上〉，頁810。至唐仍沿之。見《新唐書》，

州的茹茹〔註76〕，亦順涇水南下，攻抵此地：

> 時茹茹渡河南寇，候騎已至豳州。朝廷慮其深入，乃徵發士馬，屯
>
> 守京城，塹諸街巷，以備侵軼。〔註77〕

可見其地屏障京內的意義。而正寧之屯駐軍隊，亦爲因應情勢的轉變，以保障此道之安全。

不過，佛邑所處的羅川，雖可聯絡涇水流域，但僅爲泥水的支流，也不屬主要的州際道路。可見當時具有官方色彩的佛邑發展，尤其在關內西北一帶，有偏離通州大衢，而隨河谷滲透的情況。造成此現象的原因，除了與駐軍戍守的地點有關，應該也是早期佛教發展，無法完全脫離交通幹線的特色延續。〔註78〕

此外，關內的邑義屬性，尚與分布區域間的情勢，有著緊密的關連。整體而言，情勢越爲緊張，或接近國界的地區，越是容易出現與軍事團體或軍政首長有關的義邑。如造訖於保定元年的正寧佛邑，即位於屢遭茹茹侵襲、內亂連年〔註79〕的隴東地區。其地之設置僑州，也是出於收容北鎮流亡軍人，以強化該地軍事力量的因素。這種戰禍頻繁，地多凌亂的局勢，要到佛邑造訖後的「天和年間，將六僑州南遷」以後，才逐漸解除〔註80〕。新豐的情況亦然，此地不只具有屏障京師的作用，也因北齊最後一次強大的攻勢，斛律明月自河東、河南分向進軍，而使關中吃緊的局勢有關。

至於地方勢力涉入較深的義邑，則全數集中於渭河北岸地區。由於渭北

卷三十七〈地理志一〉，頁969。其地臨羅水，可見改稱羅川之根據。參見譚其驤主編，〈唐京畿道、關內道〉，《中國歷史地圖集》第五冊（台北：曉園，1991年），頁40～41。

〔註76〕「（大統）八年，授原州刺史……俄而茹茹圍逼州城，剽掠居民，趨擁畜牧」。參見《周書》，卷二十五〈李賢傳〉，頁416。

〔註77〕《周書》，卷十八〈王羆傳〉，頁292。

〔註78〕早期寺院的分布中，只有一座山寺，偏離了主要交通路線。不過其寺之燈油等供應，仍須依賴鄰近的洛陽。參見顏尚文，〈後漢三國西晉時代佛教寺院的分布〉，《師大歷史學報》第十三期，頁27。而佛邑碑文刊刻之佛堂主、香火主等邑職，可見也及於佛堂日常所需物品的採集。或因此而無法完全脫離可供買辦諸如香燭、燈油等的交通道路，只以"偏離"而已。

〔註79〕如豆盧狼、莫折後熾等亂事。見《周書》，卷二十五〈李賢傳〉，頁415。

〔註80〕毛漢光先生認爲，六僑州的設置乃是爲了填補「涇水支流泥水流域……勢力空隙之區」。後因突厥發兵攻茹茹，並與北周之間邦交友善，因而將僑州南遷。見毛漢光，〈西魏府兵史論〉，《中國中古政治史論》，頁220～222。可見保定年間，此地之緊張情勢仍未解除。

——尤其是北雍州——部族、豪強的勢力強大，出於國家政權對此地的實質控制（如曹續生造像與著姓焦氏的連結），或者各族群間為聯繫同宗與鄉黨關係，強化"豪強共同體"結構（如毛遐造像），不但促使了義邑的產生，也顯示了佛教義邑與地方豪強的關連，並表現在地理分布上，成為當時政教結合，以利國家統治的實際事例。

而主導階層官民各半的義邑，則多位於當地強族已納入政權控制的地區（如任安保造像），或局勢和緩的內地。如洛川佛邑，雖位於戰事頻仍的河西。但北周武成以後，其地主要邊患——稽胡，已逐漸的被驅離。因而渡河往河東，以及北向於奢延水一帶如綏、銀等州發展。甚至於天和五年（AD.570），連接近長城的奢延水據地亦不保：

> 其後丹州、綏州、銀州等部內諸胡……又頻年逆命。復詔達奚震……
> 等前後窮討，散其種落……（天和）五年，開府劉雄出綏州，巡檢
> 北邊。〔註81〕

而佛邑完成於其後的建德年間，可見當時稽胡侵擾的情勢，已大致解除。

綜上所論，可知具官方色彩的佛教義邑，無論關內、關外，都具有與所在區域形勢的關連。並以長安為中心，如同扇狀的分層——完全掌控的內地、局勢不穩的地區、局勢緊張的邊地——散布著官方涉入程度、類型不一的義邑組織。促使官、民之間，透過佛教信仰的整合，加強彼此的關聯，並凝聚向心力量，共同面對混亂的時局。另一方面，除了關內西北一帶，具官方色彩的佛邑已開始擴散於驛道不及的鄉里，其餘的義邑多位於通州大衢的地段。而關內因地理形勢，具有水陸交通「西北路線稀疏、東南網路稠密」的特性〔註82〕，配合西北地區，目前出土佛邑分布，僅只一處的現象，更可證得佛教義邑與交通道路的關連。

〔註81〕 見《周書》，卷四十九〈異域上〉，頁898。至於奢延水與綏、銀等州之方位，參照譚其驤主編，〈北周〉，《中國歷史地圖集》第四冊（台北：曉園，1991年），頁67～68。

〔註82〕 文中地理形勢主要是指，「自兩漢到隋，關中的人力、物力資源多仰給於東南補給」，因而東南路線較為發達。而「西北地區多受異族戰亂的侵擾，所闢的道路多用於國防軍事之途」，加以地形的險阻，交通狀況不能與東南相比的特色。參見甘芳蘭，《漢隋之間關中區域的發展與變遷》，頁203。

圖 5-2.1：西魏北周時期河東地區官方色彩佛邑的分布

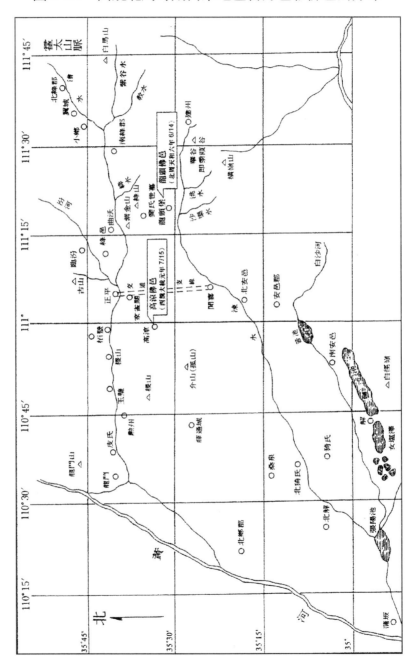

本圖參照毛漢光，〈河東地區地理圖〉，《中國中古政治史論》（台北：聯經出版社，1991年），頁130夾頁；嚴耕望，〈唐代長安太原驛程圖〉，《唐代交通圖考》（台北：中研院史語所，1985年），卷一，頁128；譚其驤主編，〈北魏司、豫、荊、洛等州〉、〈西魏〉，《中國歷史地圖集》（台北：曉園，1991年），頁46～47、63～64等而成。

圖 5-2.2：西魏北周時期河南地區官方色彩佛邑的分布

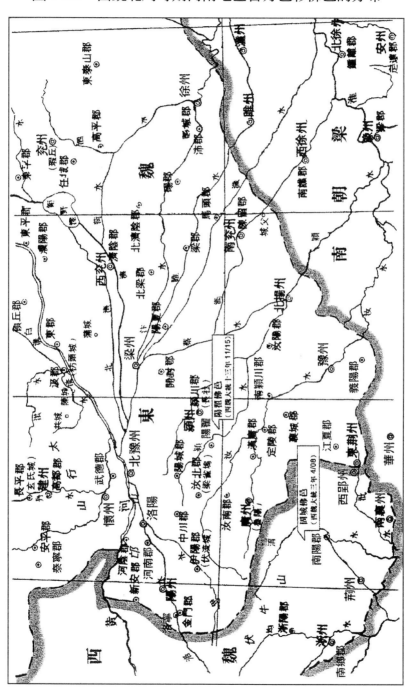

本圖參照譚其驤主編，〈北魏司、豫、荊、洛等州〉、〈西魏〉，《中國歷史地圖集》（台北：曉園，1991 年），頁 46～47、61～62 等而成。

圖 5-2.3：西魏北周時期關隴地區官方色彩佛邑的分布

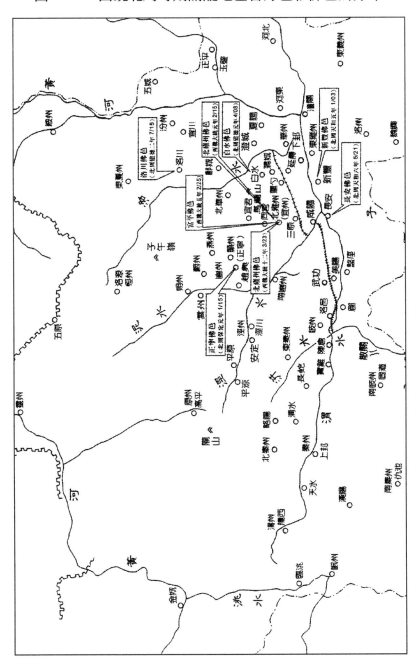

本圖參照毛漢光，〈西魏府兵史論〉，《中國中古政治史論》（台北：聯經出版社，1991 年），頁
280 插圖；嚴耕望，〈唐代長安洛陽道驛程圖〉，《唐代交通圖考》（台北：中研院史語所，1985
年），卷一，頁 90 夾頁；譚其驤主編〈西魏〉、〈周〉，《中國歷史地圖集》（台北：曉園，1991
年），頁 63～64、67～68 等而成。

第六章 結 論

　　南北朝佛教的發展，存在著明顯的區域差異。「南方偏尚玄學義理，上承魏晉以來之系統。北方重在宗教行為，下接隋唐以後之宗派」〔註1〕。而義邑即是北朝宗教行為的具體表現之一。其中具官方色彩的佛邑，更多少帶有政教結合體制下，以教輔政的用意。特別是和軍事團體有關的義邑，藉由宗教儀式以及宗教團體的凝聚力量，一方面強化了中央政權對國境邊地的控制，一方面也增進了邊區戰場對關隴王朝的認同。非但對"關隴團體"的統合，起著重要的力量。即使在種族複雜、世家豪強當道的社會裡，與強宗大族或者軍政首長有關的佛邑，也發揮了整合族群的功能。對於"豪族共同體"的建立與民族融合的推展，亦有其卓著的貢獻。可見具官方色彩的義邑，無論在當日（至少在武帝毀佛以前）的政治、社會、宗教等層面裡，皆扮演了重要的角色〔註2〕。不過，邑義之間，由於形態、屬性等不同，自然也造成了彼此的差異。

　　與軍事團體或軍事首長有關的佛邑，不但邑中的主導者，全都具有軍事將領的身份。組織成員，也多與軍伍有所關連。其差別僅在於西魏前期的邑眾，多為邊境常見的義軍，而西魏後期以至北周，則為正規化的府兵。而建邑的目的，亦多為戰爭影響下，加強團結的心理。如白實的造邑目的，是為了掌握南陽地區的「十州武義」。巨始光的造邑目的，是為了聯結各有心防的

〔註1〕 湯用彤，《漢魏兩晉南北朝佛教史》（台北：台灣商務印書館，1998 年），頁487。

〔註2〕 建德三年的法難，使所有的造像活動，幾為之停頓。直到宣政元年以後，才又陸續的出現。參見附錄一：〈西魏、北周時期的造像活動〉。

義軍領袖及前線的「鄉豪長秀」。普屯康的造邑目的，是為了控制新豐地區的「地方豪傑」。杖扶榮的造邑目的，則是面對戰場敗退局面，加強統屬的關連。至於此類邑義的性質，則多屬政權底下的工具性產物。除了巨始光的高涼義邑，邀請當地僧官指導佛義；正寧、新豐等邑，受到了關隴傳法教團的影響之外。其餘的佛邑，都缺乏了僧侶的參與。除了區域性佛法不彰的理由外，亦可見政治超越了宗教，實為當日政教體制下的顯影。在分布上，除了新豐位於京兆的「神郊要衢」，其餘各處多分布於塢堡與軍事型城鎮。如龍頭堡、固城鎮本身即為軍方要塞，高涼為河東的屯兵之所，正寧則為收容北鎮軍人的僑州。

就地方勢力涉入較深的佛邑而言，其組成多與豪強部族有關。除了河東的陽翟義邑以京兆杜氏為主體，其餘多分布於渭河以北——尤其是北雍州——等土著勢力抬頭的地區。可謂是世家、豪強、部族等群體，為聯繫同宗與鄉里間 "鄰人" 關係，強化 "豪族共同體" 結構的重要舉措。除了黨仲茂，有意識的強化鄉里族群間的關聯。毛遐的造邑動機，則出於勢力窘抑後的危機感，並藉此凝聚鄉黨的支持。而杜照賢，除了以佛邑聯繫宗親，也透過僧侶與佛法，拉近了當地人群與駐軍的距離。至於曹續生，則在籠絡鄉豪的基礎上，以義邑為官民的互動，創造了良好的契機。洛川佛邑則由當地姓族組成，出於邑眾的身分差別不大，因此官民之間亦取得了較為平等的地位。可見相同的血緣、地緣，甚至相同的文化、風俗習慣，皆為連結佛邑的構件。

不過，佛教的力量尚不僅此，對於不同族群間的整合，也發揮了強大的力量。渭北的〈任安保等六十人造像記〉，見證了西魏募羌族為軍的歷史發展。在國家政策的推動下，使得以荔非為首的羌姓官員，在納入政權後，有意識的爭取他們過去的鄰人——現在的州郡屬民——的支持與認同。而佛邑的興造，一方面標示了 "共同體" 的成形，一方面也使當地部族，邁向了民族融合的道路。長安的費氏義邑，則見證了北周武帝以「宿衛官……將家累入京」的詔令。透過義邑的組成，不但使入京費氏，聯絡了遠方宗族的感情。藉由造像、齋會等活動，也增進了與當地鄰里的關係。

官方色彩的佛邑功能，則呈現於政治，社會與宗教等層面。在政治方面，佛邑側重於教化活動的 "揚善" 理念，並藉佛教「以輔暗政」，透過邑義，建立官民的聯繫，增進彼此的和諧。這種 "以教輔政" 的色彩，在宣佛教義與官員事功，同時刻石的舉措中，表現的尤爲明顯。在社會方面，由於具備了強大的整合功能，當時無論內地邊區的同化、鄉里都邑的整合，甚至民族之間的融合，佛邑也始終扮演了重要角色。在宗教方面，官員基於對佛理的深刻認識，甚至以圖像布教的方式，建立了傳教活動的典範。

　　具官方色彩的佛邑特色，也表現於官員對"國家認同"的掌握。特別在帝國邊區，無論河南或河東，都出現了國際之間，對於領土與統治的拉鋸戰，而隴東的顯州，更是填補勢力空虛的要地。如此的形勢，亦反映於題記之中。使義邑多擁有強化認同的作用。白實等邑眾祈願，很單純的只有「國主大王」。巨始光等人的祈願對象，除了「皇帝陛下」以外，更加入了「大丞相」──宇文泰。正寧佛邑則以「黃（皇）帝（比）陛下」的祈願居首，而普屯康的題記祈願，除了「皇帝」、「國祚」，還有因效忠政權而來的「爵祿光寵」。枎枎榮在四面楚歌的處境下，亦加強了軍民對「皇帝陛下」的認同。可見對國家政權的認同，始終佔有重要的位置。

　　佛邑的分布，除了關內西北一帶，已開始推及驛道未及的鄉里，其餘的義邑，則多集中於通州大衢的地段。不僅河東、河南等佛邑，分布於邊境的交通幹線，渭南、渭北的義邑，亦多處黃河水系等水陸來往便利地區。而區域間的形勢發展，也多影響了其分布的特性。如同扇狀的分層──完全掌控的內地、局勢不穩的地區、局勢緊張的邊地──散布著官方涉入程度、類型不一的義邑組織。促使官、民之間，透過佛教信仰的整合，加強彼此的關聯，並凝聚向心力量，共同面對混亂的時局。綜上所論，則官方色彩的義邑，至少在西魏北周時期，不但反映出區域形勢的變化，更對國家政權，社會結構以及宗教傳布等，發揮了重要的貢獻，具體呈現了北朝政教體制的運作與功能。

徵引暨參考書目

一、基本史料

（一）石刻文字類

1. 王昶，《金石萃編》，《石刻史料新編》第一輯，冊一～四（台北：新文豐出版社，1977 年）。

2. 毛鳳枝，《關中石刻文字新編》，《石刻史料新編》第一輯，冊二十二。

3. 北圖金石組，《北京圖書館藏中國歷代石刻拓本匯編》六、八冊（河南：中州古籍，1989 年）。

4. 汪鋆，《十二硯齋金石過眼錄》，《石刻史料新編》第一輯，冊十。

5. 武樹善，《陝西金石志》，《石刻史料新編》第一輯，冊二十二。

6. 武樹善，《陝西金石志補遺》，《石刻史料新編》第一輯，冊二十二。

7. 洪頤煊，《平津讀碑記》，《石刻史料新編》第一輯，冊二十六。

8. 胡聘之，《山右石刻叢編》，《石刻史料新編》第一輯，冊二十～二十一。

9. 孫星衍，《寰宇訪碑錄》，《石刻史料新編》第一輯，冊二十六。

10. 陸徵祥，《八瓊室金石補正》，《石刻史料新編》第一輯，冊六～八。

11. 陸耀遹，《金石續編》，《石刻史料新編》第一輯，冊四。

12. 張維，《隴右金石錄》，《石刻史料新編》第一輯，冊二十一。

13. 張仲炘，《湖北金石志》，《石刻史料新編》第一輯，冊十六。

14. 趙萬里，《漢魏南北朝墓誌集釋》（台北：鼎文書局，1972 年）。

15. 趙超，《漢魏南北朝墓誌彙編》（天津：天津古籍出版社，1992 年）。

16. 端方，《匋齋藏石記》，《石刻史料新編》第一輯，冊十一。

17. 魯迅，《魯迅輯校石刻手稿》（上海：書畫出版社，1987 年）。

（二）史傳類

1. 王國維校，袁英光等整理，《水經注校》（上海：上海人民出版社，1984年）。

2. 令狐德棻，《周書》（台北：鼎文書局，1975年，新校本）。

3. 司馬光，《資治通鑑》（上海：上海古籍，1997年）。

4. 杜祐，《通典》（台北：台灣商務印書館，1987年）。

5. 志磐，《佛祖統記》（大藏經2035）。

6. 李百藥，《北齊書》（台北：鼎文書局，1975年，新校本）。

7. 李延壽，《北史》（台北：鼎文書局，1975年，新校本）。

8. 念常，《佛祖歷代通載》二十二卷（大藏經2036）。

9. 法琳，《辨正論》（大藏經2110）。

10. 耶舍堀多，《佛說十一面觀世音神咒經》（大藏經1070）。

11. 姚思廉，《梁書》（台北：鼎文書局，1975年，新校本）。

12. 姚思廉，《陳書》（台北：鼎文書局，1975年，新校本）。

13. 馬端臨，《文獻通考》（台北：台灣商務印書館，1987年）。

14. 智昇，《開元釋教錄》（大藏經154）。

15. 張溥，《漢魏六朝百三名家集》（上海：掃葉山房，1925年）。

16. 湯用彤校，《高僧傳》（北京：中華書局，1997年）。

17. 費長房，《歷代三寶記》（大藏經2034）。

18. 道宣，《廣弘明集》（大藏經2103）。

19. 道宣，《續高僧傳》（大藏經2060）。

20. 道世，《法苑珠林》（上海：上海古籍出版社，1995年）。

21. 楊衒之，《洛陽伽藍記》（台北：正文書局，1982年）。

22. 僧祐，《弘明集》（大藏經2102）。

23. 慧皎等，《高僧傳合集》（上海：上海古籍出版社，1995年）。

24. 劉昫，《舊唐書》（台北：鼎文書局，1975年，新校本）。

25. 歐陽修，《新唐書》（台北：鼎文書局，1975年，新校本）。

26. 謝啓昆，《西魏書》（台北：鼎文書局，1975年，新校本）。

27. 顏之推，《顏氏家訓》（上海：商務印書館，1929年）。

28. 嚴可均輯校，《全上古三代秦漢三國六朝文》（北京：中華書局，1958年）。

29. 魏收，《魏書》（台北：鼎文書局，1975年，新校本）。

30. 魏徵，《隋書》（台北：鼎文書局，1975年，新校本）。

31. 覺岸，《釋氏稽古略》（大藏經 2037）。

二、相關專書

1. 山崎宏，《支那中世佛教の展開》（東京：清水書店，1942 年）。

2. 王仲犖，《北周地理志》（北京：中華書局，1980 年）。

3. 王仲犖，《北周六典》（台北：華世出版社，1982 年）。

4. 方立天，《漢魏南北朝佛教論叢》（北京：中華書局，1995 年）。

5. 毛漢光，《中國中古政治史論》（台北：聯經出版社，1990 年）。

6. 毛漢光，《中國中古社會史論》（台北：聯經出版社，1988 年）。

7. 朱大渭主編，《中國農民戰爭史——魏晉南北朝卷》（北京：人民出版社，1985 年）。

8. 朱大渭，《六朝史論》（北京：中華書局，1998 年）。

9. 朱大渭等，《魏晉南北朝社會生活史》（北京：中國社科出版社，1998 年）。

10. 谷川道雄，《隋唐帝國形成史論》（東京：筑摩書房，1971 年）。

11. 杜正勝，《古代社會與國家》（台北：允晨文化，1992 年）。

12. 何啓民，《中古門弟論集》（台北：學生書局，1978 年）。

13. 呂思勉，《中國民族史》（上海：中國大百科全書出版社，1987 年）。

14. 呂春盛，《北齊政治史研究》（台北：台灣大學，1987 年）。

15. 呂澂，《中國佛學源流略講》（北京：中華書局，1998 年）。

16. 汪征魯，《魏晉南北朝選官體制研究》（福州：福建人民出版社，1995 年）。

17. 林保堯，《法華造像研究》（北京：藝術家出版社，1993 年）。

18. 林忠亮等，《羌族文學史》（成都：四川民族出版社，1994 年）。

19. 周一良，《魏晉南北朝史論集》（北京：中華書局，1963 年）。

20. 周一良等編，《日本學者研究中國史論著選譯》第二、四、七冊（北京：中華書局，1980 年）。

21. 周一良，《魏晉南北朝史扎記》（北京：中華書局，1985 年）。

22. 侯旭東，《五、六世紀北方民眾佛教信仰》（北京：中國社科出版社，1998 年）。

23. 姚薇元，《北朝胡姓考》（台北：華世出版社，1977 年）。

24. 韋伯著，康樂、簡惠美譯，《宗教與世界：韋伯選集（Ⅲ）》（台北：遠流出版社，1989 年）。

25. 韋伯著，《宗教社會學》（台北：遠流出版社，1993 年）。

26. 韋伯著，康樂、簡惠美譯，《支配社會學Ⅰ》（台北：遠流出版社，1993年）。

27. 韋伯著，康樂、簡惠美譯，《支配社會學Ⅱ》（台北：遠流出版社，1993年）。

28. 韋伯著，康樂、簡惠美譯，《支配的類型：韋伯選集Ⅲ》（台北：遠流出版社，1996年）。

29. 韋伯著，簡惠美譯，《中國的宗教：儒教與道教》（台北：遠流出版社，1996年）。

30. 韋伯著，鄭樂平編譯，《經濟・社會・宗教——馬克思・韋伯文選》（上海：上海社科院，1997年）。

31. 韋伯著，康樂、簡惠美譯，《經濟行動與社會團體》（台北：遠流出版社，1999年）。

32. 唐長孺，《魏晉南北朝史論叢》（北京：三聯書店，1955年）。

33. 唐長孺，《魏晉南北朝史論拾遺》（北京：中華書局，1983年）。

34. 唐長孺，《魏晉南北朝史論叢續編》（北京：帛書書局，1985年）。

35. 唐長孺，《魏晉南北朝隋唐史三論》（武漢：武漢大學出版社，1993年）。

36. 馬長壽，《烏桓與鮮卑》（上海：上海人民，1962年）。

37. 馬長壽，《碑銘所見前秦至隋初的關中部族》（北京：中華書局，1985年）。

38. 康樂，《從西郊到南郊》（台北：稻禾出版社，1995年）。

39. 野村耀昌，《周武法難の研究》，東京：東出版株式會社，1977年）。

40. 陳寅恪，《陳寅恪先生論文集》（台北：三人行出版社，1974年）。

41. 陳寅恪，萬繩南整理《魏晉南北朝史講演錄》（台北：雲龍出版社，1996年）。

42. 陳明，《中古氏族現象研究》（台北：文津出版社，1994年）。

43. 陳琳國，《魏晉南北朝政治制度研究》（台北：文津出版社，1994年）。

44. 陳爽，《世家大族與北朝政治》（北京：中國社科院，1998年）。

45. 郭朋，《中國佛教思想史》（福州：福建人民出版社，1994年）。

46. 許里和著，李四龍、裴勇等譯，《佛教征服中國》（南京：江蘇人民出版社，1998年）。

47. 張弓，《漢唐佛寺文化史》（北京：中國社科院，1997年）。

48. 雁俠，《中國早期姓氏制度研究》（天津：天津古籍出版社，1996年）。

49. 湯用彤，《隋唐佛教史稿》（台北：木鐸出版社，1983年）。

50. 湯用彤，《漢魏兩晉南北朝佛教史》（台北：台灣商務印書館，1991年）。

51. 湯一介，《魏晉南北朝時期的道教》（台北：東大圖書，1988 年）。

52. 愛彌爾・涂爾幹著，渠敬東等編譯，《宗教生活的基本形式》（上海：上海人民出版社，1999 年）。

53. 逯耀東，《從平城到洛陽》（台北：聯經出版社，1985 年）。

54. 楊際平等，《五至十世紀敦煌的家庭與家族關係》（長沙：岳麓書社，1997 年）。

55. 道端良秀，關世雄譯，《中國佛教與社會福利事業》（台北：佛光出版社，1986 年）。

56. 雷依群，《北周史稿》（西安：陝西人民教育出版社，1999 年）。

57. 慈怡主編，《佛教史年表》（高雄：佛光書局，1995 年）。

58. 趙翼，《二十二史箚記》（台北：華世，1977 年）。

59. 趙超，《新唐書宰相世系表集校》（北京：中華書局，1998 年）。

60. 趙秀玲，《中國鄉里制度》（北京：社會科學文獻出版社，1998 年）。

61. 鄭欣，《魏晉南北朝史探索》（濟南：山東大學出版社，1997 年）。

62. 橫超慧日，《中國佛教の研究》（京都：法藏館，1959 年）。

63. 魯人勇等，《寧夏歷史地理考》（銀川：寧夏人民出版社，1993 年）。

64. 黎虎，《魏晉南北朝史論》（北京：學苑出版社，1999 年）。

65. 鄺士元，《魏晉南北朝研究論集》（台北：文史哲出版社，1984 年）。

66. 謝和耐（Jacques Gernet），耿昇譯，《中國五至十世紀的寺院經濟》（蘭州：甘肅人民出版社，1987 年）。

67. 嚴耕望，《中國地方行政制度史——魏晉南北朝》（台北：中研院史語所，1979 年）。

68. 嚴耕望，《中國地方行政制度史——秦漢》（台北：中研院史語所，1990 年）。

69. 嚴耕望，《唐代交通圖考》第一卷（台北：中研院史語所，1985 年）。

70. 嚴耕望，《唐代交通圖考》第二卷（台北：中研院史語所，1985 年）。

71. 嚴耕望，《唐代交通圖考》第三卷（台北：中研院史語所，1985 年）。

72. 嚴耕望，《唐代交通圖考》第四卷（台北：中研院史語所，1986 年）。

73. 嚴耕望，《唐代交通圖考》第五卷（台北：中研院史語所，1986 年）。

74. 顏尚文，《隋唐佛教宗派研究》（台北：台灣師大史研所專刊，1980 年）。

75. 鎌田茂雄著，關世謙譯，《中國佛教通史》（高雄：佛光出版社，1985 年）。

76. 藍吉甫，《隋代佛教史述論》（台北：台灣商務印書館，1993 年）。

77. 譚其驤主編，《中國歷史地圖集》（台北：曉園出版社，1991 年）。

三、期刊論文

1. 丁明夷，〈從強獨樂建周文王佛道造像碑看北朝道教造像〉，《文物》（1986）。

2. 王育民，〈十六國北朝人口考索〉，《歷史研究》第二期（1987）。

3. 王明，〈農民起義所稱的李弘與彌勒〉，《燕園論學集》（北京：北京大學，1984 年）。

4. 王麟昌等，〈麟游出土兩方北朝石佛造像〉，《文博》第三期（1992）。

5. 甘芳蘭，〈漢隋之間關中區域的發展與變遷〉（東海大學碩士論文，1985 年）。

6. 未著明，〈甘肅正寧出土北周佛像〉，《考古與文物》第四期（1985）。

7. 朱大渭，〈魏晉南北朝農民戰爭的幾個問題〉，《魏晉隋唐史論集》（二）（北京：中國社科出版社，1983 年）。

8. 刑義田，〈「試釋漢代的關東、關西與山東、山西」補遺〉，《食貨月刊》十三卷一、二期

9. 刑義田，〈試釋漢代的關東、關西與山東、山西〉，《食貨月刊》十三卷三、四期。

10. 余嘉錫，〈北周毀佛主謀者衛元嵩〉，收入《中國佛教史論集》（一）（台北：大乘文化出版社，1977 年）。

11. 呂春盛，〈五胡政權與佛教發展的關係〉，《台灣大學歷史學報》第十五期（1990）。

12. 呂春盛，〈北周前期的政局與政權的弱點〉，《台大歷史學報》第十八期（1994）。

13. 李玉岷，〈河北早期的佛教造像——十六國及北魏河北佛教造像資料〉，《故宮學術季刊》十一卷四期（1994）。

14. 李玉昆，〈從龍門造像銘記看北朝的佛教〉，《世界宗教研究》第二期（1984）。

15. 李向軍，〈略論十六國時期的少數民族人口〉，《民族研究》第六期（1990）。

16. 李榮村，〈北魏楊大眼將軍造像題記之書成年代〉，《中研院史語所集刊》六十三卷三期（1993）。

17. 李美霞，〈臨潼縣博物館藏北周造像座、唐代造像與經幢〉，《文博》第二期（1992）。

18. 何寄澎，〈北魏時期佛教發展的兩個現象〉，《思與言》二十一卷一期（1983）。

19. 佐藤智水，〈北朝造像銘考〉，《史學雜誌》八十六卷十期（1997）。

20. 林保堯，〈東魏武定元年銘石造釋迦五尊立像略考〉，《東方宗教研究》第一期（1990）。

21. 周伯戡，〈慧遠「沙門不敬王者論」的理論基礎〉，《台大歷史系學報》第九期（1982）。

22. 周雙林，〈北周趙貴、獨孤信事件考論〉，《文史》第四十期（1995）。

23. 周紹良，〈隋唐以前之彌勒信仰〉，收入《中國宗教——過去與現在》（北京：北京大學，1992年）。

24. 周錚，〈西魏巨始光造像碑考釋〉，《歷史博物館刊》第十一期（1985）。

25. 吳玲君，〈北朝婦女佛教信仰活動——以佛教造像銘刻爲例〉（中正大學碩士論文，1995年）。

26. 吳怡如，〈北周王令猥造像碑〉，《文物》第二期（1988）。

27. 胡志佳，〈兩晉時期西南地區與中央之關係〉，（東海大學碩士論文，1988年）。

28. 施光明，〈論大乘起義——北魏僧侶起義性質再探〉，《固原師專學報》第二期（1988）。

29. 侯旭東，〈十六國北朝時期戰亂與佛教發展關係新考〉，《中國史研究》第四期（1998）。

30. 高次若，〈北周大司馬楊堅造銅佛像〉，《考古與文物》第六期（1983）。

31. 高敏，〈東魏北齊的食幹制度研究〉，《社會科學戰線》第二期（1984）。

32. 孫同勛，〈北魏末年與北齊時代的胡漢衝突〉，《思與言》二卷四期（1964）。

33. 陝西省文物考察隊，〈耀縣新發現的一批造像碑〉，《考古與文物》第二期（1994）。

34. 陝西省考古研究所等，〈北周武帝孝陵發掘簡報〉，《考古與文物》第二期（1997）。

35. 郝春文，〈東晉南北朝佛社首領考略〉，《北京師範學院學報》第三期（1991）。

36. 康樂，〈沙門不敬王者——「不爲不恭敬人說法戒」及相關諸問題〉，《新史學》七卷三期（1996）。

37. 康樂，〈轉輪王觀念與中國中古的佛教政治〉，《中研院史語所集刊》六十七卷一期（1996）。

38. 曹仕邦，〈中國古代佛教寺院的順俗政策〉，《中華佛學學報》第一期（1987）。

39. 曹仕邦，〈論兩漢迄南北朝河西之開發與儒學釋教之進展〉，《新亞學報》

五卷一期（1960）。

40. 曹仕邦，〈太子晃與文成帝——英年早逝的天才父子政治家大力推廣佛教於北魏的功勳及其政治目的〉，《中華佛學學報》第九期（1996）。

41. 黃志成，〈四至六世紀山東地區佛教之研究——以寺院，僧侶與義邑爲中心〉（中正大學碩士論文，1995 年）。

42. 黃敏枝，〈南北朝寺院經濟的形成與發展〉，《思與言》六卷四期（1968）。

43. 陳華，〈王政與佛法——北朝至隋代帝王統治與彌勒信仰〉，《東方宗教研究》第二期（1988）。

44. 陳清香，〈中國最初的佛教造像〉，《印順導師八秩晉六壽慶論文集》。

45. 陳識仁，〈十六國都城研究〉（東海大學碩士論文，1995 年）。

46. 陳國棟，〈北朝時期的家庭規模結構及相關問題論述〉，《北朝研究》上半年期刊（1990）。

47. 張榮芳，〈試論隋唐的山東與關東〉，《食貨月刊》十三卷一、二期。

48. 張英莉，戴禾〈義邑制度述略——兼論南北朝佛道混合之原因〉，《世界宗教研究》第四期（1982）。

49. 張焯，〈北朝的總管制——兼論周隋府兵軍府的建置〉，《北朝研究》第三期（1990）。

50. 張維訓，〈略談北魏後期的實封與虛封〉，《史學月刊》第二期（1984）。

51. 張弓，〈南北朝隋唐寺觀戶階層述略〉，《中國史研究》第二期（1984）。

52. 張燕等，〈陝西長武縣出土一批佛教造像碑〉，《文物》第三期（1987）。

53. 張硯等，〈陝西耀縣藥王山摩崖造像調查簡報〉，《中原文物》第二期（1994）。

54. 張繼昊，〈北魏的彌勒信仰與大乘之亂〉，《食貨月刊》十六卷三、四期。

55. 溫玉成，〈蜀漢至隋代的四川佛教〉，《重慶師院學報》第一期（1991）。

56. 靳之林，〈延安地區發現一批佛教造像碑〉，《考古與文物》第五期（1984）。

57. 傅斯年，〈論所謂五等爵制〉，《中研院史語所集刊》二卷一期（1930）。

58. 傅永魁，〈河南鞏縣石窟寺再次發現造像龕〉，《考古與文物》第四期（1984）。

59. 程欣人，〈我國現存古代佛教最早的一尊造像〉，《現代佛學學術叢刊》第二十期（台北：大乘文化，1980 年）。

60. 湯勤福，〈隋文帝統治基礎之計量研究〉，《上饒師專學報》第三期（1987）。

61. 楊泓，〈國內現存最古的幾尊佛教造像實物〉，《現代佛學學術叢刊》第二十期（台北：大乘文化，1980年）。

62. 運河地區河東博物館，〈山西運城出土佛道造像碑〉，《考古》第十二期（1991）。

63. 塚本善隆，〈北魏太武帝の廢佛毀釋〉，《支那佛教研究——北魏篇》（東京：弘文堂書房，1944年）。

64. 塚本善隆，〈北魏の僧祇戶・佛圖戶〉，《支那佛教研究——北魏篇》（東京：弘文堂書房，1944年）。

65. 管東貴，〈漢代的羌族〉，《食貨月刊》一卷一、二期。

66. 管東貴，〈漢代處理羌族問題的辦法與檢討〉，《食貨月刊》二卷三期。

67. 蒲慕州，〈神仙與高僧——魏晉南北朝宗教心態試探〉，《漢學研究》八卷二期（1990）。

68. 翟春玲，〈陝西青龍寺佛教造像碑〉，《考古》第七期（1992）。

69. 寧可，〈述社邑〉，《北京師範學院學報》第一期（1985）。

70. 劉淑芬，〈五至六世紀華北鄉村的佛教信仰〉，《中研院史語所集刊》六十三卷三期（1993）。

71. 劉淑芬，〈北齊標異鄉易慈惠石柱——中古佛教社會救濟的個案研究〉，《新史學》五卷四期（1994）。

72. 劉馳，〈山東士族入關房支與關隴集團的合流及其復歸〉，《北朝研究》第五期（1991）。

73. 劉漢東，〈北朝後期別封、別食制度探論〉，《鄭州大學學報》第三期（1998）。

74. 盤傳岸，〈從南北朝末期互置傀儡談民族融合〉，《貴州民族研究》第二期（1986）。

75. 盧建榮，〈從造像銘記論五至六世紀北朝鄉民社會意識〉，《國立台灣師大歷史學報》第二十三期（1995）。

76. 蕭璠，〈東魏北齊內部的胡漢問題及其背景〉，《食貨復刊》六卷八期（1976）。

77. 謝重光，〈晉至唐中葉門閥士族與佛教寺院的關係〉，《北京師大學報》第四期（1991）。

78. 謝重光，〈北魏、東魏、北齊的僧官制度〉，《北朝研究》第三期（1990）。

79. 謝重光，〈魏晉隋唐佛教特權的盛衰〉，《歷史研究》第六期（1987）。

80. 顏尚文，〈後漢三國西晉時代佛教寺院之分布〉，《台灣師大歷史學報》第十三期（1985）。

81. 顏尚文，〈梁武帝「皇帝菩薩」理念的形成及政策的推展〉（師範大學博士論文，1989年）。

82. 顏尚文，〈北朝佛教社區共同體的法華邑組織與活動──以東魏李氏合邑造像碑爲例〉，《佛學研究中心學報》第一期（1996）。

83. 韓國磐，〈魏晉南北朝時寺院地主階級的形成與發展〉，《中國社會經濟史研究》第一期（1988）。

84. 薩孟武，〈南北朝佛教流行之原因〉，收入《中國佛教史論集》（一）（台北：大乘文化出版社，1977年）。

85. 鐮田茂雄，〈隴東石窟の歷史的意義──その佛教史的考察〉，收入《佛教與中國文化國際學術會議論文集》下輯（台北，1995年）。

86. 藤田恭俊，〈華北異民族統治下的佛教〉，《中國佛教史》，收入藍吉甫主編《世界佛學名著譯叢》（台北：華宇出版社，1985年）。

87. 耀生，〈耀縣石刻文字略志〉，《考古》第三期（1965）。

88. 麟游縣博物館，〈陝西麟游縣東川寺、白家河、石鼓峽的佛教遺跡〉，《考古》第一期（1996）。

附 錄

附錄一 西魏北周時期的佛教造像活動

序	名　稱	年　代	記　事　略　要	地點	出　　處
			西 魏 時 期		
01	毛遐造像記	大統元年 2/15	夫至道幽玄……諸邑子感圖聖善……減割家珍，敬造石像一區……願天下太平、皇治永康、七世所生曠劫、先佛因緣、善爲三度……龍華三會，願在先首 ＊官方色彩義邑	陝西耀縣	《考古》第三期，1965年，頁140
02	王愼宗等造四面像記	大統元年 4/01	□則攀宗彌尊……（文殘） ＊民間集團造像（九人，可辨者佛弟子車氏八人）	陝西	陸增祥，《八瓊室金石補正》，卷十六，頁42～45
03	吳德造像題字	大統元年 4/08	吳德爲父母敬造如來佛像一區供養，所願如是 ＊平民、個人造像		陸增祥，《八瓊室金石補正》，卷十六，頁22
04	法勝法休造像記	大統元年 7/08	比丘法休、比丘法勝，上爲國家、師僧、父母、普爲法眾敬造像一區 ＊僧侶造像（僧二人）		《北京圖書館藏中國歷代石刻拓本匯編》六冊，頁3
05	□延造像記	大統元年 11/23	□延敬造□爲父母……成顯二尊……導利蒼生、俱登三覺 ＊身份不詳、個人造像		《北京圖書館藏中國歷代石刻拓本匯編》，六冊，頁4
06	法智造像記	大統二年 5/08	比丘法智敬造天像一軀，願過去升天安樂，現住眷屬恆值安□，僅詹如是 ＊僧侶、個人造像		端方，《匋齋藏石記》，卷十，頁2
07	李巔樹造像記	大統二年 ?/??	□玄宗沖□……竭家珍，仰感聖息，建崇石像一區。上爲皇帝寧太，下爲七世父母、現在眷屬、家口大小……萬善慶集、仕進宜官、榮錄日增、子孫繁興、苗裔萬□、三界眾生、普同斯願，一切成佛 ＊平民、個人造像		端方，《匋齋藏石記》，卷十，頁1

08	李願櫄造像記	大統二年 10/??	玄宗沖□，妙絕眾相……是以……自竭家珍，仰感聖恩，建崇石像一區。上爲皇帝甯太，下爲七世父母，現在眷屬，家口大小。眾惡消滅，萬善慶集，士進宜官，榮錄日增，子孫繁興，苗裔萬代，三界眾生，普同斯願，一切成佛 ＊平民、合家造像（家人五人）		陸增祥，《八瓊室金石補正》，卷十六，頁22
09	焦伏安造像	大統三年 ??/??	平西府開府主簿焦伏安造像（後文缺） ＊官員、個人造像	麟游	《文博》第三期，1992年，頁86
10	白實中興寺造像記	大統三年 4/08	夫妙性沖玄，至空凝絕……鎮遠將軍固城守白實……率固城上下村邑諸郡守、都督戍主、十州武義等共崇斯福，爲國主大王……造中興寺石像 ＊官方色彩的義邑（官員六十八人）	固城	《魯迅輯校石刻手稿》（二十三），頁515
11	魏文男造像記	大統四年 3/08	佛弟子魏文男爲身病患願造像一區，願百病永除，眾邪爾散。上爲父母，下爲妻子眷屬，並爲一切眾生共成佛道 ＊平民、個人造像	河南鞏縣石窟寺	《考古與文物》第四期，1984年，頁14
12	比丘逢道造像記	大統四年 5/03	比丘逢道捨利鐸眠，敬造黃玉觀世音一區 ＊僧侶、個人造像		大村西崖，《支那美術史雕塑篇》，頁288
13	黨屈蜀題記	大統四年 6/06	黨屈蜀自爲己身造像一區。生生世世，值遇諸佛 ＊平民、個人造像	洛陽龍門山	陸增祥，《八瓊室金石補正》，卷十六，頁22～23 ＊地據《寰宇訪碑錄》
14	僧演造像記	大統四年 7/15	僧演減割衣缽之資，造觀世音菩薩法像、石像一區、金像三區、浮圖三級、大般涅盤經兩部，雜經三百供養僧世人。上爲國主、百僚、師徒、所生法界之類，咸同正覺（比丘法神供養有亡父母、亡弟） ＊僧侶主導、集團造像（僧眾二十六人、官員二人、供養八人、清信四人）	長安	王昶，《金石萃編》，卷三十二，頁13 ＊地據《寰宇訪碑錄》
15	合邑四十人造像記	大統四年 12/26	佛弟子合邑四十人，聞浮運□……高音妙業……爲皇帝國主，建崇四面天宮石像一區、還及師僧父母、七世所生、因緣眷屬、香火邑義。生生世世，值佛聞法，彌樂現門，師僧欽世，願登龍首 ＊民間義邑（魯氏居多，無僧侶，可辨者四十六人）		《北京圖書館藏中國歷代石刻拓本匯編》六冊，頁6
16	曹續生造像記	大統五年 2/25	威烈將軍富平令頻陽縣開國男，夫至道空□，非言無以申其宗，眞容絕相，非形像何以表其算，是以現治富平令曹並邑子三十四人等各減割家珍，造像四區。上爲帝主永隆，□王長壽，下及邑子 ＊官方色彩義邑（應有三十四人，僅存僧侶七人、官員一人、邑民三人）	陝西富平	王昶，《金石萃編》，卷三十二，頁13～14

17	力儁造像記	大統五年 4/??	力儁兄弟僅捨家財爲眾父兄弟、見在先親，合家眷屬造石像一百七十□，輦石名山，盡工巧之餝……以勸將來者 ＊民間集團造像（清信十六人，含力氏、朱氏、司馬氏等）	聞喜縣西北	《石刻史料新編》第三輯，冊三十一，頁427
18	范洪□造像記	大統六年 ???	清信士佛弟子范洪□爲亡父母一心供養時……亡者升天，得存見福。合法界眾生，□時成佛 ＊平民、個人造像		大村西崖，《支那美術史雕塑篇》，頁296
19	蘇方成妻趙曼題記	大統六年 4/28	趙曼與陳九清仰爲七世父母，回緣眷屬造石窟一區 ＊官妻造像（二人）	洛陽龍門山	陸增祥，《八瓊室金石補正》，卷十六，頁23 ＊地據《寰宇訪碑錄》
20	蘇方成題刻	大統六年 4/28	平東將軍銀青光祿大夫石城縣開國男池陽縣開國伯（應官荊州）立義都督蘇方成，爲父母造像 ＊官員、個人造像	洛陽龍門山	陸增祥，《八瓊室金石補正》，卷十六，頁23～24 ＊地據《寰宇訪碑錄》
21	始平縣男韓道義題記	大統六年 7/15	雍州扶風郡始平縣員外郎始平縣開國男韓道義爲七世父母造像 ＊官員、個人造像	洛陽龍門山	陸增祥，《八瓊室金石補正》，卷十六，頁24 ＊地據《寰宇訪碑錄》
22	巨始光造像記	大統六年 7/15	建義大都督巨始光……率全縣文武邑義，仰爲皇帝陛下、大丞相、七世所生父母、存亡眷屬，爲一切眾生敬造……佛像眾多（可辨佛像：釋迦牟尼、招那舍牟尼） ＊官方色彩義邑（一百餘人，含官員、邑子、各族正、邑民等）	河東高涼	《魯迅輯校石刻手稿》（二三），頁529
23	吉長命造像記	大統六年 7/15	清信士佛弟子吉長命，爲父母合門大小、一切眾生造石像一區。願彌勒下生，願在龍首，常聞正法 ＊平民、合家造像（祖母、母親、吉氏兄弟三人）	陝西櫟陽	《文物》第四期，1985年，頁22
24	靈嚴寺沙門璨銘	大統七年 1/15	心迴向菩提，造石像一尊 ＊僧侶、個人造像	洛陽龍門山	陸增祥，《八瓊室金石補正》，卷十六，頁24
25	嚴毛興造像記	大統七年 4/26	嚴毛興爲□父敬造□像一區 ＊平民、個人造像	洛陽龍門山	《北京圖書館藏中國歷代石刻拓本匯編》六冊，頁9
26	王知明造白玉石像	大統九年 4/??	佛弟子王知明、沙門何僧，初爲帝王臣民、七世父母、一切含生造玉浮……（後缺） ＊平民造像（另有僧侶一人）	陝西長安	毛鳳枝，《關中石刻文字新編》卷一，頁13
27	董道得造像記	大統九年 5/20	佛弟子董道得爲身造玉浮圖一劫 ＊平民、合家造像		大村西崖，《支那美術史雕塑篇》，頁290
28	邑子二十七人造像記	大統十年 6/08	爲皇帝陛下、州牧守令、己身眷屬造定光佛像一軀 ＊民間義邑（僧侶一人、邑民有據十六人）	陝西咸寧縣	陸耀遹，《金石續編》，卷二，頁20～21
29	三十人造像碑	大統十一年 4/15	……皇家普及法界。敬造釋迦石像一區。神儀超絕，八部星羅……一切眾生 ＊民間義邑（邑民存二十六人）	西安	《考古》第七期，1992年，頁624～625

30	任安保六十人造像記	大統十二年 3/23	宗光乎遠……邑主任安保六十人……迷即相率……皇帝陛下、大丞相王……石像一區……仰願周祚永隆、兵鉀休息……一切群生，減同福慶 ＊官方色彩義邑（比丘四人、官員八人、邑民可辨者四十六人）	陝西耀縣	《考古與文物》第二期，1994年，頁46
31	法龍造像記	大統十二年 8/03	……之誘割□妻子之餘，勸導鄉豪道□等採石名山……敬造釋迦一區……伏願□皇帝陛下、大丞相王……四方寧靜，千戈永戢。又願三寶禎隆、□□師正、師僧父母、因緣眷屬、善友知識以及四土普生常樂，所願如是 ＊民間義邑（比丘、邑師各二人、邑民可辨者四十一人）	陝北洛川縣	《考古與文物》第五期，1984年，頁632～633
32	李神覆造像記	大統十三年 6/19	爲七世父母、所生父母造像一軀（造像騎象、罕見） ＊平民、個人造像		《北京圖書館藏中國歷代石刻拓本匯編》六冊，頁10
33	陳神姜等造像記	大統十三年 9/08	眞儀隱影，蒼生懷義……佛弟子合邑人等共相率化……仰爲皇帝陛下、法界眾生敬造石像一區，素飭端華……願以茲因國祚遐邇、八表寧泰、存亡同盈、有形形離苦籠、龍華三會……（後殘） ＊民間義邑（比丘尼十一人、邑民可辨者一百三十五人）		《北京圖書館藏中國歷代石刻拓本匯編》六冊，頁11～14
34	杜照賢等造像記	大統十三年 11/15	夫大聖□……敬造石像一尊，願三寶永隆、國祚康泰，又爲師僧、父母、回緣眷屬普及法界眾生，等同正覺（陰刻高王經） ＊官方色彩義邑（京兆杜氏金十六人，居官十六人，比丘二人）	河南禹縣	《北京圖書館藏中國歷代石刻拓本匯編》六冊，頁15～18
35	似先難造像記	大統十四年 2/23	文多殘 ＊民間義邑（比丘、邑師各一人、邑民可辨者二十九人）	陝北黃陵縣	《考古與文物》第五期，1984年，頁41
36	介媚光造像記	大統十四年 4/03	夫玄宗沖邃……非形象無以……清信介媚光，上爲國主、州郡令長、師僧父母、現在眷屬、亡壬男女、普及有形，敬造文石釋迦像一區。茲福願生，不動世界，彌勒三會，願登初首（落款有前郡五官王季前州都寧） ＊身分不詳（題名記殘。有官號殘缺二人）		《北京圖書館藏中國歷代石刻拓本匯編》六冊，頁19
37	劉曜光造像記	大統十四年 4/08	文多殘（或爲道教義邑？） ＊官民義邑（可辨四十五人，官員居多）	山西芮城	《北京圖書館藏中國歷代石刻拓本匯編》六冊，頁20
38	楊檦造像記	大統十四年 7/21	楊檦（儀同三司）……爲母造釋迦牟尼石像一區，願聖主祚昌萬葉，大丞相肅清無外 ＊官員、個人造像	山西垣曲	《文物》第七期，1994年，頁84～86

39	吳神達造像記	大統十五年5/14	夫至道圓通而無相□……可謂釋迦靈驗……藉此功德，願諸邑子，等法……（殘缺） ＊民間義邑（僧侶七人（邑師爲道臻）、邑民七十六人）	陝西涇陽	王昶，《金石萃編》，卷三十二，頁15～17 ＊地據《寰宇訪碑錄》
40	法壽造像記	大統十五年10/06	比丘法壽……仰尋經教，誕生平如，請茲竭寶爲亡息造石像一區□□、造經一部……願三寶永隆，皇家延祚、七世所生，同霑斯潤，又願亡息記生 ＊平民、合族造像（合族二十二人、僧侶一人）	陝西耀縣	《考古與文物》第二期，1994年，頁48
41	歧法起造像記	大統十六年9/01	佛弟子岐法起造白石像一區，爲七世父母、所生父母，家口大小……長與善俱 ＊民間集團造像（異姓佛弟子九人）	長安	王昶，《金石萃編》，卷三十二，頁17～18 ＊地據《寰宇訪碑錄》
42	艾殷造像記	大統十七年3/25	開國男……艾殷……造釋迦……爲皇帝陛下、七世父母、現在眷屬、一切眾生，恆與善俱 ＊官員、個人造像		《北京圖書館藏中國歷代石刻拓本匯編》六冊，頁22
43	宗慈孫等三十七人造像記	大統十七年4/23	夫至理難尋……敬造石像一區，以邀三會之功。仰爲帝王永康，百僚長□……過去現在師僧父母眷屬知識，敬造釋迦金像一區、石像一區、彌勒像一區、法華經一部……爲法界眾生，普同此福 ＊民間義邑（比丘十五人、邑民二十四人）		《魯迅輯校石刻手稿》（二十三），頁559
44	始平縣伯□造像記	大統十七年12/15	襄城行軍小關戌主始平縣伯劉……爲七世父母、所生父母、亡息法顯、造玉石像一區，願亡者速度八難 ＊官員、個人造像	山東諸城	洪頤暄，《平津讀碑記》卷二，頁23 ＊地據《補寰宇訪碑錄》
45	僧顯等造像記	廢帝元年5/03	比丘尼僧顯等，割捨衣缽之餘。敬造玉石像觀世音一區。□玉部金像一區。仰爲四恩下及三塗。七世所生，迴緣眷屬，法界眾生，同沾斯福。彌勒三會，願聞初唱。十地圓備，趨昇波岸 ＊僧侶造像（僧三人）		大村西崖，《支那美術史雕塑篇》，頁295
46	薛山俱等造像記	恭帝元年4/12	夫沖宗微密……各竭精心共造石像一區……上爲皇祚永康……七世父母，所生父母，錄及弟子等內外親戚，早識善緣，永捨八難。蠢動眾生，感同斯福，彌勒三會…… ＊民間主導、義邑（地方都督官員六人、比丘二人、邑民二百人）		《魯迅輯校石刻手稿》（二十三），頁563
47	王雅造像記	恭帝元年10/23	……如來託生……共刊玉石像一區……上爲皇帝陛下，群阿難主寮萬司、師僧同學、七世父母、所生父母，後爲邊地眾生，一時誠佛 ＊合家造像（邑師二人、家人四人）	山西聞喜	《石刻史料新編》第三輯，冊三十一，頁425（《聞喜縣志》，卷二十一）

48	合邑造像	恭帝三年 9/08	……敬造石像一區，刊識以就。上爲皇帝陛下、七世父母、因緣眷屬、藉斯之功，願使合邑諸人，同登正覺，一心侍佛 ＊民間義邑（邑民三十餘人（各爲祈亡父或母），官員一人）	山西聞喜縣下莊村	《石刻史料新編》第三輯，冊三十一，頁425～426 《聞喜縣志》，卷二十一）
49	張始孫造四面像記	恭帝四年 2/12（或大魏元年）	今有佛弟子張始孫……除爲恆州開化郡太守（地無考），上爲大王、五等諸侯、父母、眷屬及己身造石像一區……同沾法華，彌勒三會，願登初首 ＊官員、合家造像（合家十餘人）	山西安邑	陸增祥，《八瓊室金石補正》，卷十六，頁26～27
			西魏時期不知年代		
50	魏氏造像碑		文缺 ＊民間義邑（魏氏邑民四十四人，無僧侶）		王昶，《金石萃編》，卷三十二，頁18
51	焦延昌造像碑		文缺 ＊合家造像（祖父爲第一領民酋長、父拔西夏朔方郡功曹，家人十人、僧侶二人）	關隴	王昶，《金石萃編》，卷三十二，頁18～19
52	李早生等造像殘題名		文缺 ＊民間義邑（邑民三十六，李氏居多，無僧侶）		王昶，《金石萃編》，卷三十二，頁20～21
53	智超等造像記		以祖父母……弘願造像一區，以述先人，願七世父母、回緣眷屬、大眾康吉，託生西方妙樂國土……值佛聞法 ＊平民、個人造像		王昶，《金石萃編》，卷三十二，頁20～21
54	石佛鎮造像殘字		使持節撫將軍大都督權□□使持節車騎將軍儀同三司大都督□州刺使秦州大中正□景□州主簿都督子景侄景（應指權景宜） ＊官員造像（因缺題名記，無法判斷組織結構）	天水石佛鎮	張維，《隴右金石錄》，頁40
55	孫令婆等造像題名		文缺 ＊民間義邑（比丘二人、邑民可辨者七人）		端方，《匋齋臧石記》，卷十，頁2
56	造浮圖記殘石		造浮圖一區，寧太有願七世父母、回緣眷屬，香火知識，常生淨土。到無爲彼岸，彌勒出世願……（殘缺） ＊無題名，無法判斷		端方，《匋齋臧石記》，卷十，頁2～3
57	顏貳郎造像記		右箱五菩薩主顏貳郎，上爲亡父本縣博平令顏疊玉，後爲七世父母、居門大小、一切眾生，普同其福 ＊官員子弟、個人造像	西魏博平	端方，《匋齋臧石記》，卷十，頁3
58	荔非天狙造像記		佛弟子供養佛時，願弟子化大門□，家人……（後缺） ＊平民、個人造像		端方，《匋齋臧石記》，卷十，頁3～4
59	劉黑婆造像記		……敬造觀世音……上爲皇帝陛下……師僧父母……居眷……普同成佛，劉黑婆供養 ＊平民、個人造像		端方，《匋齋臧石記》，卷十，頁4

60	陳瑜等造像		文缺（地點於東魏，疑前人誤置） ＊民間主導、官民義邑（僧侶九十七人，官員一人，殄寇將軍武垣令陳瑜、邑民三百二十四人）		端方，《匋齋臧石記》，卷十，頁4～9
61	輔相等造像		子輔相供養佛時（文殘） ＊題記殘缺，身分無法判別。合家造像（尚有息二人）		端方，《匋齋臧石記》，卷十，頁9
62	張智□造像殘磚		夫大像沖隱……清信士佛弟子張智□……像一區……（殘缺） ＊平民、個人造像		端方，《匋齋臧石記》，卷十，頁9～10
北 周 時 期					
63	強獨樂文帝廟造像碑	明帝元年 ?/??	儀同三司開國伯強獨樂，爲文帝造佛道二尊（佛像：寶堂藥王、普賢菩薩）、佛道造像 ＊官員造像（官一人、民一人）、佛道造像	四川簡州	陸增祥，《八瓊室金石補正》，卷二十三，頁1～8 ＊地據《補寰宇訪碑錄》
64	宇文仲爲亡父等造像記	武成元年 9/16	儀同三司大都督宇文仲爲亡父大尉及亡兄亡弟，過去眷屬、七世父母造玉像一區。願亡者……一切眾生，咸同斯福 ＊官員、個人造像		大村西崖，《支那美術史雕塑篇》，頁364
65	故韋可敦比丘尼法造像記	武成元年 9/28	故韋可敦（疑爲鮮卑語）比丘尼法衣鉢之餘，敬造彌勒石像一區……願國主六道四生，盡三事際，同獲漏盡，成無上道 ＊僧侶、個人造像		端方，《匋齋臧石記》，卷十四，頁1
66	王妙暉等造像記	武成二年 2/08	……妙理澄□，非表像何以暢其（明）……遂於長安城北，渭水之陽，造釋迦佛像一區，永光聖宅。願皇帝延祚，常登安樂。晉國公忠孝慶□無窮。又邑子亡者值佛聞法，見在眷屬，恆與善居。將來道侶，世世同修。使如來福業不墜 ＊民間義邑（邑師爲比丘尼一人、邑民六十八人）	長安	毛鳳枝，《關中金石文字新編》卷一，頁13～15 王昶，《金石萃編》，卷三十六，頁1～5
67	七級浮圖記	武成三年 ?/??	……原典部邑子……仰爲元帝造七級浮圖 ＊民間義邑（僧侶四人、邑民二百三十餘人）		王昶，《金石萃編》，卷三十六，頁5～11
68	輔蘭顧等造像記	保定元年 ?/??	……清信士輔蘭意，咸割家珍，造石像一區。上爲皇帝……七世父母、師僧……現在眷屬、一切眾生、有形之……普同此福 ＊平民、個人造像	陝西耀縣	《北京圖書館藏中國歷代石刻拓本匯編》八冊，頁104
69	合邑造像記	保定元年 1/15	合邑一百三十人等共同尊心，爲法界眾生，廣發洪願，造人中釋迦石像一區，願使皇帝比陛下，明山日月法界眾生……果保成佛 ＊官方色彩義邑（比丘二人、官員十八人、邑民可考二百九十七人）	甘肅正寧	《考古與文物》第四期，1985年，頁109～112

70	李寶熾造像記	保定元年 6/07	李寶熾發願造石像一區，爲所生父母，一切眾生等共感佛 ＊平民、合家造像（家人三人）		《魯迅輯校石刻手稿》（二十五），頁603
71	秦國夼造像	保定元年 6/11	秦國夼爲亡父、亡兄造像一區 ＊平民、個人造像		陸增祥，《八瓊室金石補正》，卷二十三，頁9
72	雷文伯造像記	保定元年 7/29	……造石像一區……速離三塗，早登□首。爲國主永康，師徒、父母、一切眾生，咸登斯願 ＊民間主導、合族義邑（刺使以下雷氏四十餘人）	陝西耀縣	《北京圖書館藏中國歷代石刻拓本匯編》八冊，頁101～103
73	邑子一百一十五人造像記	保定元年 9/09	邑子一百一十許人……減削微資仰爲皇帝陛下，晉國公造石像一區……願國祚永隆……息，使諸邑子等罪結雲除……生遇佛，終登常樂……一切同福慶 ＊民間邑義	陝西耀縣	《考古與文物》第二期，1994年，頁48
74	檀泉寺造像記	保定二年 ?/??	……因絳州刺使龍頭城開府儀同三司豐利公弟子宇文貞，奉律□隅，撫茲蕃岳，伽藍共崇……敬造等身……像一區，願皇基永固，□天慶集，俱超障海，同昇彼岸 ＊民間義邑（僧侶一人、邑民五十餘人）	聞喜縣	胡聘之，《山右石刻叢編》，卷二，頁24～27
75	同琦龍歡等一百人造像記	保定二年 ?/??	邑子一百人等……採石名山……減割家珍……止爲皇帝群僚、七世所生、法界有□，咸修十地、成無□道 ＊民間義邑（同玉帝、荔非、先程等羌姓百餘，比丘僧演）	陝西耀縣	馬長壽，《碑銘所見前秦至隋初的關中部族》，頁93～94
76	荔非興度造像記	保定二年 ?/??	□身□靜，遂理寂寥。妙□□爲而無不爲，故鹿苑金輪，而及引以濟俗，雙樹法以顯究竟，以問□蕩，□□，及大千條煩成（？）子□、□祇菌滅影鷟，岳論光而□言不隧妙像可追，是以□可大極越。荔非興度于□□二年歲次壬午，□□石，亡息胡仁造觀世音一區，比狀倫輝，曾□□□所以間□耶，倒□□□□者也 ＊民間主導、官民合族造像	陝西耀縣	《考古與文物》第二期，1994年，頁48～49
77	張操造像記	保定二年 ?/??	夫至性……故託像以應……像主張道元及四部大眾一百人仰爲皇帝陛下、晉國公、群僚百辟及法界有形造無量壽佛一區……造釋迦像一區 ＊民間義邑（比丘十人，比丘尼十一人，邑民一百二十人，無官員）		《魯迅輯校石刻手稿》（二十五），頁603
78	范慈造像記	保定二年 2/08	（文殘）……敬造觀世音像……（文殘） ＊平民、個人造像		《北京圖書館藏中國歷代石刻拓本匯編》八冊，頁105
79	鉗耳世標造像記	保定二年 2/08	夫眞□潛形，非眆像焉。能顯實相沖，遂非遺□。奚以表像，惟智士曉。達曉知北	陝西耀縣	《考古與文物》第二期（1994），頁50～51

		谷中原合邑綱維並諸邑子……樹像一區……願三寶隆輝，輝隆法界，當帝延祚，祚延遐祀公耶，尹庶彝純保國，爲辟群司，寵加榮祿、師尊父母、生生值佛……同斯慶願 ＊民間主導、官民義邑（鉗耳氏等九十六人，部份官員）	
80	楊忏女楊景祥等造像記	保定二年 4/08	楊忏女楊景祥等伯仲兄弟三十餘人乃能與心，減割家珍，造釋迦石像一區。上爲皇帝陛下、大冢宰、師徒下及伯仲兄弟、七世父母、見在眷屬造像一區四月八日成訖。伯仲楊忏女等願生生世世，值佛聞法，不想捨離。法界眾生，一時成佛 ＊民間主導、官民義邑（十七人）	陝西 臨潼	《文博》第二期，1992年，頁72
81	董道生 造像記	保定二年 4/08	董道生先發洪願，敬造觀世音。仰爲皇祚、父母……（佛弟子都督縣開國男與妻席妙容二人） ＊官員、夫妻造像		《北京圖書館藏中國歷代石刻拓本匯編》八冊，頁106
82	祁令和 造像記	保定二年 9/26	都督開國男祁令和……因絳州刺使龍頭城開府儀同三司豐利公弟□宇文眞，奉律□隅，撫茲蕃岳，□□伽藍共□。敬造等身佛像一區，爲皇基永固…… ＊官員、個人造像	龍頭	《北京圖書館藏中國歷代石刻拓本匯編》八冊，頁107
83	李疊信兄弟等造像記	保定二年 12/15	……下爲師僧父母及眷屬，上爲皇帝國祚……造釋迦、太上老君、菩薩像…… ＊官員、合家、佛道造像（記家族十餘人）	陝西 耀縣	《北京圖書館藏中國歷代石刻拓本匯編》八冊，頁108
84	□落□ 造像題字	保定三年 ?/??	……爲七世父母敬造石像一區 ＊題記殘缺，無法判斷身分階層、個人造像		陸增祥，《八瓊室金石補正》，卷二十三，頁14
85	田元族 造像記	保定三年 6/01	佛弟子田元族造石像一區，爲帝祚長延……晉國公永隆四方……解甲進榮，人修禮讓……七世父母，咸同福慶 ＊平民、個人造像	陝西 耀縣	《北京圖書館藏中國歷代石刻拓本匯編》八冊，頁109
86	常樂寺 浮圖碑	保定四年 ?/??	襄州刺使王秉（王思政之子）建常樂寺碑塔七層（文缺） ＊官員、個人造像	襄陽	張仲炘，《湖北金石志》，卷三，頁26
87	楊疊景 造像題名	保定四年 3/19	文缺 ＊平民、合家造像（楊氏家族八人）	陝西 涇陽	陸增祥，《八瓊室金石補正》，卷三十三，頁1～4
88	郭賢造像記	保定四年 5/08	使持節……吳國公總管府長史昌樂縣開國公郭賢，敬造釋迦车尼像一區 ＊官員、個人造像		《北京圖書館藏中國歷代石刻拓本匯編》八冊，頁112
89	同琦氏 造像記	保定四年 6/09	……採石名山，造像一區……慕義生亡居眷及法界有關斯慶成無上道 ＊民間義邑（僧侶四人、邑民八十餘人）	長安	王昶，《金石萃編》，卷三十六，頁12～19 ＊地據《寰宇訪碑錄》

90	張永貴造像記	保定四年 8/08	……同生正信……佛弟子張永貴敬造石浮圖一區。爲皇帝陛下、太師、國祚永康，爲七世所生、見在眷屬……爲淨土……與諸菩友……光悟死生……復願法界蒼生…… ＊平民、合家造像（三十餘人，另有比丘四人）	陝西耀縣	《北京圖書館藏中國歷代石刻拓本匯編》八冊，頁113
91	聖母寺四面象碑	保定四年 9/08	如來託形……造四面像一區。上爲天龍八部，仰爲皇帝福祚唯□萬國朝宗，疆□□化，公卿將士，保國安民，福延萬世，遂及先師父母邑□眷屬、法界蒼生。二五有共，至菩提明見佛性（造彌勒、無量壽） ＊民間主導、官民義邑（僧侶二人、官員十一人、邑民一百二十人（多關西複姓如彌姐、昨合、罕井及雷氏）	陝西蒲城	陸增祥，《八瓊室金石補正》，卷二十三，頁13 王昶，《金石萃編》，卷三十六，頁19～26 ＊地據《寰宇訪碑錄》
92	王瓮生造像記	保定四年 12/15	佛弟子王瓮生敬……爲天龍八部，下爲人王帝主、七世父母、見在父過去母，合門大小……願在西方供養無量壽佛，復爲一切法界衆生，生生世世、侍佛聞法 ＊平民、合家造像（家人十二人，無僧侶）	長安	王昶，《金石萃編》，卷三十六，頁12 ＊地據《寰宇訪碑錄》
93	僧和造像記	保定五年 4/08	夫至道沖漠……比丘僧和爲師僧父母造石像一區，藉此功德……國祚永隆、公相安吉、普及衆生，同入妙果 ＊僧侶、個人造像	陝西耀縣	《北京圖書館藏中國歷代石刻拓本匯編》八冊，頁119
94	秦國丞爲亡父母造像記	保定五年 6/08	秦國丞爲亡父母兄妻等，造石像一區 ＊平民、個人造像		大村西崖，《支那美術史雕塑篇》，頁368
95	趙族造像記	保定五年 6/17	……佛弟子趙族造佛像一區……託生西方 ＊平民、個人造像		《北京圖書館藏中國歷代石刻拓本匯編》八冊，頁120
96	李明顯造像記	保定五年 8/24	弟子李明顯爲亡女阿他、孫女趙長妃敬造石像一區，願亡女阿他等，面奉慈尊及法泉生，速咸佛道 ＊平民、個人造像		汪鋆，《十二硯齋金石過眼錄》，卷七，頁16
97	樊畔仁造像記	保定五年 10/06	……眞容……爲七世父母、法界衆生……造佛像一區 ＊平民、個人造像		《北京圖書館藏中國歷代石刻拓本匯編》八冊，頁122
98	王碩達等造像記	保定五年 12/??	佛弟子王碩達合邑等……敬造彌勒像□區……三寶長續國祚永隆，八方歸伏，普及法界蒼生，咸沾斯慶 ＊民間義邑（比丘三人，邑民可辨者五十三人）		《魯迅輯校石刻手稿》（二十五），頁965
99	郭氏造像記	保定五年 12/06	親信女郭姑立白石像一區，爲七世父母及衆生普同成佛 ＊平民婦女、個人造像	長安	武樹善，《陝西金石志》卷六，頁23

100	李鸞熾造像記	保定五年 ?/??	李鸞熾敬願造石像一區，爲一切眾生、所生父母…… ＊平民、個人造像		端方，《匋齋臧石記》，卷十四，頁 1
101	劉顯國合家造像記	天和元年 ?/??	釋迦像主上士基城縣開國男劉顯國（後文缺） ＊官員、合家造像（五人）		大村西崖，《支那美術史雕塑篇》，頁 369
102	合村長幼造像記	天和元年 2/08	夫至理玄妙……佛弟子合村長幼……敬造石像一區，四面雕飭，寓石漏文……澤被生民，苦津萬有，千載共遵 ＊民間主導、官民義邑（比丘二人，官員三人（縣令、蕩寇將軍）及邑民五十一人）		《魯迅輯校石刻手稿》（二十五），頁 969～973
103	衛法王造像記	天和元年 2/08	佛弟子衛法王爲亡父（後殘） ＊平民、個人造像	山西運城	《考古》第十二期，1991 年，頁 1096
104	僧族造像碑	天和元年 2/08	……至道沖漠……佛弟子合村長幼……造像一區……移風草俗……共遵 ＊民間義邑（邑民五十餘人）		《北京圖書館藏中國歷代石刻拓本匯編》八冊，頁 124～126
105	董法相造像記	天和元年 4/08	董法相爲亡父母造像一區 ＊平民、個人造像		《北京圖書館藏中國歷代石刻拓本匯編》八冊，頁 127
106	李恭造像記	天和元年 7/15	夫至理幽微……石像一區。願師僧父母、□□眷屬……（殘缺）……一切眾生，合生同福，咸登正覺 ＊平民、合家造像（家人二人）	山西聞喜縣峪口村	《石刻》第三輯，冊三十一，頁 427
107	昨合拔祖等一百二十八人造象記	天和元年 7/23	……得清信士都邑主昨合拔祖合邑等共發積道場迭相勸率造造釋迦一區……上爲皇帝、師僧、父母、回緣眷屬、法界合識，成斯同願，咸登妙覺 ＊民間主導、官民義邑（無僧侶、官員二人、邑民可據者八十四人，多昨合、荔非氏）	秦中	陸增祥，《八瓊室金石補正》，卷二十三，頁 14～19
108	張蘭豪爲皇甫子禽造像記	天和元年 10/15	張蘭豪爲皇甫子造石像一區，願皇帝陛下、師僧父母、因緣眷屬、生生世世，一時成佛 ＊平民，合家造像（含僧侶一人）		大村西崖，《支那美術史雕塑篇》，頁 368～369
109	張興十七人等造釋迦象記	天和元年 11/20	法性長住，非像不表……是以佛弟子十七人……敬造釋迦石像一區……諮皇家，帝祚天長，公體地久，寇難自消，六合等一，存亡父母，援及七世，法界蒼生……共登妙果 ＊民間主導、官民義邑（邑師僧妙、官員二人、邑民二十八）	陝西	《魯迅輯校石刻手稿》（二十五），頁 975
110	李男香等造象記	天和二年 ?/??	合邑人等爲眾生造像一副 ＊民間義邑（僧侶一人、邑民三十三人）		王昶，《金石萃編》，卷三十七，頁 10～11

111	馬眾庶造像碑	天和二年1/23	像主馬眾庶爲父身故造石像一區 *平民、個人造像	陝西耀縣	《考古》第三期，1965年，頁 135
112	呂思顏造像記	天和二年2/08	佛弟子呂思顏爲亡叔父敬造像一區 *平民、個人造像	陝西耀縣	《考古》第三期，1965年，頁 135
113	□法和□造像記	天和二年4/??	□法和爲亡父□世見存□造石像一區……（殘）*不詳、個人造像		大村西崖，《支那美術史雕塑篇》，頁 369
114	烏木椒造像記	天和二年5/05	……大施主烏木椒抽減珍賄造石像一區，惟皇祚永隆……又願世世父母超生彼岸及現在眷屬都歸善慶、法界眾生，咸同斯福（比丘僧緒代爲刻字）*平民、個人造像		毛鳳枝，《關中金石文字新編》，卷一，頁 17
115	二百五十人造像記	天和二年6/27	……是以邑師等可謂玄鑑照理辭窮□□，能敬率鄉人乃崇勝善合諸邑等二百五十他人……爲國及法界眾生敬造盧舍那石像一區……*民間義邑（可辨者三十六人）	陝西臨潼	《文博》第二期，1992年，頁 74
116	庫汗安洛造像記	天和二年9/19	佛弟子庫汗安洛爲家內大小敬造石像乙區，世世宜佛……（後缺）*平民、個人造像	華州城外	陸增祥，《八瓊室金石補正》，卷二十三，頁 19
117	僧緒造像記	天和二年11/16	……比丘僧緒抽減珍賄造石像一區，惟皇祚永隆……又願世世父母超生彼岸及現在眷屬都歸善慶、法界眾生，咸同斯福 *僧侶主導、集團造像（官員二人、僧侶三人、邑民八人）	清代乾州	毛鳳枝，《關中金石文字新編》，卷一，頁 16～17
118	魯恭姬造像記	天和二年?/??	……郡功曹……爲亡妻魯恭姬造釋迦定光并等身像二軀 *官員、合家造像（家人十一人，爲官者二人）	秦州清水縣	張維，《隴右金石錄》，頁 41
119	邑義一百六十人等造像記	天和三年2/15	……有諸邑義一百六十人等，減割資財造石像一區，復願國祚遐延，朝野□□□，願諸邑義等……咸同斯福，俱遊道□，一時成佛 *民間義邑（可辨者僧二人、邑民十四人）	陝西咸寧	毛鳳枝，《關中金石文字新編》卷一，頁 18～19
120	薛迴顯造像記	天和三年4/08	薛迴顯爲亡父母，造觀世音佛像一區，願內外眷屬、合門大小，一心供養 *平民、個人造像		《北京圖書館藏中國歷代石刻拓本匯編》八冊，頁 138
121	張祥造像記	天和三年4/08	佛弟子張祥爲七世父母、所生父母、迴緣眷屬造釋迦牟尼像一區，等成正覺 *平民、個人造像	長安	王昶，《金石萃編》，卷二十三，頁 10～11 *地名據《寰宇訪碑錄》
122	元和造像記	天和三年7/05	佛弟子元和。上爲七世父母、所父母、迴緣眷屬、上爲皇帝陛，下爲法界眾生，一時成佛 *不詳（無官號）、個人造像		大村西崖，《支那美術史雕塑篇》，頁 370

123	僧淵造像記	天和三年 12/14	比丘僧淵少游元門，餘福不宏，身常瘦弱，發願採訪良石，延工雕眞容七佛，願國祚永隆，萬化同一，曠劫師僧，七世父母、回緣眷屬，以及四生，融歸本理，導首證異 ＊僧侶主導、集團造像（可辨者僧侶一人、平民二人）		陸增祥，《八瓊室金石補正》，卷二十三，頁19～20
124	嚴葚造像記	天和四年 1/23	佛弟子嚴葚……減割資財，敬造無量壽佛一區。上爲皇帝陛下、天龍八部、曠劫師僧。願法界眾生……等成正覺 ＊平民、個人造像		端方，《匋齋臧石記》，卷十四，頁2～3
125	夏侯純□ 造像記	天和四年 6/15	佛弟子夏侯純□爲忘父造像一區……願天主永隆，歷劫師徒、七世父母、一切眾生、合家大小……託生兜率，面奉彌勒，長聞正法 ＊平民造像（另有比丘曇先、僧安）	陝西 長安	《魯迅輯校石刻手稿》（二十五），頁983
126	王士眞 造像記	天和四年 7/23	佛弟子王士眞敬造觀世音像一區。□爲亡父託生西方，現存母長命，延年益壽。己身……脫落……家內大小康和。生生世世、侍佛聞法 ＊平民、合家造像（家人六人）		王昶，《金石萃編》，卷三十七，頁15～16
127	顏那米等 造石像記	天和四年 8/01	……削家珍，仰爲皇帝陛下延祚無窮，復願大冢宰保國安民，福延萬世，採石名山，召匠方外。敬造石像一區……國祚永隆，三寶常續……師僧父母，咸隨此願，同獲斯善，等成正覺…… ＊民間義邑（僧侶三人、邑民一百二十四人）	陝西 涇陽	王昶，《金石萃編》，卷三十七，頁16～20
128	普屯康 造像記	天和五年 1/03	……豪傑延□三百二十人……敬造碑像四佛……伏惟皇帝國主祚延興、民豐萬世。諸邑等爵祿光寵，子孫繁興……咸登初會，同證菩提 ＊官方色彩義邑（邑民存者二百五十餘人、官員自縣令普屯康以下二十人（多爲都督、假縣令、假郡主）、比丘七人）	雍州 新豐	《魯迅輯校石刻手稿》（二十五），頁985
129	李芳造 磚塔記	天和五年 3/??	儀同三司佛弟子李芳造佛一區，香花共（後缺） ＊官員、個人造像		端方，《匋齋臧石記》，卷十四，頁3～4
130	清信女 造像記	天和五年 3/10	清信女上爲皇帝陛下、七世父母及法界眾生敬造四面石像，二面佛十區，二面道八區，回是功德…… ＊婦女、文缺無法斷其結構		端方，《匋齋臧石記》，卷十四，頁3
131	毛明勝 造像記	天和五年 3/25	爲國主及七世父母、法界眾生敬造石像一區 ＊平民、個人造像	陝西 耀縣	《考古》第三期，1965年，頁135

132	劉敬愛造像記	天和五年 4/11	佛弟子劉敬愛減割家財，爲亡父及息造像一區願亡者託生西方，見在眷屬，願修功德，願國土永隆，三寶長續，法界眾生，一切咸正 ＊平民、個人造像	陝西	陸增祥，《八瓊室金石補正》，卷二十三，頁20 ＊地據《補寰宇訪碑錄》
133	黨景粲造像記	天和五年 5/15	佛弟子黨景粲爲父母及七世眷屬造像一區，一心供養佛時 ＊平民、個人造像		《魯迅輯校石刻手稿》（二十五），頁993
134	宇文達造像記	天和五年 6/17	……開國子宇文康……宇文達爲七世所生，見在父母，合家大小，造□□像一軀。願使眾惡殄滅，萬善普會，及法界眾生等同此願，俱成正覺 ＊官員、合家造像（家人六人）	陝西咸寧	王昶，《金石萃編》，卷三十七，頁20～21 ＊地點據《寰宇訪碑錄》
135	司馬治中造像記	天和五年 7/18	……司馬治中……（文殘）……石像一區 ＊文殘無法判斷		《北京圖書館藏中國歷代石刻拓本匯編》八冊，頁145
136	故譙郡太守曹攸樂碑	天和五年 10/??	碑文內記曹氏曾於大統初年建浮圖，寫法華涅盤……常奉讀誦……恆持齋戒等語（辛於大統十年）	山西安邑	王昶，《金石萃編》，卷三十七，頁21～25 ＊地據《寰宇訪碑錄》
137	王明月造像記	天和五年 12/10	清信女佛弟子王明月，敬造釋迦一區，至心供養，願一切六道四生……（後缺） ＊平民婦女、個人造像		陸增祥，《八瓊室金石補正》，卷二十三，頁20～21
138	趙富洛等二十八人造像記	天和六年 4/15	……合邑子二十八人等敬造觀世音像一區。上爲天龍八部、帝主人王、師僧父母、回緣眷屬、法界眾生咸同斯福，普成正覺 ＊民間主導、官民義邑（官員二人、邑民二十八）		端方，《匋齋臧石記》，卷十四，頁4～6
139	辛洪略造像記	天和六年 5/2?	……別將軍辛洪略爲亡父母，敬造釋迦石像一區 ＊官員、合家造像（十餘人）		《北京圖書館藏中國歷代石刻拓本匯編》八冊，頁148
140	費氏造像記	天和六年 5/21	夫如來眞意……佛弟子……等，爲天王國主……願□□□佛在我願中無□成就，流入佛海，悉皆俱是 ＊官方色彩義邑（僧侶一人、官員（自邑主陽烈將軍以下）七人、邑子四十八人）	長安	王昶，《金石萃編》，卷三十七，頁25～29 ＊地點據《寰宇訪碑錄》
141	陳歲造像磚文	天和六年 6/10	……是以如來垂跡影，布言原野……佛弟子陳歲爲亡父母敬造釋迦音像一區。願皇帝鑒……（後缺） ＊平民、個人造像	湖北漢陽	陸增祥，《八瓊室金石補正》，卷二十三，頁21 ＊地據《補寰宇訪碑錄》
142	枎枎榮造像記	天和六年 6/14	大將軍儀同三司枎枎榮等全家，龍頭城主義門公仰識妙門，展心於法，遂放軍主趙和一十人□四方慕化。眾民及城內軍人等敬造石像一區，上爲皇帝陛下及法界眾生。藉□之善，祇同澤彼十增修，願同沾斯慶……等成正覺 ＊官方色彩義邑（枎家人八人、官員九人）	聞喜縣龍頭堡	《石刻》第三輯，冊三十一，頁428

143	雷明香爲亡夫造像記	天和六年7/15	佛弟子雷明香……割家珍，爲亡夫同玉帝乾熾敬造石像一區，願亡夫託生西天，無量壽國……復願家內大小，老者延康，少者益壽……願皇帝延祚無窮，下及七世、師僧父母、因緣眷屬、法界眾生，咸同斯慶，等成正覺 ＊官妻、合家造像（雷氏合家十餘人，有居官者）	陝西耀縣	《北京圖書館藏中國歷代石刻拓本匯編》八冊，頁151
144	建德造像殘磚文	建德元年?/??	（殘缺）妻眾增香□慶廣妻魏磨女造像三區……（文後殘） ＊平民婦女、個人造像		陸增祥，《八瓊室金石補正》，卷二十三，頁22
145	爾僧香造像記	建德元年?/??	爾僧香先願造像一區，今得成就。建德元年造訖 ＊平民、合家造像		大村西崖，《支那美術史雕塑篇》，頁375
146	武容造像記	建德元年4/??	佛弟子武容爲亡□兄義羅造二菩薩像（後殘） ＊平民、個人造像	直隸正定	《魯迅輯校石刻手稿》（二十五），頁1001 ＊地據《補寰宇訪碑錄》
147	邑子黨仲茂八十人等造像記	建德元年4/08	……佛弟子邑主都督黨仲茂、邑師比邱智□合邑子八十人等……造石像一區……於當今村處中置立（南臨白水、北背馬蘭、東俠洛水、西望堯山）願皇帝陛下與日月齊輝，群公百僚與天嘆同□，七世父母長□安樂，見在眷屬，迴向上道……（曠野將軍黨仲茂等黨氏八人） ＊官方色彩義邑（官二人、僧侶及邑民九人）	白水	毛鳳枝，《關中金石文字新編》卷一，頁18～9
148	張祖造像記	建德元年4/08	……佛弟子張祖（都督）爲己女買□，及家內大小，因緣眷屬，減割資財，敬造石像一軀，今得城就。仰爲皇帝陛下，國祚永隆，人同因果，彌勒三會，願登初首 ＊官員、合家造像（十人）	山西聞喜	《魯迅輯校石刻手稿》（二十五），頁999
149	曇樂造像記	建德元年4/15	比丘尼曇樂爲亡姪羅□，敬造釋迦石像一區 ＊僧侶、合家造像（僧尼三人，曇樂家人七人）	陝西長安	《北京圖書館藏中國歷代石刻拓本匯編》八冊，頁152 ＊地據《十二硯齋金石過眼錄》
150	邵道生造像記	建德元年6/20	法身見像以開導聖知……佛弟子邵道生（前將軍都督）減割家財，爲亡女造像一區。願亡者託生方妙樂國土，及法界眾生，一時成佛 ＊官員、夫妻造像（亡故家人四人）		陸增祥，《八瓊室金石補正》，卷二十三，頁21～22
151	王爲亡夫造像記	建德元年7/15	弟子王，爲亡夫敬觀世音菩薩一丘。願亡者升天見佛。□六道四生，普同斯福 ＊平民婦女，個人造像		大村西崖，《支那美術史雕塑篇》，頁375

152	惠祭等造像記	建德元年 8/30	比丘惠祭、趙仲賓、仲昇、仲良兄弟等，爲亡夫造玉石像一區，母常光容 ＊平民、合家造像（僧侶一人、兄弟三人）		大村西崖，《支那美術史雕塑篇》，頁375
153	楊子恭妻造像	建德二年 4/15	正信佛弟子楊子恭妻王，敬造釋迦一區，今得成就，仰報四恩，王國永康，征夫無敵，願恭夫妻，生生侍佛，恆聞正法，法界有形一時成佛 ＊平民婦女、合家造像（六人）		武樹善，《陝西金石志》卷六，頁28
154	郭思爲亡子造像記	建德二年 4/15	驃騎將軍左光祿都督河東郡主簿笤融、南廣二縣令佛弟子郭思，爲亡息息長宗，敬造釋迦玉石像一區。願使亡息，藉此善迴，託生西方妙樂國土。遊神淨利、見眷常安、皇道暉明、六道清昇、同超彼圻 ＊官員、合家造像（三人）		大村西崖，《支那美術史雕塑篇》，頁375
155	王令猥造像記	建德二年 5/01	佛弟子堡主王令猥……敬造石銘一區。高四尺、彌勒一勘、釋迦門一勘……神生淨土，值遇諸佛，龍花三會，願在□首…… ＊官員、合家造像（十餘人）	甘肅張家川	《文物》第二期，1988年，頁71
156	郭亂頤造像記	建德二年 7/10	佛弟子景和楊恭八十等……敬造石像一區。上爲皇帝陛下，下爲群僚伯官、一切群生、亡世父母、所生父母、因緣眷屬及法界眾生，普離三塗、願登上集、同慶四流、一時成佛 ＊官方色彩義邑（存者：官三人、僧侶一人、邑民三十四）	陝西洛川縣	《考古與文物》第五期，1984年，頁33～34
157	鄜縣浮圖造像記	建德二年 7/15	字多殘缺（可辨者造白□石浮圖三級） ＊文缺無法判斷	渭北石蓮寺	武樹善，《陝西金石志補遺》卷上，頁12
158	魏榮宗銘	建德二年 ?/??	長安縣族正皇甫孝緒下故民魏榮宗銘孫□造四面像（後文缺） ＊平民、個人造像		武樹善，《陝西金石志》卷六，頁28
159	成氏爲亡父造像記	建德三年 1/??	文殘 ＊平民、合家造像		大村西崖，《支那美術史雕塑篇》，頁375～376
160	□崇俊等造像記	建德三年 2/08	文殘 ＊民間義邑（無比丘僧侶，存邑子三十多人）		《北京圖書館藏中國歷代石刻拓本匯編》八冊，頁162
161	任延智造像記	建德三年 2/26	佛弟子任延智，爲皇帝比下、七世所生父母、合門大小、迴緣眷屬，敬造釋迦像二區，供養流通。一切眾生，普同成佛 ＊平民、個人造像		《北京圖書館藏中國歷代石刻拓本匯編》八冊，頁163
162	建崇寺造像記	建德三年 2/28	惟建德三年歲次甲午二月壬辰朔二十八日己未。佛弟子本姓呂蒙，太祖賜姓字文建崇。夫靈象神容，遺形異品。泚倫讀道。□五抽之敷化，顯揚設教。斯疇百代，聚沙成塔。欲崇虛之妙□崇。□迴業淺。又	山東泰安	《北京圖書館藏中國歷代石刻拓本匯編》八冊，頁164～165

			惜別將法和爲國展效，募衝戎首，從杜國桃國公益州征討，回陣身故，是以削竭家珍，興起福刊，造浮圖七級石銘壹立。師子乙隻。輙於□積採□將來之回。身骸分流，欲追之懷。寓□乙念之善。又願帝祚永隆，萬國來助，普濟乙切，曠劫師僧、六道眾生，同登斯福。 ＊官員、合家造像（合家二十餘人）		
163	楊廣娟 造像記	建德三年 4/??	像主楊廣娟兄弟……願興心感……石像……亡過父母，因緣葬過 ＊民間義邑（王氏楊氏多人）	陝北 洛川縣	《考古與文物》第五期，1984年，頁34
164	楊堅造像記	宣政元年 ?/09	大司馬弟子楊堅及大小眷屬等，爲皇祚隆盛，願民居善地，永脫苦淵……生佛國，敬造佛法像一堪供記 ＊官員、合家造像	現藏 寶雞	《考古與文物》第六期，1983年，頁102～103
165	趙春和 造像記	大象元年 3/02	佛弟趙春和爲亡父見存□父遭難□願造像一。今得成就。上爲七世先亡。所生父母合門（文後殘） ＊平民、個人造像		大村西崖，《支那美術史雕塑篇》，頁378
166	王氏女五娘 造像題字	大象二年 6/15	王氏女五娘爲亡父母，敬造像一區，眷屬合家供養 ＊平民婦女、個人造像		陸增祥，《八瓊室金石補正》，卷二十三，頁22
167	梁嗣鼎墓誌	大象二年 6/23後	梨州梨陽郡梨陽縣人，掃寇將軍武騎司馬梁嗣鼎，其人孝敬慈善，志向玄門，武略兼備，早隨行旅從父入朝，蒙敕授官……臨終願捨敕賜衣物造金銀像兩區、涅盤經二部，卒於洛陽里……	洛陽	趙萬里，《漢魏南北朝墓誌集釋》，〈圖版360〉，頁34
168	崗山比丘 惠暉等題名	大象二年 7/??	比丘惠暉，比丘□法會（有僧眾及象主人名）釋迦文佛、彌勒尊佛、阿彌陀佛（共記三佛），經文十一段（殘缺） ＊民間義邑（文存僧侶五人、邑民二人）	山東 鄒縣	陸增祥，《八瓊室金石補正》，卷二十三，頁22～24 ＊地據《寰宇訪碑錄》
			北周時期不知年代		
169	郭羌四面 造像銘		……是以正信佛弟子平東將軍右光錄宜州從事……名山採石，敬造四面佛像一區，上願皇帝□□日月福祿茞延，四方歸化……一切眾生…… ＊官員、合家造像（家人二十一）		馬長壽，《碑銘所見前秦至隋初的關中部族》，頁95～96
170	比丘明雋 造觀世音像		比丘明雋造觀世音佛一區。爲師僧父母、一切眾生、咸死二道 ＊僧侶、個人造像		端方，《匋齋臧石記》，卷十四，頁8～9
171	甄德造 佛羅漢像		佛羅漢者本村甄德管刊人王得仙造像……（文缺） ＊平民、文殘結構無判		端方，《匋齋臧石記》，卷十四，頁9
172	光胤等 佛座題名		文缺 ＊平民、合家造像（僅存像主家人十八）		端方，《匋齋臧石記》，卷十四，頁9

173	衰氏造不高佛殘像		女弟子衰氏造不高佛（錄宋薑良耶舍譯三千諸佛名經） ＊平民婦女、個人造像		端方，《匋齋臧石記》，卷十四，頁9
174	比丘智□等造像記殘石		比丘智□、智表、法海為一切眾生，敬造觀世音像一區 ＊僧侶造像（三人）		端方，《匋齋臧石記》，卷十四，頁10
175	白景造像記	??八年 ?/26	白景造觀世音像一區，欲一切法界眾生於見在父母、七世父母、眷屬迴緣、普同成佛 ＊平民、個人造像		端方，《匋齋臧石記》，卷十四，頁10
176	寧靖造像記殘石		脫落，可辨者：亡父母、供養、託生等字句 ＊平民、個人造像		端方，《匋齋臧石記》，卷十四，頁2～3
177	孔道乘等造像姓名記		文缺 ＊平民、合家造像（存孔氏家人二十八人）		端方，《匋齋臧石記》，卷十四，頁11
178	邑老楊成法洪等造像殘石		文缺 ＊民間義邑（存邑民二十二人，無僧侶官員）		端方，《匋齋臧石記》，卷十四，頁12
179	比丘惠直等造像記		文缺 ＊僧侶造像（存比丘八人）		端方，《匋齋臧石記》，卷十四，頁13
180	張僧哲等造像記		文缺 ＊民間義邑（存各像主八人（其中一人僧侶）、僧侶二人、佛弟子四人）		端方，《匋齋臧石記》，卷十四，頁13～14
181	造像殘石		……世中直生西方妙樂國土，見佛聞法，自誠宿命所願 ＊文殘無法判斷		端方，《匋齋臧石記》，卷十四，頁15
182	高橋為二子造像記		高子昂供養，高子昇供養□□一區，普為一切，一時成佛 ＊平民、合家造像（三人）		端方，《匋齋臧石記》，卷十四，頁15
183	比丘曇刹等造像記		敬造□光像，仰為帝主師僧，亡過現存，波及眾生，咸同斯福 ＊民間義邑（比丘五人，邑民十二人）		端方，《匋齋臧石記》，卷十四，頁16
184	王柴等造像記		造釋迦车尼像一區 ＊平民、合家造像（王氏十四人）		端方，《匋齋臧石記》，卷十四，頁17
185	張洪先造像殘石		佛弟子張洪先（後全殘） ＊平民、個人造像		端方，《匋齋臧石記》，卷十四，頁17～18
186	劉文楸造像記		弟子劉文楸為亡父造石像一區（後文缺） ＊平民、個人造像		端方，《匋齋臧石記》，卷十四，頁18
187	劉約造像記		文缺 ＊民間主導、官民義邑（文存官員三人、邑民二十七人）	四川廣元	《文物》第六期，1990年，頁32～33

附錄二　西魏、北周時期具官方色彩的佛邑題記

01	毛遐造像記	大統元年 2/15	《考古》第三期，1965 年，頁 140

題記	夫至道幽玄，非有非無，慈氏見化，蓮葉就應。是以諸邑子仰感聖善，心往覺□，迭相勸率，減割家珍，敬造石像一區。慈嚴端姒，立在迪衢。願使天下太平，皇治永康、七世所生曠劫、先佛因緣、善爲超度，八難歷傳諸佛。龍華三會，願在先首。大統元年歲次乙卯二月十□日造訖。大行臺尚書北雍州刺使宜君縣開國公毛遐。

題名	（缺）

02	白實中興寺造像記	大統三年 4/08	《魯迅輯校石刻手搞》（二十三），頁 515

題記	夫妙性沖玄，至空凝絕。神功有跡於□□□□□慈□教含氣戢遺影自天感祥□罕敷慧日□□照降法雨。而舒露造意，聚沙登無上之果：率心求掃，當託不動之邦。□夫識超眞觀，孰能與於此哉。
	惟大魏鎭遠將軍步兵校尉前河北太守固城大都督周城縣開國男白　公名實字雙城，體道群英，志超遠略。革回曠，善德美。今時才實文武，器過瑚璉。名播六郡，振嚮三秦。自忝朝政，躍馬邊戎。值四方多事，蠢徒竟紛。時委專征，剋平多難。逞不世之奇功。懷謀略於匈衿。楚敲知人，齊稱盼子。馬丘榮盡功，住無不彌，依仁踐義，確而□勇，洪勳臣積又彰。朝野流歌詠於時，口傳芳聲於史籍。帶五縣之名邑，配三陽之一居。乃□物拔，攘寇敵催，竊盜斂跡。煎無遺乃□屬慶其威德華夏。伏其才武，遠近慕義。志念道場心衫，彼彥嗟雙林之已逝，慮三會之難邀。
	大統三年歲次戊午四月已丑朔八日丙申，率固城上下村邑諸郡守、□都督戍主、十州武義等，共崇斯福。爲國主大王　□史造中興寺石像。地皆嚴淨，幽明照耀。此之淨土，立功累年，營構方就。梵宮凝麗，其如自然。房廊周廓，本蹕相寄。畫妙飭凝神，造菩提一念，漸登無極。凡有感類，莫不嘉尚。殖回既著，業果來臻。勒石刊碑傳之弗朽。其辭日：法輪修□體道遐宣世惟獨住應沖自天積塵無導聚□有細□變難樂王宮易□返迷尋夜救溺苦邊（後截殘缺）。

檀越主	（官號殘缺）將軍奉朝請南陽郡功曹宗達字法進、（官號殘缺）車殿中將軍□□北□太守□廣州□□潘玄景、（官號殘缺）將軍殿中將軍北襄州別駕從事史張起字次興、檀越主施田十五畝（官號殘缺）討寇將軍殿中將軍邯鄲伯卞令恪、檀越主施田三十畝鎭西將軍荊州主簿西鄂□□二縣令南陽□□□宗紹興息伏賢、檀越主施寺田十畝寧遠將軍都督宗伯仁、檀越主施寺田五十畝討寇將軍奉朝請宗清奴、檀越主施宅田一畝、白田一畝鄉邑主宗上字元先、檀越主施寺並宅田十畝廣武將軍平州主簿宗榮鳳、檀越主施寺並宅田一畝平南將軍□州太守□州別駕宗鳳起、檀越主施寺園白田□畝襄威將軍奉朝請涅陽縣令宗方進、檀越主施寺白田二十畝襄威將軍奉朝請宗天榮、檀越主施寺田二十畝南陽郡功曹宗顯祖、大檀越主施白田四十畝、園宅田十畝、牛一頭鎭遠府功曹參軍宗思賓、檀越主施寺並宅田二十畝襄威將軍奉朝請南陽郡功曹宗璘鳳、檀越主施寺麻田十二畝討寇將軍奉朝請宗法壽、勸化大檀越主鎭遠將軍步兵校尉前河北太守鎭固城大都督周城縣開國男白雙城造中興寺石像釋迦行像浮圖維那主邑子等名如左。

諸邑主	寺邑主伏波將軍南陽新野二郡太守趙文榮‧寺邑主伏波將軍國了博士南陽太守固城鎭督鑑軍張儼字思遠、寺邑主鎭軍將軍宛縣令順陽太守趙丰扶、寺邑主殿中將軍強弩將軍討寇將軍奉朝請宗□安、寺邑主襄威將軍奉朝請前默曹參軍開光明主玄醜、寺邑主假襄威將軍別將員外殿中將軍傳僧牢、寺邑主殿中將軍討□將軍西鄂縣令張政字匡

諸邑主	生、寺邑主襄威將軍奉朝請宗天助、寺邑主假安遠將軍前固城都督襄威將軍積射將軍張始興、寺邑主襄威將軍奉朝請南陽郡中正開光明主趙市賓、（官號前殘）將軍奉朝請南陽郡功曹宗鳳龍、寺邑主襄威（官號中殘）朝請宗方□、寺邑主鎮遠將軍期城太守舞陰伯開光明主（姓名殘）、寺邑主討寇將軍強努將軍舞陰令固城鎮長史開光明主宗□賓、（官號前殘）將軍強努將軍宗顯樹、寺邑主討難將軍強努將軍、寺邑主寧遠將軍、寺邑主討寇將。		
殘缺	邑子殿中將軍強努將、邑子南陽郡中正、邑子立□都、邑子鎮遠將軍廣、邑子南陽郡功、邑子鎮遠將軍、邑子強努將軍、邑子威例將軍、邑子襄威將軍奉朝、邑子襄威□□射、邑子宣威將軍、邑子寧朔將軍強努將、邑子威例將軍、邑子南陽郡中正宣威、邑子奉、邑子襄威將、邑子威烈將軍、邑子南陽郡功曹、邑子鎮遠將軍中、邑子中堅將軍都督討寇將、邑子安南將軍都督伏□將、邑子鎮遠將軍都督討寇、邑子宣威將軍、邑子襄威將軍奉朝、邑子討寇將軍、邑子襄威將軍、邑子長孫、邑子討寇將、邑子宣威將軍、邑子奉、邑子伏波。		
03	曹續生造像記	大統五年 2/25	王昶，《金石萃編》，卷三十二，頁 13～14
題記	大魏大統五年歲次己未二月乙酉朔二十五日己酉，威烈將軍富平頻陽縣開國男曹緒生息延慶直□都□。夫至道空□，非言無以申其宗；真容絕相，非刑像何以表其算。是以現治富平令曹並邑子三十四人等，各減割家珍，造像四區。上為帝主永隆，□王□長壽，下及邑子□□。		
題名	沙彌焦法清、沙彌焦法顯、邑□王法壽、比丘李□晃、沙彌焦雙洛、比丘焦法玉、沙彌上官法標、□子淉□貴、維那韓□□（餘邑民殘缺）。		
04	巨始光造像記	大統六年 7/15	《魯迅輯校石刻手稿》（二十三），頁 529
題記	夫真源寂寥，妙像絕尋。凝靖也，則邪風鼓世；絕尋也，則群師見軌。致令蒼生繼泥犁之因，是以大慈俯憫含識，誕邇迦維，使天人咸信□那□，郁攘之風，于斯流矣。清信士佛弟子□建義大都督巢山監軍鎮遠將軍前平陽□高涼令青州安平縣開國侯巨始光：自惟□因浮□，樹業凋微，生於季葉，長逢兵亂，王道時屯，群飛未戢，妖熒充斥，忠良異路，值龍變虎爭之秋，列土立功之會，常思納肝之誠，又慕孫賓之節，契闊戎行，夷險備經，艱危之中，恒發私願。遂心存至道，追慕玄津，福祐無違，精誠克立。蒞宰向周，缺期月之化；綏民撫政，乏童稚之惠。慶福嘉祉，實由靈萌，托根挺拔，因助獲善。仰為三寶恩重，思著優沙之功，尋優瞑養正而遭風，想育王叔世而繼范。故葉公好龍，感至義而見真；目連慕德，刻圖像而遵奉。乃藉本宿心，兼規古則，輒率文武鄉豪長秀，並竭丹誠，敬造石像一區。然蘊石懸峰，漏影待時，含相好以彷彿，賴良匠而顯姿。妙狀熙怡，若恆河之滲金容；雕文瑩飾，則顯離朱之目矣。且功起朱明，流火已就，雖申子之營祇園未能加也。今鮮信之徒，睹邇進菩提之原；修道之士，損生必證于寂滅。增道改迷，豈非善歟。其辭曰： 玉磬報聞，玄光潛暉，群邪樹黨，迷根喪識。 九惚裁繁，系發靡依，謬匠濫敷，若海長歸。 大覺含悲，俯悼沉淪，晦接群醜，鹿野垂仁。 導迷布正，淳風日新，望波向化，悟體歸真。 唯仁英哲，道性純釀，秀石名山，模此聖容。 每詠優瞑，繼茲遺蹤，非但普益，慶願必從。 儒才雅士，並慕玄津，丹誠款篤，唯君與臣。 心專福善，造缺十旬，神像炳箸，積蘊方申。 維大魏大統六年歲次庚申七月丙子朔十五日庚寅，巨始光合縣文武邑義等仰為皇帝陛下、大丞相、七世所生父母、存亡眷屬，為一切眾生敬造。		

題記	**記前：** 左相當陽佛主楊志寬爲亡父一心侍佛、左相多寶佛塔證有法華經。 右相當陽佛主楊仕弟伯通業仁、右相釋迦佛說法華經。 當陽大像主衛加、□法雋、張通、李名仁、周仕俱、楊阿、張要恭、楊山河八人等未依竊衆生侍佛。 當陽大佛主宋長、楊乾來、馬君姿見存母李息、文通、文永、文德、文恩、文逍、通男、開□、永遷、迎男萬世侍佛。

記後：

邑師高涼三藏辯賢、齋主力法、副齋主王遵平、使持節通直散□騎□侍驃騎大將軍建州刺使□平太守當郡大都督華陰縣開國侯楊木剽、鎮遠將軍員外散騎侍郎建義都督前高涼□安丘縣開國子楊清。

邑子功曹楊莫顯、邑子功曹甯元略、邑子功曹衛王遵、邑子功曹甯業族、邑子功曹雷集歡、邑子功曹力士恭、邑子功曹力阿範、邑子功曹行敬賢、邑子功曹呂買奴、邑子功曹甯仲和、邑子主簿行阿纂、邑子主簿趙始成、邑子主簿仇基雋、邑子主簿吳僧和、邑子主簿力誓才、邑子錄事翟安勝、邑子錄事茹敬族、邑子錄事王貴族、邑子錄事王元和。

邑子錄事仇元敬、邑子西曹掾竹長、邑子兵曹掾李乔、邑子金曹掾劉寧、邑子祖曹掾張訛、邑子兵曹掾王亮、邑子金曹掾梅勝、邑子兵曹掾李、邑子兵曹掾傅祿、邑子西曹掾費遵、邑子租曹掾任岳、邑子兵曹掾秦穆、邑子兵曹掾費蘭。

碑陰：

右相寶□菩薩主賈嵩一心侍佛、藥師□說法時、正面當陽□主□□□□、□摩詰□□示疾時。

此是□光佛教教化三小補□施皆淂□□桓道□□□□□楊□棠三人□來世□並爲亡父一心侍佛時。

此是（下泐）一名阿閦佛主□□亡母一心侍佛、二名須彌□佛樊□□主□河□□□伯□□業兒、三名師□□佛、四名師子相佛□□□□佛□伏興侍佛、六名常滅□、七名帝相佛雷世璨爲息□□世□貴容□□阿□兄弟保兒見存□□□一心侍佛、八名梵相佛□元□、九名阿彌陀佛、十名一切□□□□佛、十一名□□□檀拔神通、十二名須彌相佛、□□名□□□佛、十四名雲□□□佛、十五□□□世□□□、□□□釋□牟尼佛。

像主建義都督巢山監軍鎮遠將軍前平陽□高涼令安平縣開國侯巨始光、光父被□板授建興太守巨天祖、光母清信女景伏姜、光亡弟清信士巨斛愁、光亡妻清信女郭□□、妻清信女上官阿□、妻清信女□□奴、妻清信女蘭仙妃、息清信女巨令雋、息清信女巨銀妃、妻清信女巨洪妃、巢山建義都督張舍族、齊州耶城縣男□阿景、□□縣開國男□光副、齊州廣宗縣男王敬保、巢山建義都督張□達、佛弟子清信□張像雋、□□功曹□慶集、□□□功曹巨□、邑子□曹掾馬遵和、邑子□曹□王買、□□戶□□□、邑子金曹掾□□、□□金曹掾□□、邑子□□□□歡、邑子戶曹掾□□、邑子兵曹陽成雋、□子金□曹□□、邑子士□□□□、□□□□□□、邑子□□□□、邑子□□□□衛國□、邑子力遵顯、邑子賈□□、邑子三□□主張埠。

邑子族正皇大朗、邑子族正□遵買、唯那高涼令伊帛子、唯那（文殘）、邑正洛陽縣西曹張俱、典錄族正（文殘）、邑子族正行阿勝、邑子族正甯□族、邑子族正秦保敬、邑子族正楊阿鍾、邑子族正郝顯、邑子族正呂天活、邑子族正力法顯、邑子族正趙法安、邑子族正田□僧、邑子族正王□□、邑子族□□□□來、邑子族正竹阿賢、邑子族正張法勝、邑子族正□遵智、邑子族正樊□族、邑子族正何安洛、邑子族正王始明、邑子族正行慶和、邑子族正□永敬、邑子族正張□和、邑子□□楊□石、邑□□□□阿貴、邑子族正崔伯脫、邑子族□□山季保、邑子族正楊越歡、邑子族正吳舍容、邑子族正□延壽、邑子族正尹思□、邑子族正張顯族、邑子族正薛敬賓、邑子族正楊遵義、邑子族正耿亮。

<table>
<tr><td colspan="3">

左側：
□□□□□、二名□□□佛、□□□棄佛、四名招樓□佛、五名招舍车尼佛、六名加葉佛主□□□侍佛、七名釋迦车尼佛主□雲、□□□□□□爲忘母一心侍佛、□□□□□□□時、□主□□□一心侍佛。

都邑主楊崙、邑主楊□、邑主裴勒義、都唯那薛荷、唯那□□□、唯那楊法智、唯那兵曹府楊碩、唯那□輝和、典錄任化、邑子王子體、邑子楊仕和、邑子王純□、邑子王仲龜、邑子□阿□、邑子王莨生、邑子楊早雋、邑子楊影花、邑子楊□禪、邑子□□□、□子□□□、邑子□□□、邑子□令和、邑子張子粲、邑子□苗眾、邑子徐元穆、邑子尹永純、邑子楊利標、邑子尹李和、邑□□□嬰、□子楊奴、邑子楊昌、邑子□榆和、邑子楊石財、邑子楊□□、邑子李苑、邑子李雲□、邑子（殘缺）、邑子張蘭族、邑子（殘缺）、邑子尹黑仁、邑子王茂回、邑子尹世榮、邑子任始達、邑子任祥、邑子王□政、邑子蘭子鸞、邑子趙高和。

</td></tr>
<tr><td colspan="3">

右側：
邑子楊文通、□子□伏愛、邑子舍□祖、邑子王子□、邑子楊雋□、邑子張奉世、邑子張子顏、邑子薛興□、邑子□義興（餘泐：知姓不知名十一人：楊五人、張三人、薛一人、陳一人、行一人；不知姓名五十人；另一不爲邑子，記作司戶）。

</td></tr>
<tr><td>05</td><td>任安保等六十人造像記</td><td>大統十二年 3/23</td><td>《考古與文物》第二期，1994 年，頁 46</td></tr>
<tr><td>題記</td><td colspan="2">

宗光乎遠，著敬諾聖。感表以像主荔非郎虎京□哥壽、邑主任安保六十人□未睹眞容，述即相率□皇帝陛下、大丞相王□石像一區，□盡□書之像，契金剛之影現於雙林，釋迦耀影于淨級，□邑□仰願周祚永隆、兵鉀休息等罪結雲除，業障冰散，生生□樂，一切群生，減同福慶。
□□年歲丙寅三月朔癸卯二十三訖日現。

</td></tr>
<tr><td>主要供養</td><td colspan="2">

（前缺）郡□□永寧令□州府主簿荔非郎虎、中律殿中將軍假伏拔將軍陽安令荔非待郎、邑子前郡功曹史督護三原、□吳二縣令都督荔非仵虎、邑子歷□保（泐）令郡□彭城縣開國□男劉顯、邑子（泐）員外散騎侍郎都督荔非伯達、（泐）將軍左員外常□□郡功曹荔非顯標、邑子尙書刑部令史雷篆。

</td></tr>
<tr><td>姓名統計</td><td colspan="2">

像主：荔非(1)、邑主：任(1)、化主：劉(1)、邑師：比丘(1)、都維那：李(1)、維那：田(1)、秦(1)、彭(1)、治律：荔(1)、典坐：荔(1)、劉(1)、典錄：秦(1)、邑日：成(1)、香火：荔(1)、比丘：(1)、沙彌(2)、邑子：荔非(13)、雷(3)、李(2)、劉(2)、任(2)、張(1)、王(1)、路(1)、馬(1)、姚(1)、彭(1)、鉗耳(1)。
＊本文以原文出處之統計表轉錄如上，其中數字表示人數。

</td></tr>
<tr><td>06</td><td>杜造賢等造像記</td><td>大統十三年 11/15</td><td>《北京圖書館藏中國歷代石刻拓本匯編》六冊，頁 15～18</td></tr>
<tr><td>題記</td><td colspan="2">

夫大聖雖遯、遺影□顯、自非建福崇因、刊石記功、河乃流名後代□勉三塗者哉、是目都邑主杜照賢、維□杜慧進等十三人、各竭家資，敬造石像一尊、願三寶永隆、國祚康泰，又爲師僧、父母、回緣眷屬，普及法界眾生，等同正覺。
大魏大統十三季歲在丁卯十一月甲午□十五日戊申造□、本是雍州京兆人、因官在此。

</td></tr>
<tr><td>題名</td><td colspan="2">

記後：
大都邑主殿中將軍杜縣照賢、大都維□冠軍將軍京兆郡守杜慧進、都吧主積野將軍□陵郡守杜猛略、都維那殿中將軍奉朝請杜文和、中正寧□將軍奉朝請杜惠宗、邑子討寇將軍奉朝請杜光世、邑子陽翟郡功□杜貴禮、邑子□寇將軍奉朝請杜莫問、邑子宣威將軍奉朝請杜尙莘、邑子杜長文、邑子褚□□。

</td></tr>
</table>

<table>
<tr><td colspan="4">

北面：

　　北面上堪象主討寇將軍奉朝請郡功□杜景業母修□辰、□南陽張、兄伏國、弟阿蘭、息延□、子□、女眞妃、先妃、子妃、男妃、上顚七世生天、現在安吉、存亡蒙福、普□漏、北面多寶象主□□將軍萇杜令汝陽太守江州□史杜平□□南陽趙、息零茂、洪徽、孫神崇、廣□、神□□、林仵祥、爲七世生天、現在□福、合門大小供養佛。

　　邑子杜始和供養佛、邑子杜文雅供養佛、邑子杜季和侍佛、邑子杜仲賢侍佛、邑子杜令和侍佛、邑子杜樹生侍佛、比丘黃臺縣沙門都僧□供養佛、比丘道邸供養佛、邑子杜貴龍供養佛、邑子杜洪壽供養、邑子陳□□侍、邑子張遵侍。

　　邑子平南將軍□州□史杜皇奴侍佛、邑子鎮西將軍箱州□史杜王國侍佛時、邑子杜敬祖、邑子□焦、邑子杜元明侍、邑子邵法僧、邑子杜洪□侍佛、邑子杜貴□侍佛、邑子杜阿來侍、邑子杜承敬、邑子王元□。

</td></tr>
<tr><td colspan="4">

東面：

　　東面像主杜尙華、仰爲亡父雍州主簿別駕咸陽太守奉朝請輕車將軍給事中雍州中□又除□虜將軍中散大夫杜洪暢、供養佛。

　　東面象主假□□將軍資□□軍杜文緯、爲存亡父母、及合家大小、供養佛。

　　邑子寧遠將軍京兆太守杜□陵、邑子開國侯杜景宗。

　　塔主城局參軍杜□生、爲存亡父母合門大小、供養佛。

　　邑子鎮遠將軍頴川太守杜毛陵、邑子平南將軍洪驢少卿杜顏奴、邑子河東郡功□杜夫扶。

</td></tr>
<tr><td colspan="4">

西面：

　　西面象主□仗左右□虜將軍中散大夫前陽翟令杜魯淸□太元王、息景和、景嵩、□慶、多侯、并合眷十八人、供養佛。

　　邑女黃桃枝侍佛、邑女張暎房侍佛、邑女尹小姖侍佛、邑女新興秦阿妃侍佛、邑女南陽張房憐侍佛、邑女南陽趙汝勝侍佛時、邑女倪勝光侍佛時、邑女李照堂侍佛時。邑女黃鳳皇。

　　邑子杜莫道、邑子杜尖興、邑主杜慶遵、都雄那杜英□、邑子杜敬蘭、邑忠□杜容徽、□杜□敬、邑子杜淸雀、忠□杜遺國、都邑主杜文□邑子杜思顯、雄那杜慶□、邑子杜興國、邑子杜始和、邑子杜子遊。

</td></tr>
<tr><td>07</td><td>合邑造像記</td><td>保定元年 1/15</td><td>《考古與文物》第四期，1985 年，頁 109～112</td></tr>
<tr><td>題記</td><td colspan="3">

保定元年正月十五日。

合邑一百三十人等共同尊心，爲法界眾生，廣發洪願，造人中釋迦石像一區，願使皇帝比陛下，明中日月法界眾生□治此福公得團蒲果保成佛。

</td></tr>
<tr><td>題名</td><td colspan="3">

記前：

　　□邑□劉月綿、□生黃□夢、南面裔主守遠將軍儀同司□稱□□、南面典錄守遠軍統軍□延豐、南面化主□□將軍別將宇文元選、南面唯那驃騎將軍都督地□昌、都香火主□將軍師都督紀奚愼、都唯那都督□守縣平州刺史賈延、「都」邑主建中將軍滅紫別將郭永、都化主牛文、都邑渭也丘目□師都督眞定縣开國公豆聲相、都邑主使持□驃騎將軍儀同三司。

記後：

　　邑師比丘僧靜、邑師比丘昱和、佛主安法嵩、都典□稱阿妃、都典坐王僧姬、南面香火主支嬰□、南面邑渭稱慶遵、南面邑政吐谷□阿、邑生劉法姬、南面典坐容公主、邑生范阿姊斤、邑生□永興、邑生□姐者□、邑生郭要翟。

</td></tr>
</table>

	西面： 邑生張美香、西面邑主王迴洛、統軍邑生金、西面化主成小生都督妙客、西面邑謂白慶妃、邑生王□諮、西面邑正絃奚康和、邑生傅阿妃、西面唯那江文洛、邑生王善暉、西面典錄豆□寄受、邑生王□暉、西面典坐牛慶稱、邑生雷黑奴、西面香火主付清黑、邑生□婆惠、西面齋主阿羅□、邑生月洪昶、邑生劉天生、邑生梁□川、邑生董眞歡、邑生宇文慶、邑生朱汁德、邑生吐浴渾天生、邑生徐洛僧、邑生趙郎宜、邑生宇文相壽、邑生□子晳、邑生李苟子奴、邑生雷正、邑生絃奚石奴、邑生成僧和、邑生王思應、邑生成萬夢、邑生李永知、邑生程白居、邑生衛法胡、邑生皇甫富昌、邑生王分進、邑生雷士如、邑生徐阿三、邑生趙比生、邑生毛奴子、邑生趙比磨、邑生雷仙得、邑生賈華□、邑生驃騎將軍都督趙和、邑生建中將軍統軍賈洪遵。		
	北面： □□邑主衛相和、邑生徐準妃、「北」面花主袁阿顯、邑生牛阿暉、「北」面邑謂呼永興、邑生李妙光、□□正段子祭、邑生梁和妃、北面唯那牛照世、邑生尉遲世□、北面典錄段元顯、邑生矗誠仃、北面典坐馬思和、邑生李子歡、北面香火主程顯榮、邑生華阿慶、北面齋主唐黃頭、邑生張要妃、邑生魏羅愼、邑生雷道生、邑生韓洛祖、邑生師都督、邑生雷智顯、曹買德、邑生雷婆非、邑生都、邑生辛安保、督悅光宗、邑生劉還錦、邑生孟阿廣、邑生楊永洛、邑生價元百、邑生丁文歡、邑生容道奴、邑生韓景開、邑生橫舒將、邑生吐難奉生、軍開苟仁、邑生吐難絃亥、邑生柳生諮、邑生劉播貴、邑生賈羊□、邑生趙萬周、邑生賈仲、邑生李富昌、邑生雷興郎、邑生劉達磨、邑生雷阿婦女、邑生豆虎武長、邑生雷子乾、邑生李慶珍、邑生巍伏妙、□生寧遠將軍平興縣開國子曹。		
	東面： 東面邑主都督豆盧子光、（東）面花主成安慶、（東）面邑謂阿六丸伏姬、東面邑政黃甫羅妃、東面維那吐難慶安、東面典錄劉道洛、東面典坐牛安和、東面香火主徐貴安、東面齋主段阿亥女、邑生侯莫陳阿顯、邑生絃悉元恭、邑生不大汙阿□、邑生可頻各奴、邑生成洪達、邑生地連猛略、邑生地連輝略、邑生趙天與、邑生豆盧子惠、邑生六道女、邑生孫阿妃、邑生尹妻比何朱、邑生侯莫陳康果、邑生開府司馬荔非穆、邑師岳法顯、邑生粟王生、邑生李華妃、邑生傅三嬰。		
08	普屯康造像記	天和五年 1/03	《魯迅輯校石刻手稿》（二十五），頁 985
題記	周國天和五季歲庚寅正月乙酉三日丁亥新豐令普屯康去天二年十月中親相境遇見古磚薔始形杳主意，仰念恩隆盛立，時即告都督孫祥率鄉人共崇勝福。恭請邑師僧震三人□別管會東西六千他步，南北半旬。汎逕三郡，遠近雲馳。□□□□，率割珍賄。修莊嚴剏佛像而成。（殘缺七字）目更處炎□神郊要衢。東盼□□高逢，西瞻□昊璃臺。南望玉山開□，北睇葇渭秦川。□□豪傑延□三百四十他人，攜接□身敦崇邑契復。敬造碑像四佛，勸化四方。仰願善緣來慕□者藉使常永□趣□離□別。伏惟皇帝國祚延康，民豐萬世，諸邑等爵祿，光寵日益，子孫繁興，承基□代，慈氏成佛，咸登初會，同證菩提。		
題名	第一列： 化主吳道貴、□□張緒、邑主王雀、邑越主成光熾、邑主范豐吉、化主孫暉緒、邑主殿中將軍部從事三皇郡守孫□、大都邑主中軍將軍帥都督新豐縣令普屯康、邑師比丘僧震、都化主張永和、邑子□□令孫□□、邑子徐實熹、邑子假洛□郡守業伏賢、香火趙僧達、典錄嚴法熾、都典錄呂長壽、邑子張蘭息、邑子嚴思賢、邑主鍾肆熹、邑主奚憐國、邑主鍾紹竭、化主殿中將軍呂榮攜、化主鄭鳳祥、邑越主趙神護、化主王僧護、邑子假興固縣令曹伯顚、邑子呂僧方、邑子趙丑。		

第二列：
　　化主趙石保、邑主鎮遠將軍范婆羅、邑主前將軍左銀青光祿都督假蒲州刺使孫□、邑師比丘法粲、邑師比丘法明、邑主假伏□將軍□□令孫轉、邑主趙榮遜、邑主侯□、邑長□□□、化主張法進、化主夫人楊買女、化主楊大平、邑越郭達、邑子王□龍、邑子馬郎仁、邑子趙晚、典坐趙三保、香火劉神國、邑子趙迴都、邑子張阿保。

第三列：
　　都邑長□□生、化主李子慶、邑主樊安國、邑主呂僧□、邑主蘭達、邑師比丘智敬、邑主孫延和、邑主齊□猛、邑主鍾子寧、化主王社、化主楊長暉、邑長孫顯標、邑子張賓、邑子郭魯、香火司馬僧歡、邑師比丘普□、邑子吳□□、邑正都督張□和、邑子趙顒生、邑子劉嘆典、邑子黨勸俗、中正□□司馬孫延暉、邑子趙□、邑子吳僧□、邑子司馬□□、唯那張□國、邑子趙□伯、邑子郭□、邑子徐祥雋、邑子張善化、邑子韓神蔭。

第四列：
　　邑主成□□、邑主張連、邑主平東將軍右光祿都督丹川郡守永陽縣開國子□□暉、邑師比丘法祥、邑主中堅將軍粲和郡守張神覆、邑主征東將軍右金紫光祿都督張賢、化主□景、化主趙元勝、比丘僧熾、□□□興、香火張寬、邑長□他、邑越□京兆郡守□□孫、典坐□□□、化主孫鼻師、唯那嚴丑郎。

第五列：
　　□□□歲、邑□□純和、邑子都督□□□、□□□□洛、邑子孫□仵、邑子趙達、邑子張孝忠、邑子孫□□、邑子洪□魯、邑子郭進、邑子馬普好、邑子范伯進、邑子□□□、邑子張□緒、邑子□□達、邑子曠野將軍劉子玉、邑子吳實和、邑子陽□□、邑主孫高、邑子滕社高、邑子陽輔託、邑子呂肆常、邑子黨眾洛、邑子陽曇明、邑子張□、邑子孫嘆祥、邑子嚴外慶、邑子范□、邑子范奴子、邑子張□、邑子曠野將軍□□、邑子呂景□、邑子馬□景、邑子□□□、邑子張嘆國、邑子劉修妙、邑子呂景暉、邑子鍾摩侯、邑子嚴國□、邑子田僧和、邑子朱群奴、邑子呂實棠、邑子鍾亮、邑子吳猛略、邑子□和、唯那張伏嘆、邑子張曇緒、邑子王永和、邑子張觀國、邑子□□□、邑子□□先、邑子范□□、邑子□□□、邑子介□□。

第六列：
　　邑子黨始洛、邑子王□□、□□□難、□子趙□生、□□□□□、邑子前將軍左□□光祿都督陽永和、邑子趙□默、邑子□魯、邑子成宜來、邑子□□□都督滕顯族、邑子徐元吉、邑子張婆仁、邑子張子彥、邑子周王、邑子吳摩侯、邑子孫舍、邑子趙僧和、□□□法敬、邑子茹歡洛、邑子滕穆□、邑子張粲、邑子成苟子、邑□□景約、邑子來白姚、邑子張蘭惠、邑子張簒、邑子趙醜□、□□□舍洛、邑子范始進、邑子趙景和、邑子□小□、邑子□子□、邑（餘殘缺）。

第七列：
　　邑子范□□、□子成□、邑子范□、邑子吳買□、邑子張□、邑子田買□、邑子□□□、邑子王社賓、邑子□進達、邑子吳□、□□□□□、邑子趙子寧、□□□□□、邑子□□□、□子□□達、邑子趙崇、邑子張俱暢、邑子□□□、邑子□□□、邑子張鎮族、邑子張放、邑子業舍息、邑子孫洪□、邑子□□□、□子范□國、邑子范景暉、邑子孫洪□、邑子□□□、□子吳□賢、邑子呂彥。

第八列：
　　邑子□□仁、邑子□□□、邑子□□和、邑子□神祐、□□□□□、邑子□□□、邑子張道榮、邑子趙沙拖、邑子□仁□、邑子□□和、邑□□道和、邑子張魯、邑子張和國、邑子□□□、邑子趙□□、邑子趙和。

	第九列： 邑子吳要宗、邑子洪孝進、邑子張子義、邑子郭廣業、邑子劉達、邑子范永、邑子范建□、邑子程輔、邑子□栓、邑子郭□、邑子鍾興和、邑子黨□、邑子婁□已、邑子趙無諱、邑子鍾繁珍、邑子都督徐廣、邑子范伏顥、邑子馬社、邑子鍾景略、邑子三僧顯、邑子郭宗歡、邑子趙法緒、邑子劉通、邑子王和、邑子郭□□、邑子張永進、邑子劉猷誕、□□寇將軍程嘆舍。		
09	費氏造像記	天和六年 5/21	王昶，《金石萃編》，卷三十七，頁 25～29
題記	夫如來眞意玄寂，道出塵表。至理宏□□□□□□虛空。本無名相，眾□□力□以緣合□應□至。現形非□。□□□□，三寶重暉，萬品俱□。□以如來體性清淨。權應六道。慈愍□□。□□□起保紫微。誕生王宮。捨□□之□□。世金輪之寶。讀步弘遠□□仍□□十九出家□□道□身百□□□□廣空流布教化眾既耶□□□滅影雙樹，無餘涅盤。佛弟□□□邑子□僚優婆夷合邑子□□□□人等。經像訓世。仰承聖教。識達非常。信□□□意□志□崇三寶。爲天王國主。枰□□□睹容華□奇異。世間否有發廣大願。□□□佛在我願中。無□成就，流入佛海，悉皆具足。天和六年五月二十一日。造像一區。		
題名	邑主陽烈將軍費伯達、像主□、雜宗主費子推、邑師比丘智業、□□將軍諫議長利縣南帝二縣令愼政郡丞治都督費永進、□子王□保、邑子費長宗、□子費榮族、邑子張貴、□子費堅、邑子程道遵、□子虎威將軍費法德、邑子費社奴、邑子費法海、邑子費格奴、邑子費僧和、邑子費長□、邑子費沄猛、邑子費發騎、邑子費肆□、邑子費長暉、邑子費進族、邑子費始進、邑子費市宜、邑子費僧暉、邑子費□奴、邑子費黃頭、邑子費眞孫、邑子費法□、邑子費阿樹、邑子周奉、□□費眞敬、邑子費拖俱、齋主費白奴、□火費宗寶、□律費伯孫、唯那費紹喜、典坐曠野將軍殿中司馬費雷、典錄大司馬府吏部朝官費胡、邑胥費葈生、□主費伏□、□主費樹羅、邑胥費禹、典路費暉和、典坐費長寬、唯那橫野將軍費遠、治律費鍾旭、香火陽烈將軍費伯進、齋主費遵禮。		
10	枎枎榮造像記	天和六年 6/14	《石刻》第三輯，冊三十一，頁 428
題記	大周天和六年歲次辛卯六月丁丑朔十四日庚寅。 夫累因成果，累果明因。修道崇法，法普道弘。是故十二種智永有依攸十八妙門刑相無盡名言□季四衢通達七彌經始鹿苑功因此力願茲崇果，龍頭城主開府義門公仰識妙門，展心於法，遂放軍主趙和一十人□四方慕化。眾民及城內軍人等敬造石□一區。上爲皇帝陛下及法界眾生。藉□之善，祇同澤彼十增修願，同沾斯慶。□□體圓，等成正覺。		
題名	□□□□騎大將軍開□儀同三司大都□□□中大夫勳州諸軍事勳州刺使龍□□主義門郡開國公枎枎榮、夫人□寧郡君賀拔、弟八□公子凱、公世子道績、弟二息道縝、弟三息道琳、弟四息道緘、弟五息道縱（以上枎枎榮家人）。		
題名	都唯那龍門郡功曹勳州主簿開府義門公府司錄薛祭、開明齋主掃難將軍龍頭防倉曹王信、□騎將軍右光祿大都督像主衛才、□軍將軍大中開府長史都□化主尹則、□□將軍右中郎將龍頭防長史都邑主□昌、□□將軍□員外郎大都督端氏縣令□□史始興、□□將軍右光祿大都督澄城縣開國子□□□姜穆、□□郭和。		
11	黨仲茂八十人造像記	建德元年 4/08	毛鳳枝，《關中金石文字新編》卷一，頁 18～19

| 題記 | （前殘）慧心獨悟之智。自登彼圻之果。龍□□□之□。永沉苦繁之際。佛弟子邑主都督黨仲茂、邑師比邱智盛，合邑子八十人等。思五濁之多果。慕□達之金錢。深躬無常。同遵正覺。共造石像壹區。高七尺五寸。莊嚴種好，無像滿庭。慈悲道俗，咸變圜中。永勝□於囊劫。獲妙果於當今。在村處中置立。南臨白水、北背馬蘭、東俠洛水、西望堯山。地居爽塏。眾所歸仰，藉此微功，願　皇帝陛下與日月齊輝，群公百僚與天壤同□，義等合邑，七世父母，長居妙樂，見在眷屬，迴向上道。竊惟竹素是播演之宗，金石是記善之原。非刊非□，何以宣言？其辭曰：
　　巍巍紫山，獨秀童童。娑羅集聖，遍滿虛空。
　　亭□□子，出入相容。不有不無，非紫非紅。
　　小哉大智，實爲世尊。拯彼眾生，濟此重昏。
　　五欲自屏，三□無根。拔苦伊河，皈依法門。
　　生同泡沫，滅若□□。日日恒昭，夜月常暉。
　　業淺福倚，道盛則肥。百年抵□，營營何希。
　　分財奉寶，散採圖刊。漏以金玉，飾以丹青。
　　神光爵起，曠濟群生。舟檝苦繁，歷劫踰明。
建德元年歲次壬辰四月朔八日庚辰建立。 |
| 題名 | 檀越主曠野將軍殿中司馬黨□□、邑子黨顯暉、邑子黨子儒、邑子黨慶和、邑子黨□□、邑子黨景亮、邑子郭明仁、邑子黨□□、邑子縣主簿黨定昌。 |

| 12 | 郭亂頤造像記 | 建德二年 7/10 | 《考古與文物》第五期，1984 年，頁 33～34 |

| 題記 | 建德二年歲次癸巳七月乙丑十日甲戌日。
夫妙登蒙默名相之表幽玄隱稱言像之外沮感悟修樂應同生滅俞越苦津顯澄常樂化盡歸。終雙林應滅，是以像教東流。開悟未聞波斯籌金況三有之瓦身已造令容然綿有信。佛弟子景疊和楊恭八十等，減己羽身，尋谷探寶運玉，喙成耀光。敬造石像一區。上爲皇帝陛下，下爲群僚伯官、一切群生、亡世父母、所生父母、因緣眷屬及法界眾生，普離三塗、願登上集、同慶四流、一時成佛。 |

題名	第一層：無刊
	第二層： 邑正郭亂頤一心、供養主輕車將軍奉□□□□□永頤一心、邑子王阿、邑子王、邑子任阿。
	第三層： 邑子景叔仁、邑子張迪□、邑子景方族、邑子□祁保、邑子景先族、邑子楊永洛、邑子楊伏奴、邑子張仁和、邑子景□神和、邑子薛甄、邑子景文族、邑子姚□智。 南面唯那殿中將軍員外司馬任顯族一心侍佛、邑主楊延寶爲忘父因緣眷屬、起像主楊阿令爲亡過父母所生父母侍佛時、邑比丘師世榮發心、化主景先一心侍佛、化主景苟生爲忘弟阿樹一心侍佛、當陽像主羅永爲七世父母所生父母、都邑主殿中將軍員外司馬楊恭一心侍佛。 邑子楊阿猛、邑子晉買勳、邑子任元洛、邑子郭遵勝、邑子楊照息、邑子郭義顯、邑子羅石生、邑子韓忠顯、邑子楊元仲、邑子郭景穆、邑子楊阿和、邑子宗顯族、邑子皇元庇、邑子賈惠祥。
	第四層： 思維像主姚子像爲七世父母所生父母、都像主人范田買子爲忘父母范智一心侍佛、彌勒像主侯始雋爲忘父母孝母。

附錄三　西魏北周時期非官方主導的官民佛邑組織〔註1〕

一、薛山俱造像記（恭帝元年4/12）

邑師僧尼			比丘：邑師法□、邑師□和、道顯、智殷
			比丘尼：□深、□□、□和、□妙
碑前	官　員		齋主都督李鷥□、都督當陽佛主樂肆□、汾州主簿吐京太守郭金安、菩薩主奉朝請正平郡功曹郡主簿郡尉薛通尚
	官員家屬		大像主薛像漢爲亡父大都督戎州司馬平原扶溝二縣令高涼縣功曹東豐縣開國男薛盛、邑子薛季訛息奉朝請正平郡功曹郡主簿郡尉薛通尚、□主王思歡爲亡伯父司州從事郡五官□□敬、菩薩主延奴爲亡父□拔歡供□主□□□□縣令郭謀仁
	邑職	管理	都大邑主李玉、化主李慶和、唯□主薛景
		捐資	供養主：吳敬、□行、李文慶、薛□□
			像主：菩薩主□奴、菩薩主延奴、菩薩主薛通尚、加葉主何鎧明、阿難主郭元□
		法會	開明主薛仕亮、□齋主屈法容
		不明	採像軍主焦買興、採像軍主薛季□、□□□任□□、
	邑　子		金、夫蒙、李3、楊、薛4、裴、吳
左側	邑職	捐資	像主：釋迦佛主張神、藥王菩薩主薛石保、
	邑　子		薛3、張2、陳1、裴1、吳1、席1、司馬1、楊1、劉1、呂1、杜1、孫1、□2
右側	邑職	捐資	像主：多寶佛主席進興、觀世音菩薩主李文煩
	邑　子		吳2、張2、何1、李1、薛1、晉1、楊1、清信女薛、□2
碑陰	邑職	管理	都邑主薛山俱；邑正：蘇天慶、裴跨達
			都唯那：薛宣耀、吳□棠、李光興
			唯那：薛清黑、薛明洛、薛九龍、李今□、李舍猥、吳龍興、□胡
		不明	起像主李桃花
	邑　子		薛24、李18、吳6、張3、孫3、雷3、焦2、楊2、裴2、姜2、趙2、郭2、蘇1、談1、惠1、程1、任1、何1、藉1、景1、杜1、□4
	清信女		薛6、孫4、焦2、陳2、李2、洛1、屈1、使1、楊1、吳1、張1、程1、晉1、蘇1、上官1、□2

〔註1〕 本類佛邑雖然亦有個別官員的參與，但官員於此，非但不具主導地位，甚至較高的邑職，如像主、邑主等職務，皆由民間所居。形態上接近僧民佛邑，因而不於本文贅述，僅列舉其組織，以供參考。

二、合邑造像記（恭帝三年 9/08）

官　　吏	（泐）主驍騎尉牛相貴（闔家五人）、安定郡（泐）、晉州主簿李□	
邑職	捐資	供養：杜醜洛、賈始□、（無姓）：洪□、眾僕、神龜、□景、僧和、策雋、合龍、□陰、伯□、靈王
		像主：當陽像主榮□、起像齋主牛伯仁、起像主牛光吉
	泐	□□主□標、□□主諸舍□
具　　名	高委羅、董師舉、牛高生、牛里買、道雋□、□仁□、世龍等七人	

三、雷文伯造像記（保定元年 7/29）

官　　吏	□□將軍右銀青光祿□州府壘（泐）、汝南郡丞假□州刺使都督雷□□	
邑職	管理	邑主雷迢生、維那雷阿智、錄事雷僧胤、典坐主□長命、中正雷龍元
	捐資	香火雷保安
	不明	侍者雷五勇
邑　　子	雷 33	

四、楊忓女楊景祥等造像記（保定二年 4/08）

僧侶	邑師比丘惠哲、邑師比丘僧湛
官員	開府儀同三司前馮翊郡守宇文舉、開府儀同馮翊郡守候莫陳升
平民	像主楊忓女、像主楊景祥

五、合村長幼造像記（天和二年 2/08）

僧　　侶	邑師三□僧族、邑師比丘惠觀	
官　　吏	金剛主假安平縣□□□□令孫、供養主假安邑縣令陳□文、□加像主假魯陽縣令陳章□息□歡、開□□佛光明主□寇將軍□、唯那主□□令陳拔歡、開思維像主□北令陳□貴	
邑職	管理	都邑主陳法□、邑主□□□、典錄陳胡生
	不明	邑中正□□、邑正陳蜀仁、引像主陳道伯
	勸募	都化主陳□□·化主陳榮棠·化□（泐）、化主（泐）、化□（泐）、化主（泐）
	捐資	像主：都像主（陳）、左相都像主（□）、右相都像主（陳）、菩薩□（泐）、加葉主（陳）、菩薩主（□）、阿難主（泐）、左相思維像主（陳）、菩薩□（□）、當

		陽像主（陳）、右相思維像主（陳）、當陽□（沕）、師子主（□）、金剛主（陳）、菩薩主（□）、像主（陳）2、師子王主（陳）、彌□□（陳）、□法像主（陳）、□主（陳）、阿難主（□）
		供養主陳杜棠、供養主陳仲□、香花主陳□景
	法會	開佛像主：金剛（□）、陳、□□（陳）、加葉（□）、阿難（□）、□□（□）
		開光明主：□2、陳3

六、昨合拔祖等造像記（天和元年7/23）

官　吏		南面齋主虎賁給事中散大夫昨和富進、都化主□□將軍□右、員外□中侍都督罕井舉、南面邑主□督賀蘭延暢	
邑職	管理	邑主：都邑主昨合拔祖、南面邑主正武鄉□□先長和	
		唯那：都維那賀蘭萬吉、南面維那雷歡引	
		其他：都邑□昨和孫安、南面典錄昨和無暢	
	募款	南面化主昨和洪智	
	捐資	當陽像主昨和醜奴、南面香火主荔非子和	
	不明	南面邑□□馬歡、都邑正昨和景賓、佛堂主昨和眞慶、左相侍僮昨合伏子、右相侍僮昨和伯龍	
	法會	南面光明主昨和了亮	
邑　子		昨和47、罕井5、荔非5、屈男、王、唐、雷、呂、姚、□3	

七、趙富洛等造像記（天和六年4/15）

僧　侶		邑師比丘曇貴
官　吏		化主冠軍將軍大中都督大將軍龍□公記室欒樂、邑日掃寇將軍武騎司馬李壬□
邑職	管理	邑主：邑主劉法顯、邑主李延景、邑主趙富洛
		唯那：唯那趙伯通、唯那趙師奴、□唯那宗和、行唯那欒玉
		其他：典坐欒道貴、典□姚進□、典錄李元緒、治律李誼暉、治律趙超達
	募款	化主歲挑湯
	法會	道場主欒伯時、香火李文暉
	不明	邑日趙廣略、邑長欒豐國、邑長李清默
邑　子		李5、趙4、欒3、郭2

八、聖母寺四面象碑 （保定四年9/08）

官　員		南面	殿中司馬趙迴昌、檀越主罕井明孫肆安縣令、左箱□□曠野將軍殿中將軍司馬屈男神□、左箱邑正橫野將軍員外司馬同王帝永
		北面	彌勒像主威列將軍荔非道慶、右箱香火蒲縣法曹府昨合暢、邑子征東將軍右金紫光祿都督洛川縣開國伯上官略、邑子輔國將軍中散金曹從事郡主簿地連敦、邑子輔國將軍中散都督李慶寶
		東面	東面邑主曠野將軍殿中司馬雷榮顯
		西面	無量壽佛像主白水郡五官雷洪達、西面邑主輔國將軍中散別將同玉帝永孫
僧　尼			釋迦像主比丘僧永、開明像主比丘僧昌
南面	邑職	管理	右箱邑正姚祥標、右箱唯那屈男慶、左箱典坐郭法遵、右箱典坐張景略
		捐資	大像主安定公寺大邑長昨和高雋、都邑主王暉遠、中堪像主黨鉗耳榮歡、
			南面檀越主罕井阿伃、左箱化主上官拔洛、右箱化主屈男明慶
		法會	左箱齋主安定公寺大邑長昨和遵、右箱齋主惠醜
北面	邑職	管理	都□□黨榮達
		捐資	北面上堪像主齊思暢、彌勒開明主鄉黨昨和善
			左箱香火主雷洪雋、大化主姜彭雋
		不明	高坐王李世貴
	邑　子		雷15、昨和4、李4、屈男4、罕井3、黨3、荔非2、王2、杜、鉗耳、姚、楊、張、惠、趙、彌姐、□
東面	邑職	捐資	觀世音像主王子遷
	邑　子		昨和8、雷4、黨3、罕井、王、張、陳、任、趙、屈男、郭、□
西面	邑　子		昨和3、罕井2、雷6、王、彌姐、同玉帝、屈男、惠、趙、蒲、朱

附錄四　《續高僧傳》所見西魏北周時期的高僧〔註2〕

一、外來沙門

僧名	出生／俗姓	時期	重 要 事 蹟	出 處
曇顯	不　詳	西魏	宇文泰命依大乘經撰《菩薩藏眾經要》及《百二十法門》。	卷一，頁429
智賢	攘那拔陀羅 （波頭摩國律師）	北周	周文帝二年時，與闍那堀多合譯《五明論》，智遷筆受。	卷一，頁429
法希	達摩流支 （摩勒國沙門）	北周	武帝天和年間奉敕爲宇文護譯《婆羅門天文》二十卷。	卷一，頁429
藏稱	原名闍那耶舍 （摩伽陀國禪師）	北周	武帝天和年間命其與弟子闍那堀多譯《定意天子問經》六部。沙門圓明，道辯，城陽公蕭吉筆受。	卷一，頁429
德志	闍那堀多 （犍陀羅國沙門）	北周	明帝詔延入後園共論佛法，爲造四天王寺。譯十一面觀音、金仙問經等。與譙王宇文儉共赴蜀，任益州僧主。遇毀佛，西入突厥。	卷二，頁433
不詳	香闍梨	北周	於益州青城山，行異事，使酒肉永絕入山。	卷三十五，頁657

二、高僧簡傳

僧 名	出生／ 俗 姓	時期／ 活動地區	特色	重 要 事 蹟	出 處
亡 名	南郡宗氏	關中 （渭濱）	蜀地望族	初投蜀地兌禪師。周治蜀後，蜀國公宇文俊重之。後齊王伏敬續部，任滿攜亡名共還雍，武帝授爲夏州三藏。天和二年宇文護致書，欲徵其爲官，不從。	卷七，頁481～482
僧 妙	後居河東蒲板	河東 （蒲州）	名震周齊	宇文泰重之。大統時西域獻佛舍利於周，宇文泰送令供養。妙講學涅盤，所及之地，酒肉皆絕。曇延承其宗本。	卷八，頁486
慧 善	幼居揚都 避難江陵	長安	江陵南僧	逃難江陵，因俘秦壞。宇文護敬重，別修供養。善法勝毘雲。以大度智論引小乘證義。	卷八，頁486
寶 象	趙氏 綿州昌隆	蜀境	蜀僧	初事梁平西王學道，後學佛出家。付著經律，弘法蜀境。益州武誓寺僧寶願請講，大眾雲集。屬僧崖出世爲造經本，傳持至唐。	卷八，頁486～487

〔註 2〕本表主要依據道宣的《續高僧傳》（大藏經2060）編製而成。

曇　延	王氏 蒲州桑泉	河東	地方 豪族	事僧妙法師。曾持經與疏陳於州治仁壽寺前，神光呈祥。宇文泰敬重，以百梯太遠，爲造雲居寺，國俸給之。陳使周弘正遊說三國，建德年間入朝。文思敏捷，帝集大賢與之對辯，蒲州刺使中山公宇文氏薦其與陳使論辯。曇延獨應。武帝授爲國統。	卷八， 頁488～489
寶　海	龔氏巴西	蜀境	蜀僧	至金陵依雲法師習揚都佛法。還蜀弘法，梁武陵王愛之。蜀入周，庸公鎮方，靡加深敬。	卷九，頁492
智　方	蜀川 資中	蜀境	官宦 世家	於州廓龍淵寺輪法師處出家。與寶海同至金陵依雲法師習揚都佛法與寶海善。	卷九， 頁492～493
僧　粲	孫氏 汴州陳留	周遊三國	三國 論師	早年遊學齊陳周三國，自號三國論師。	卷九，頁500
慧　海	張氏 河東虞鄉	河東		昭玄統曇延弟子。初講涅盤，後隱山林（弘農伏讀山），專心禪業。	卷十一， 頁509～510
彤　淵	趙氏 京兆武功	關中	家世 冠蓋	後於終南置寺結徒，三輔令達者充焉。	卷十一， 頁511
普　曠	樊氏 扶風郿縣	關中		少出家，依止僧圓。即進大戒，便行頭陀，乞食人間，投林冢二十餘年。後遊聚落，採拾遺文。因過講席，聽其餘論。每與周武對揚三寶，有聲朝典。建德二年將壞二教，關中五眾不安，親謁武帝。	卷十一， 頁512
道　判	郭氏 曹州承氏	關中	齊僧 西行 求法	齊乾明元年，結伴二十一人發於鄴都，以保定二年達於京邑。武帝安置於大乘寺。二年後，核發國書並給行資西行。至高昌國，往見西面可汗。彼土不識眾僧，欲加害。幸北周使臣諫阻，謂其佛弟子，行止所經，能使牛羊滋生。後以所行不殊，不令西過，遣人送還。判返京後捨具戒，後又復之。逢靜藹法師，諮詢道務。	卷十二， 頁516～517
童　眞	李氏 河東蒲板	不詳		少厭生死，希心常住。投曇延法師，爲其師範。	卷十二， 頁517
法　祥	不詳 同州	行止無定		童稚出家，二教周廢，便從俗吏。	卷十三， 頁523
海　順	河東人	不詳		曇延弟子道遜的弟子。	卷十三， 頁524
道　蓀	張氏 河東虞鄉	三晉		與弟道謙，俱投曇延。三晉英豪，望風騰集。	卷十四， 頁532～533
道　宗	馮翊衛氏	關中		弱年遺俗，專志大論。	卷十四， 頁534
會　睿	襄州董氏	襄州		俗姓董，少於襄州出家，遇周滅法，南入陳朝。	卷十五， 頁539

法 常	張氏 南陽白水	不詳		十九出家，投曇延。	卷十五， 頁 540
道 洪	尹氏 河東人	無		開皇以後，入師曇延。	卷十五， 頁 547
僧 實	程氏 咸陽靈武	長安	西魏 三藏	親眷愛結，不許出家。年二十六始離俗世。隨原法師，從見孝文，便蒙降禮。太和末至洛陽，因遇勒那三藏，授以禪法。每處皇宮，諮問禪密。間又道契生知，化通關壤。宇文泰以大統中，下詔請爲昭玄三藏。發談奏議，事無不行。太祖又曰，祈請爲國三藏，實當仁不讓。太祖平梁荊，益州大德五十餘人，各懷經部送像至京。慧心潛運，南北竦通。保定三年卒，又勒圖形象，仍置大福田寺。弟子曇相等，燈火不絕。	卷十六， 頁 557～558
僧 瑋	潘氏 汝南平輿	長安	入梁 習法	年十三出家，下揚都聽曇爰法師講十誦，又入攝山，從鳳法師學觀息想。被於周壤，天子遵賢。詔至京師，飭公卿近臣妃后外戚，咸授十善。天和五年以藏母東歸，使爲安州三藏，德播江淮。	卷十六， 頁 558
曇 相	梁氏 雍州藍田	長安		住大福田寺。京華七眾，師仰如神。毀佛潛隱山中。	卷十六， 頁 558
慧 命	郭氏 太原晉陽	湎陽 仙城山		行直襄沔，聞恩光、先路二大禪師千里來儀。，投心者眾，乃往從之。後遊仙遊山，信徒捨住處爲善光寺。天和三年逝。	卷十七， 頁 561～562
曇 崇	孟氏 咸陽	關中長安	北周 三藏	從開禪師依止，得同學齊敬無上士。及師亡，遺囑令攝諸徒。于時五眾二百餘人，依崇習靜，聲馳隴塞。周武皇帝特爲欽重，下勒遵爲周國三藏。每爲僧職滯蹤，未許遊涉。乃假以他緣，遂蒙放免。	卷十七， 頁 568
僧 淵	廣漢李氏	長安	巴蜀 鉅富	生有異相，其父令出家。與同寺毅法師交遊，並稱蜀僧英傑。往遊京師，依僧實習禪。	卷十八， 頁 574
法 純	祝氏 扶風始平	長安		住京師天宮等寺，遇法難隱跡城市。	卷十八， 頁 575
靜 端	不詳 武威	關中	護持 經像	後住雍州，投僧實禪師。後歸曇相。滅法時，盡藏經像，始終護持。後法開用爲承緒。經像廣被，端之力也。	卷十八， 頁 576
智 通	程氏 河東	無	法難 從師	釋門淪陷，法侶無歸。從俊律師，曇延授業，不以艱難涅志。	卷十八， 頁 577
僧 照	京兆	關中		幼師於靜藹。遊履盛化。法難獨處秦嶺。	卷十八， 頁 578
法 應	王氏 東越會稽	關中	南來 僧侶	弱冠出家，依曇崇習禪。後逢周禍，避地終南。	卷十九， 頁 580

法　藏	苟氏 潁川潁陰	關中	通鮮 卑語	父母雙亡，投蔽三寶。周天和二年武帝度僧，便從出俗。天和四年，誕育皇子，詔延名德，至醴泉宮。武帝躬趨殿下，口號鮮卑，問詢眾僧，無人對者。藏在末行，挺身出眾，立作鮮卑語答。帝心簡之。	卷十九， 頁580～581
智　藏	魏氏 華州鄭縣	長安		年十三出家，事藹法師。當西魏之世，住長安寺所。	卷十九， 頁586
靈　藏	王氏 雍州新豐	關中	楊堅 摯友	依穎律師出家，於智度論，講解無疑。時屬周初佛法全盛，國家年別大度僧尼。藏之本師，素鍾華望，為太祖隋公所重。靈藏則與高祖布衣知友。及龍飛，遺都南阜，任選形勝，以置國寺。	卷二十一， 頁610
通　幽	趙氏 河東	不詳	法難 南渡	幼齡遺世，早慕玄風。而貞心苦節，寒暑不虧。	卷二十一， 頁610
覺　朗	未詳 河東人	長安		住大興善寺。明四分律及大涅盤。	卷二十一， 頁612
智言先	徐氏 徐州人	蜀境	西來 入蜀	入蜀為炫法師弟子，在蜀講學。會周凌法，因事入觀，不果所期，遂隱南嶺。	卷二十一， 頁613
玄　琬	楊氏 弘農華州	不詳		志在學年，方遊法苑。	卷二十二， 頁616～617
道　臻	牛氏 長安城南	長安	西魏 大統	西魏文帝重為師傅，遂於京師立大興善寺。遵為魏國大統。時萬途草創，既位僧統，大立科條，佛法載興，誠其人也。	卷二十三， 頁631
靜　藹	滎陽鄭氏	關中	世家 大族 齊僧 西來	依和禪師出家，從景法師聽大度智論，周行齊境。聞有天竺梵僧西達咸陽，求道情猛，私度關塞。謁敬之。後附節終南山。弟子智藏等傳延。又有玄門二傑：曇延、道安及論教體紛爭，諮藹取決。	卷二十三， 頁625～628
道　安	姚氏 馮翊胡城	長安		於周世渭濱，以弘法為任。京師士子，咸附清塵。常與武帝論法。	卷二十三， 頁628～630
慧　俊	朱氏 京兆三原	長安		生不學書，取悟一聞不忘。與道安同學，知名周壞。	卷二十三， 頁628
智　炫	徐氏 益州成都	關中	蜀僧 越王 之友	少小出家，入京聽學。擅名京洛，學眾推崇。毀佛之日，與同學三人出走齊都。時邊境被槍布棘，彼有富佬姓張，舖氈三十里，得過齊境。武帝破鄴，先遣求追。炫與帝弟越王相善，越王恐帝怒肆，乃鞭背俗服相見，以求免死開脫。反遭帝責難，待遇彌厚。	卷二十三， 頁631
僧面力	不詳	新州		法難時，不測所蹤。	卷二十三， 頁630

僧猛	段氏京兆涇陽	長安	隋國大統	昔魏文西位，飭猛在右寢殿，揚般若。周明肆曆，詔下永弘十地，法難退隱俗侶。隋文作相，追訪至京。隋初開國即授大統。	卷二十三，頁631
曇獻	張氏京兆始平	關中		少事昌律師，居谷口靜林寺。周武道喪，與俗推遷。	卷二十五，頁598～599
無礙	陳氏原籍建業	長安		十歲入長安遇姚秦道安法師，勸令出家。天和三年，周武皇后入朝，投名出家，蒙得度。	卷二十五，頁599
法顯	甯氏雍州扶風	長安	魏初名僧	元魏之末，住京兆王寺，與僧實齊名。兼以儉約清素，華貴傾屬。	卷二十六，頁670
慧誕	雍州	長安		曇延弟子。習涅槃與攝論。每登講席，有名京室。	卷二十六，頁671
道生	不詳蒲州	長安		曇延弟子。名父之子，住興善寺。	卷二十六，頁674～675
僧崖	车氏蜀地涪陵	蜀境	蜀僧	不畏火，於益州城西，布裹五指燒身。	卷二十七，頁678～680
普圓	不知來歷	關中	鄉里名僧	周武之初，來遊三輔。誦華嚴一部，於鄉里傳道。	卷二十七，頁680
普濟	不詳雍州北山	關中		往依普圓。獨處林野，不宿人世。	卷二十七，頁680
普安	郭氏京兆涇陽	關中		僧圓弟子。苦節頭陀。晚投靜藹。多於鄉里，周行社邑。	卷二十七，頁681
法建	朱氏廣漢雒縣	蜀境		西魏尉遲迴取益州，武陵王規降，帝內名僧多被拘禁。因法建口吐金光異相，迴釋諸僧。	卷二十八，頁686
慧恭	周氏益州成都	蜀境	南朝習法	與同寺慧遠結契勤學。一同遊外。遠往長安，恭往荊揚。遠習得舍地、成實等論，還益州講授。恭則習誦經，得佛力之法。	卷二十八，頁686～689
僧明	姜氏州內部			於山谷見巨石如像，因以奏聞，改元大象。	卷二十九，頁692～694
僧晃	馮氏綿州涪城南昌	關中	蜀僧入關習法	周初佛法淆濫，行多浮略，晃獨超然。保定年間，進學長安，從曇相習心法。武帝下敕延於明德殿，乃授本州三藏。大隋起祚，面委僧正。剛決方正，賞罰嚴明。前後州主十餘人，接受戒香，斷惡行善。	卷二十九，頁694～695
僧度	不知何人	蜀境	蜀僧	異僧也，記周趙王遇民反叛事。	卷三十五，頁657
衛元嵩	益州成都	蜀境長安	諫議毀佛	少出家爲亡名弟子。上廢佛事。	卷三十五，頁657
童進	綿州李氏	蜀境	蜀僧	昔周出家，不居禮度善飲酒。記周武東征造毒藥事。	卷三十五，頁659